关中文化的历史嬗变

刘景纯 著

陕西师范大学出版总社

图书代号　SK23N0583

图书在版编目（CIP）数据

关中文化的历史嬗变 / 刘景纯著. —西安：
陕西师范大学出版总社有限公司，2022.11
　ISBN 978-7-5695-3320-0

　I. ①关… 　II. ①刘… 　III. ①文化史—研究—
陕西 　IV. ①K294.1

　中国版本图书馆CIP数据核字（2022）第220846号

关中文化的历史嬗变
GUANZHONG WENHUA DE LISHI SHANBIAN

刘景纯　著

出 版 人	刘东风	
责任编辑	张　姣	
责任校对	徐小亮	
出版发行	陕西师范大学出版总社	
	（西安市长安南路199号　邮编　710062）	
网　　址	http://www.snupg.com	
印　　刷	陕西龙山海天艺术印务有限公司	
开　　本	787 mm×1092 mm　1/16	
印　　张	18.5	
字　　数	268千	
版　　次	2022年11月第1版	
印　　次	2022年11月第1次印刷	
书　　号	ISBN 978-7-5695-3320-0	
定　　价	68.00元	

读者购书、书店添货或发现印装质量问题，请与本公司营销部联系。
电话：（029）85307864　85303635　传真：（029）85303879

陕西省社会科学基金重大项目（编号：2020ZD28）资助

陕西师范大学优秀著作出版基金资助

陕西师范大学一流学科建设经费资助

前　言

　　地域（方）文化是数十年来人文社会科学研究比较活跃的领域。几十年来，各地人文社会科学研究适应本地方经济开发和社会发展的现实需要，开展了一系列的地域文化研究，产生了诸多的甚至是成套的系列性研究成果，为地域（方）文化与社会经济的发展做出了积极的贡献。"关中"是战国以来形成的地理概念，秦汉魏晋南北朝以降，虽然对其自身的地理含义有多种不同的解释，但其核心区域似都没有离开今天以关中盆地或关中平原为中心的地区。直到今天，"关中"的地理概念依然存在广义和狭义之分。狭义的"关中"，是指关中盆地或关中平原所在的地区，就自然界线而言，它包括秦岭以北、北山山脉以南、陇山以东、黄河以西的这一区域。而广义的"关中"，如果从完整的行政区划意义来讲，乃指今陕西省属铜川、宝鸡、咸阳、渭南地区和西安市所管辖的诸区、县为范围的地区。这也和历史时期的情况与内涵不完全相同。本书所关注的"关中文化"，是指由今天完整的行政区划所限定的广义的陕西关中地区的文化。这样的限定，实际上也是本课题的题旨所规定的。

　　已往的学术界对关中文化的关注，涉及历史学、考古学、文学、艺术、文化思想等众多学科或领域，但往往都不是严格地按照这一地理概念来论述的，而主要是关注属于这一概念范围以内的某些文化内容。这种做法既与历史时期的具体情况有关，也与各自关注的问题各不相同相联系。就其所关注的文化内容而言，也是丰富多样，有的关注的是广义的文化，有的涉及的是狭义的文化，前者就物质文明与精神文化一并谈，后者又着重在精神文化的阐发上。但就关中文化的整体而言，各自的理解又不尽相同，所形成的研究成果总体上也很不平衡，甚至差异很大，以至于各种言说，各有其理，既显得五花八门，又难得有一个比较一致的比较和评定。在此背景下，要谈论关中文化的历史地位和时代价值问题，就显得头绪纷纭，无从把握了。

就相对明晰地关注或研究该区域为中心的文化而言，春秋战国以来，文献资料中开始呈现出一些明确的言说、记述或论述，如《诗经·秦风》《荀子·强国》以及战国时期一些纵横策士关于秦人、秦地的认识等。秦汉以后，正史或相关地理总志的相关记述自不必说，像《三辅黄图》《三辅决录》《三辅故事》《三辅旧事》《秦记》《京兆旧事》《雍州记》《西京杂记》《长安记》《京兆记》《三秦记》《关中记》《雍州图经》《雍录》《长安志》《类编长安志》《关中胜迹图志》等地方文献，都是自觉关注和研究关中地区历史文化，特别是以都城物质文化为中心的研究和记述的代表性著述。明清以降，地方志的编纂使得地方文化研究的意识明显增强，其中的相关撰著自不必说，像《关学编》《关学宗传》这种有意识的地方性学派研究成果也应运而生。到了20世纪30年代，陕西省通志馆编印《关学丛书》八集96册，收入关中乡贤遗著50种，在一定程度上强化了对关中历史文化研究的关注和意识。尽管如此，现代意义上的学术研究尚没有系统或专门的进行。

现代意义上的关中历史文化研究，是从20世纪30年代以来相继展开的。最初多是在周秦汉唐历史研究中有所涉及，其主旨多不是就关中文化自身来立意，而只是相关历史和文化研究中的牵涉性研究。1933年，著名历史学家向达发表《唐代长安与西域文明》一文，系统论述了唐代传入中国的西域文明及其与都城长安的关系。这是以长安为中心的唐代关中文化研究的力作。40年代初，著名历史学家陈寅恪研究隋唐史，提出"关中本位"论，或称"关中文化本位政策"，首次凸显了关中文化的政治影响，这一观点影响深远。80年代以来，伴随着全国范围内"文化热"风潮的出现，以及90年代以后地方文化研究热潮的形成，以长安文化为中心的历史文化研究，和以三秦文化为对象的地域文化研究相继而起。这样的研究趋势一直延续到现在，参与研究的学科包括历史学、历史地理学、考古学、文学、哲学和地方史等，相关研究内容也逐渐向深度和广度拓展。主要研究成就如下：

（1）历史学方面，80年代中期，黄新亚撰《长安文化简论》（陕西师范大学历史系油印本）教授学生。后经修改，以《中国文化史概论·长安文化》（陕西师范大学出版社，1989年）为名出版。该著拟12个专题，从古都、长安、华夏文化主体、开放与创造精神、汉唐气象等方面，阐述了长安文化的由来与精神，最后指出：长安文化是中华民族的根基，是华夏文明之魂，对其进行创造性转化，是长安文化复兴的方向。其研究触及了长安文化的地位问题，但尚没有自觉地探讨该问题，就是涉及的内容，于实证性论证方面也稍嫌薄弱。韩养民所著《秦汉文化史》（陕西人民教育出版社，1986年），重点谈及秦汉都城所在的长安文化。此后史念海《开元天宝时期长安的文化》（载《唐史论丛》第1辑），彭树智《周秦汉唐文化的历史魅力与理性反思》（载《西北大学学报》（哲学社会科学版）1988年增刊），赵文润《西魏北周时期的长安文化》（载《人文杂志》1993年第3期）等相继发表。史、赵二文分别就两个不同时期长安文化的具体表现进行了较为翔实的论述，而彭文实际上也是以古都长安为中心的论述。另有作为"中国地域文化丛书"之一种出版的黄新亚新著《三秦文化》（辽宁教育出版社，1993年），作为"中华地域文化大系"之一种出版的赵吉惠主编《三秦文化》（山西教育出版社，2005年）等。这两本著述内容的重心，实际上都在关中文化上，但都没有给予应有的区分。前者一如既往，由 14 个专题立论，内容宏阔且富于精神阐发；后者分 16 章，分别就三秦文化的地理环境，经济土壤，依托的社会结构，起源与早期形态，奠基与演化，教育与科举，经学、关学与实学，史学与文学，文字与书法，绘画、雕塑与戏曲，宗教文化，器物，文化遗址、陵墓和都城，天文历法与科学技术，风尚与习俗，以及与其他文化交流等诸方面加以论述，可谓具体全面，但失之琐碎，既于整体性研究和概括方面稍显薄弱，也未能在整体性研究上形成相对明晰的主线演变。张晓虹所著《文化区域的分异与整合——陕西历史文化地理研究》(上海书店出版社，2004 年)，是历史地理学者参与陕西历史文化整体研究的代表作。该著以历史地理学的视角，对两汉至明清时期陕西学术文化、佛教文化、风俗文化的区域发展及地理分布与地区差异问题，进行了比较具体的论述。由于关中文化重要的历史地位，有关关中文化的内容自是重点的研究所在。只是其中所研究的主要内容，还是集中在几个主要部门的表现上，而不是就关中文化的内涵与核心精神立论，这也是该学科的要求使然。

（2）考古学方面，新中国成立前即有一些相关的文化调查，如客省庄文化，新中国成立后发展较快，关中作为周秦汉唐时代的都城所在地，是当时重点的考古调查和科学发掘区，后来产生一系列不同时代的研究报告和著作，代表性的有张天恩《关中商代文化研究》(文物出版社，2004 年)。80 年代末期以来，秦始皇兵马俑博物馆牵头，重点探索并推动秦文化研究形成热潮。该研究机构出版有专门的秦文化研究辑刊《秦文化论丛》，在学界具有一定的声誉和知名度。后来以西北大学历史系为中心的秦汉史研究，以及之后扩大并延伸的周秦汉唐历史文化研究，在国内也颇具影响。这些研究，也多将重心放在长安文化上，出版了诸多研究成果，此不详述。

（3）文学方面，1998 年李浩完成《唐代关中士族与文学》博士学位论文，修订后由中国社会科学出版社 2003 年出版。曹道衡发表《关中地区与汉代文学》（载《文学遗产》2002 年第 1 期）一文。二者分别就唐代、汉代关中文学的发展进行了深入的研究。至于陕西师范大学文学院以司马迁和史记研究为中心，出版有"长安文化"丛书，也是值得关注的重要成果。而陈忠实的《白鹿原》与关中文化，也是文学领域近年学人探讨的新问题。

（4）哲学与文化思想领域，关学历来是学界关注的重点。本世纪以来，由陕西省文史研究馆和西北大学联合，对关学存世文献资料进行整理，并就对关学发展具有重大影响的代表性人物及其学术问题进行研究，形成"关学文库"（西北大学出版社，2015 年）总 40 种、47 册著述，这是对关中文化史研究做出的一项重大贡献。

（5）文史哲和考古学等领域的综合性研究，主要立足于关中文化，如史念海主编的"古长安"丛书，就有关古长安存世的著述进行系统整理，并吸收新的研究成果一并出版。在此基础上，著述 50 册的"古都西安"丛书，由西安出版社出版。在词典编纂方面，有西安市地方志馆组织编纂、张永禄主编《汉代长安词典》《唐代长安词典》《明清西安词典》《民国西安词典》，分别由陕西人民出版社于 1993 至 2012 年相继出版；《中华秦文化辞典》编委会编《中华秦文化辞典》，由西北大学出版社 2000 年出版。西安古都学会与西安文理学院组织编写的"西安历史文化"丛书，依托陕西师范大学国际长安学研究院，出版有《长安学研究》辑刊，也多有一些与关中文化相关的研究内容。

通过以上对关中文化相关研究的梳理，可以明显感到，以往研究主要有三个特点：（1）绝大多数集中在历史时期以长安为中心的文化研究上。（2）"文化"概念多取广义的解释，举凡历史事件、物质文化、精神文化、文学艺术等，多一并论述。（3）在论述中，注重各文化要素或其组成部分的某项内容的分别论说，所以总体上显得内容丰富而多样。由此带来的问题是：（1）自觉地以关中文化为目标的研究少，系统性、综合性研究则几乎没有。（2）整体上的变化演替研究薄弱，多有支离琐碎，少有整体的把握和概括性论述。除"关中文化本位"概念和"关学"外，鲜有颇具重大影响的理论观点和发现。（3）研究方法总体突破不大，具体事件、文化现象论述较多，基于物质和现象背后的文化精神发掘不充分。在此基础上，欲谈关中文化的地位问题就稍显棘手。这种情况不只表现在关中文化的研究中，就是在其他诸多的地域文化研究中也是较为普遍的。

　　基于上述研究的成就及其存在的问题，本书以《关中文化的历史嬗变》为题，从历史时期以来关中文化的主要特点、主体精神和文化主体的基本风貌等视角立论，以论述和阐明关中文化主体精神的表现及其历史演变。其主要内容和观点如下：

　　（1）在论述"关中"地理概念的历史演变的基础上，指出历史上"关中"的地理概念，初形成于战国时期函谷关的设立，最初的关中，泛指关内，以与关外相区分，除此以外，其他地理界线和范围均不是很清晰。秦汉魏晋时期，关中的地理界线逐渐分明，即被后人解释为函谷关、大散关、武关和萧关等四关以内的区域。现在意义上的关中，虽然依旧不是行政区划的概念，但和行政区划密切相关，它包括宝鸡、咸阳、西安、渭南、铜川地区及其所辖县市。本书的"关中文化"，就是指这一地理范围内历史时期所表现的文化现象和观念的总称。

　　（2）早期关中文化经历了兴起与衰落的基本过程。作为关中文化起点的原始文化是辉煌的，其基本观念反映在原始人群对聚落创建、物质生产和对人的生死理解上；他们关于生存和生活的思维"理性"，是现在关中人相关观念和理性的经验基础；国家诞生前后，关中文化趋于衰落。夏商王朝时期，兴起于关中的早期周人及部族集团，选择了有别于夏商国家文明发展的道路，其基本精神是：尊重生命，选贤任能，积德行义，和平发展。

（3）西周、秦汉时期关中是统一国家核心文化的渊薮，中国传统文化的主体精神创始于此。其基本内涵包括：崇信天帝，奉行祖先崇拜和各种神秘力量；推崇亲亲文化，将分封制度由关中推向全国；创建宗法制度、礼乐制度；创立学校，传播礼制文化。战国时期的秦国和秦王朝奉行法治主义和国家主义，形成独特的国家治理精神，汉王朝继承这一精神，并以儒家独尊统一全国文化，进一步强化国家意志。皇帝制、郡县制和国家文化统一的制度和精神，是关中文化的新创造。这些文化精神支配中国专制主义中央集权的王朝国家政治几千年。关中文化奉行国家强力意志的同时，亦奉行原始宗教的崇拜，并在这一时期形成专制帝国时代国家级宗教圣地。

（4）魏晋南北朝时期的关中文化风貌与以往相比具有明显的变化：东汉时期关中学风兴盛，士重气节，隐居风气盛行；魏晋时代士人怀旧、留恋旧京风物风气为重，学术活动总体上游离于当时主流玄学风气之外；关中民族构成发生巨变，传统文化衰落，羌胡风气浓重；政治治理"融冶胡汉为一体"，最终回归到秦汉王朝国家的治理精神。关中文化的伟力和价值复兴正在于此；佛教自西域传播至关中，魏晋南北朝时期关中佛教文化发展兴盛，国教化现象突出，但它不排斥儒学和道家文化在这里的继续发展。

（5）隋唐时期关中国家统一文化的中心地位再次确立：政治中心、佛教传播中心、道教传播中心地位逐步确立；国家修史馆创建，制度史著述、总志编修、类书编纂，凸显了国家文化中心及其文化核心的地位、价值和意义；关中是唐诗的渊薮和文学革命的源地，是当时文化人集聚和人才生产的中心。在此基础上，士人社会形成特色显著的文化风气。

（6）宋金元时期关中丧失了国家文化中心的地位，但地方文化中心依然显著；在此期间，文化意识上的旧京情怀绵长，文人著述、权贵和士人居住环境选择不忘传统，废都遗韵犹在；关学创始，新儒学崇尚风气凸显，民风为之大化；全真道教创始，并以关中为中心形成新道教的传播中心。

（7）明清时期关中文化的总基调是日益"沉重"，礼教文化日益戒律化、烦琐化和宗教化；民间信仰多样，世俗化和被支配性显著，人为物役，异化并深度背离其文化精神的元初性征；基督教、天主教、伊斯兰教浸入并发展；商业文化异军突起，虽然地域范围有限，但影响深远；社会深处具有周秦汉唐崇拜意识，阿Q精神的轻音弥漫于关中社会。

（8）关中是秦腔文化的起源地和发展中心，在长期的秦腔戏剧发展中，形成关中秦腔文化本位观念。元代以降的关中始终是秦腔文化的中心地；秦腔历史剧是秦腔戏剧演出的主体，秦腔是传播历史知识和传统伦理道德文化的重要形式，忠、孝、节、义等观念是最主要的传播思想。秦腔普遍且广泛的日常传播，使得历史演义故事成为基层社会历史文化知识的重要来源，其思想观念和情感浸染在塑造关中社会心理方面起了重要的作用。

（9）《白鹿原》小说是关中乡土文化精神的故事化体现。晚清民国时期，关中社会基本的伦理道德和价值规范，体现在以《乡约》为中心的儒家伦理与各种礼仪规范中。小说所反映的婚姻嫁娶观念，深受宋明以来关学的深远影响；男权主义始终是家庭和社会普遍奉行的观念，妇女在家庭和社会的地位低下。民国时期虽有新观念产生，但影响甚微。小说中低俗、愚昧、无知的文化现象和社会面相较多，但这些内容只是关中文化的一页碎片，不是关中文化的一般情况，也不是关中主流文化及其精神的反映。不必以此误解甚至是丑化关中文化。

透过这些基本内容，不难看出：（1）本书对历史时期以来关中文化精神运动的主要方面，做了宏观并粗线条的总结和再认识。这一认识，对于重新认识中国古代历史相关问题，或许具有些微的参考价值；对于认识和评价关中文化的历史地位、意义和价值，也不能说毫无益处。（2）都城时代关中文化的一系列创造，是塑造中华文化核心内容的重要内核，是关中文化引以自豪的精神财富，是新时代复兴关中文化的重要历史依据。废都时代的关中文化，虽然有其辉煌灿烂的创造所泛起的浪潮与浪花，却难以释怀其无尽的旧都余韵和冥想。在帝国晚期日益沉重的政治衰落中，关中文化始终坚定地承载着传统社会所凝聚的儒释道三家文化融合的精神，并将其进行到底。在这一总的历史进程中，它虽然亦日益走向沉重，却在这沉重中，在历史的机遇面前打开一片新天地，并张开商业智慧的翅膀，以星火燎原之势燃遍于关中大地。不但如此，这把烈焰经过商人们助推，蔓延至全国各地，进而在帝国晚期商业文化发展的潮流中，展现出关中文化开放、猛进和积极进取的另种特性；另一方面，亦如元代以来戏曲文化与人文主义精神的迅速成长一样，关中文化以秦腔戏剧为中心，呈现并推动了新的人文主义精神的迅速发展。民间文化的一页新窗在与戏剧的互动中被打开，并以一种新的姿态迅速成长。（3）关中文化在融入、凝聚并形成中国传统文化的历史大潮及其背景下孕育和成长，在长期的历史演化中，在结合地方化的发展中，实际上也积淀了深厚的消极文化因子，虽然近代化的发展在一定程度上有所触动，但并没有从根本上得到应有的改造和消除，所以进入新时代积极清理并大力消除其中的消极文化因素，积极发展新的关中文化，以更好地推动关中社会的综合发展和社会文明的新进步，是当代关中人义不容辞的责任，也是新时代关中人任重而道远的大事！

目 录

第一章　关中与关中文化

一、"关中"地理概念的演变

作为一个地理概念，"关中"至迟到战国时期已经出现，最初的含义不是一个行政区划概念，而是以函谷关为界以区分内外的模糊性区域概念。函谷关以西称关中，也称关内①，函谷关以东称关外。据此可知，关内自是以秦国为中心而言的，函谷关是秦国所建立的关隘。关于函谷关建立的时间，史念海认为，可能建立于秦献公（前384—前362年在位）时期。理由有二：一是汉初贾谊《过秦论》所言"秦孝公据殽函之固，拥雍州之地"，据此认为秦孝公时已有函谷关；二是秦献公时期曾与魏战于石门，第二年又与魏战于少梁，均取得胜利。②其实这两条理由尚不足以支持这一结论。前者是汉初人贾谊的政论性文字，不是严肃的史学记述，其所言史事多为概说。后者所言战事，一在石门（又作石阿），后人以为在今山西离石、隰县一带。一在少梁，即今陕西韩城市。很显然，这两处战地均与函谷关无涉，自然与函谷关没有直接联系。因此，据此以为函谷关可能建立于秦献公时期的认识，于时间上可能过早。核实而论，函谷关所在地，战国初年为魏国所占据，秦献公末年，魏惠王"西筑滨洛长城"时，秦、

---

① 〔汉〕许慎撰，〔宋〕徐铉校订，愚若注音：《注音版说文解字》第一上："中，内也。从口，上下通。"中华书局，2015年，第8页。

② 史念海：《关中的历史军事地理》注①，见史念海：《河山集》四集，陕西师范大学出版社，1991年，第165页。

魏两国以今华阴城以西的魏秦长城为界①。这段长城北抵渭河南岸，南达华山脚下，以西属秦国，以东属魏国。秦惠文王六年（前332）魏"献阴晋（今陕西华阴市）给秦"，秦更名为"宁秦"，第二年魏"以河西郡与秦"，秦才收复了黄河以西与洛河之间，以及渭河以南、黄河以西的土地，从而打通了东通往函谷关的大道，这才为函谷关的设立和修建提供了可能的条件。若此，则函谷关当是秦惠文王六年以后设立并建成的关隘。

目前所见文献最早涉及函谷关的记述，多在秦惠文王及其以后，如《战国策》记载，苏秦游说秦惠王说："大王之国，西有巴、蜀、汉中之利，北有胡貉代马之用，南有巫山、黔中之限，东有肴、函之固。田肥美，民殷富。……沃野千里，蓄积饶多，地势形便。此所谓天府，天下之雄国也。"②《史记·苏秦列传》记载同一事件说：苏秦"说惠王曰：'秦四塞之国，被山带渭，东有关河，西有汉中，南有巴蜀，北有代马，此天府也'"。③此事杨宽考证以为是秦昭王元年（前306）时事④。文献又记载，甘茂离开秦国，"出关，遇苏子"，"弃逐于秦而出关"。⑤范雎见秦昭王说："大王之国，北有甘泉谷口，南带泾渭，右陇蜀，左关阪；战车千乘，奋击百万；……今反闭关而不敢窥兵于山东者，是穰侯为国谋不忠，而大王之计有所失也！"⑥这些文献所提到的"肴、函之固""关河""出关""右陇蜀，左关阪""今反闭关而不敢窥兵于山东"的"关"，都指的是函谷关，其时代都在

① 史念海：《黄河中游战国及秦时诸长城遗迹的探索》，载《陕西师大学报》（哲学社会科学版）1978年第2期。

② 诸祖耿：《战国策集注汇考》卷三《秦一》，江苏古籍出版社，1985年，第118页。

③ 〔汉〕司马迁：《史记》卷六十九《苏秦列传》，中华书局，1982年，2版，第2242页。

④ 杨宽：《战国史料编年辑证》，上海人民出版社，2001年，第618—620页。

⑤ 诸祖耿：《战国策集注汇考》卷四《秦二》，江苏古籍出版社，1985年，第246页。

⑥ 诸祖耿：《战国策集注汇考》卷五《秦三》，江苏古籍出版社，1985年，第287页。

秦惠文王至秦昭王时期。函谷关的故址在今河南灵宝市东北弘农河畔的王垛村，此后函谷关屡被道及，直到东汉时期为潼关的建立所取代。

函谷关设立以后，"关中"一词才出现，最早见于《战国策》的记载，原初的意义仅指关内，即以秦国核心区为中心的地区，以与关东诸侯国所在的地区相区分。秦昭王后期，由于秦国对楚国的战争，楚国被迫迁都于"陈"（今河南淮阳市），楚人黄歇游说秦昭王不要攻打楚国。他说："臣为王虑，莫若善楚。秦、楚合而为一，以临韩，韩必授首。……韩必为关中之候。……如此而魏亦关内候矣。王一善楚而关内二万乘之主，注地于齐"。诸祖耿注释其中的"关中"一词说，"中，《史记》、《新序》并作内"，[①] 就是说，这里的关中也是关内的意思。前文引《说文》释"中"为"内"，也说明关中就是关内的意思。既然"关中"是"关内"的意思，就还没有出现后世所说：关中是四关，或者若干关之内，或之中的含义。在最初的战国时期，它只是一个以函谷关为标识，借以区别内外的地理概念。不论是关内还是关外，都还没有明确的其他三面界限，或者与地名相关的标识。不过，从当时人的表述中，大致可以看出其中的两种意向：一是将关中理解为渭河盆地为中心的区域。如上引文所说"四塞之国""天府"；"北有甘泉谷口，南带泾渭，右陇蜀，左关阪"。这里的"甘泉"，指今陕西淳化县甘泉山；"谷口"，指陕西礼泉县境内九嵕山和泾阳县境仲山之间，即泾河南出北山的谷口；"陇蜀"，则主要指陕甘交界处的陇山；"四塞"，指的是关中盆地周围略呈封闭性的山脉。至于说"天府"，似不应该无边无际，而是指现在的关中盆地。二是关中概念虽然以关中盆地为中心区，但在观念和意识层面，却也不时地包括了汉中、成都平原和陕

---

① 诸祖耿：《战国策集注汇考》卷六《秦四》，江苏古籍出版社，1985 年，第 382、408 页。

北，甚至是内蒙古河套平原以南的广大地区。

这两种观念在后来为秦王朝和西汉初年的人们所承受。其中后者，诚如史念海所讲，秦灭亡以后，项羽尊约——先入关中者王之——分封刘邦于汉中，就认为汉中是关中的一部分。又曾三分关中，分封章邯为雍王，司马欣为塞王，董翳为翟王。其中的翟王，都城在高奴，也就是今天的延安市。说明陕北也在当时的关中范围以内。①西汉初年，刘（娄）敬建议汉高祖定都"关中"，得到张良的支持。张良说："夫关中左殽函，右陇蜀，沃野千里，南有巴蜀之饶，北有胡苑之利，阻三面而守，独以一面东制诸侯。诸侯安定，河渭漕挽天下，西给京师；诸侯有变，顺流而下，足以委输。此所谓金城千里，天府之国也"②。这里明确说明"关中"以南是"巴蜀"，以北"有胡苑"，以西是"陇蜀"，"阻三面而守，独以一面东制诸侯"，显然又仅指关中盆地而已。至于司马迁所说："关中自汧、雍以东至河、华，膏壤沃野千里，……天水、陇西、北地、上郡与关中同俗，……故关中之地，于天下三分之一，而人众不过什三；然量其富，什居其六。"③也强调其"自汧、雍以东至河、华"的空间特征，并清楚地将它与天水、陇西、北地、上郡加以区分，也说明它主要指的是关中盆地这一区域。但仅关中盆地却不足以称为"关中之地，于天下三分之一"，如果"三分之一"大致不差，则其似乎又包含了关中南北的成都平原和陕北在内。据此，这一时期的关中空间概念在基本明确的基础上，依然存在模糊的意义。

---

① 史念海：《关中的历史军事地理》，见史念海：《河山集》四集，陕西师范大学出版社，1991 年，第 145 页。

② 〔汉〕司马迁：《史记》卷五十五《留侯世家》，中华书局，1982 年，2 版，第 2044 页。

③ 〔汉〕司马迁：《史记》卷一百二十九《货殖列传》，中华书局，1982 年，2 版，第 3261—3262 页。

秦汉时期的"关中"概念已经普遍使用，虽然还保留了旧的观念，但也具有逐渐特指或主要指关中盆地或关中平原的意向。如秦始皇三十一年（前216），秦始皇与四武士"微行咸阳"，在兰池宫附近遇见大盗，遂"大索关中二十日"。三十五年（前212），"关中计宫三百，关外四百余"①。郑国渠修好后，司马迁称"于是关中为沃野，无凶年，秦以富强，卒并诸侯"②。这些"关中"都不能够被理解为上述的宽泛概念。特别是"天水、陇西、北地、上郡与关中同俗"，更为清楚地表明了关中相对明确的地理空间。而东汉张衡所言秦汉都城所在："左有崤函重险、桃林之塞，……右有陇坻之险，隔阂华戎，……于前则终南太一，……抱杜含鄠，喝沣吐镐，……于后则高陵平原，据渭踞泾，澶漫靡迤，作镇于近。其远则九嵏甘泉，……实为地之奥区神皋。"③这样的地理范围，与司马迁的部分观念意象是一致的，主要都是指自然山川所构成的四塞之地。只是关中不是个行政区划概念，虽然有了这些自然意象，但除东面的函谷关以外，其余三面总体上依然还是在混同使用。

魏晋南北朝时期，在实际的使用层面，"关中"依然多指关内的大概念，西晋江统《徙戎论》言，"关中之人百余万口，率其少多，戎狄居半"④，其中的"关中"就是指关内的大概念而言。今人王仲荦所著《北周地理志》卷一《关中》，就包括今秦岭以北及今陕北全部、甘肃陇东庆阳地区以至于宁夏平原北段黄河以东的旧陶乐县以南的广大地区⑤。马长寿所著《碑铭所见前秦至隋初的关中部

---

① 〔汉〕司马迁：《史记》卷六《秦始皇本纪》，中华书局，1982年，2版，第256页。
② 〔汉〕司马迁：《史记》卷二十九《河渠书》，中华书局，1982年，2版，第1408页。
③ 〔东汉〕张衡著，张震泽校注：《张衡诗文集校注》，上海古籍出版社，2009年，第21—22页。
④ 〔唐〕房玄龄等：《晋书》卷五十六《江统传》，中华书局，1974年，第1533页。
⑤ 王仲荦：《北周地理志》卷一《关中》，中华书局，1980年。

族》①中的"关中"，大抵上也包括今陕北南部几个县和宁夏固原东南诸地，大概是以时人所谓"萧关"以南为说的。但他们的概念中均不包括汉中、四川成都平原一带，也不包括秦岭以南的今商洛地区。

大约是因为汉代以来，人们在叙述中逐渐地强调"左殽函，右陇蜀"，"自汧、雍以东至河、华"的认识，所以后人在解释上，就在"关"字上下功夫，以便更明确地解释关中，使其名副其实的在"关"之中或之内了。于是就有了如下诸多的解释。晋潘岳《关中记》说："西以陇关为限，东以函谷为界，二关之间，是谓关中之地。东西方千余里。南北近山者相去一二百里，远者三四百里。南山自华岳，西连秦岭终南、太白，至于陇山。北有高陵平原，南北数千里，东西二三百里，西接岐、梁、汧、雍之山。"②这应该是对上引张良、司马迁记述"关中"范围的进一步明确化，与张衡《西京赋》所言西京京畿之地的范围大体一致。其中关中完全是按照关中盆地周围的自然山岭确定的，其空间范围在秦岭、北山和陇山、函谷关之间。刘宋时期裴骃《史记集解》引徐广说，关中东为函谷关，南为武关，西面是大散关，北面是萧关。③《三辅旧事》说，关中在函谷关和散关中间。唐司马贞《史记索隐》说，"东函谷，南峣武，西散关，北萧关。在四关之中，故曰关中"④。注释《资治通鉴》的胡三省说："秦地西有陇关，东有函谷关，南有武关，北有临晋关，西南有散关：秦地居其中，故谓之关中。"⑤武关在今秦岭以南丹凤县东南 40 余公里的武关河北岸，峣关在今蓝田县蓝桥河村，两关同处战国以来的武关道上。萧关，一说在

---

① 马长寿：《碑铭所见前秦至隋初的关中部族》，中华书局，1985 年。

② 刘庆柱辑注：《关中记辑注》，三秦出版社，2006 年，第 1 页。

③〔汉〕司马迁：《史记》卷七《项羽本纪》，中华书局，1982 年，2 版，第 315 页。

④〔汉〕司马迁：《史记》卷二十二《汉兴以来将相名臣年表》"入都关中"，中华书局，1982 年，2 版，第 1120 页。

⑤〔宋〕司马光编著：《资治通鉴》卷八《秦纪三》，中华书局，1956 年，第 282 页。

今甘肃环县城北 2 里处,一说在今宁夏固原原州以南。临晋关,后来亦称蒲津关,在山西蒲州和陕西旧朝邑县之间。这些解释就"关"立论①,实际上也不完全符合关中的本义,却是对旧时关中观念的引申、限定和发展。

关中作为一较为完整的行政区划始于秦王朝的"内史(郡)",只是它的名号不叫"关中",但"内史"与"关内"却是密切相关的。其范围包括今关中地区的基本部分,只是它的东南部还要延伸至武关及函谷关一线附近以内。到唐代,设置关内道,是一级监察区划,其范围更大,包括秦岭以北、阴山以南,西至今宁夏和甘肃东部部分地区。②民国前期,即北洋政府时期,实行省下设置若干"道"的制度,在关中地区设置关中道,民国十七年(1928)国民政府建立后,废除这一制度。③关中道的管辖范围,包括清王朝时期的西安府、凤翔府、同州府和邠州直隶州、乾州直隶州和商州直隶州所属地区,这与秦王朝时期的"内史"郡较为接近。这是明确以关中命名的一级行政建制。

如同陕南、陕北一样,关中在现在依然是一个普遍使用的地域概念。一般认为,其含义有狭义和广义之分。狭义的关中是关中平原的简称;广义的关中,则包括铜川市、宝鸡市、咸阳市、西安市和渭南地区所辖诸县市,也称关中地区。④就历史的延续性和自然山川形势而言,欲谈关中文化,单纯就关中平原而言是不大符合实际的,而采用今天广义的关中概念更接近事实。本书所使用的关中概念就是指后者而言。

---

① 史念海:《关中的历史军事地理》,见史念海:《河山集》四集,陕西师范大学出版社,1991 年,第 145—146 页。

② 〔唐〕李吉甫:《元和郡县图志》卷一至卷四《关内道》,贺次君点校,中华书局,1983 年。

③ 丁绍桓编:《近代中国地理沿革志》,中华书局,1935 年,第 19—20 页。

④《陕西省》编纂委员会编:《中华人民共和国地名词典·陕西省》,商务印书馆,1994 年,第 677 页。

二、关中文化

关中文化，就是发生在今天所说的关中地区范围以内的地域文化。谈这个区域文化的历史，自然要以这个范围为界限，而不是就历史上的关中来谈那个时期的关中文化，譬如现在研究"陕西历史文化地理"，就只能以现在陕西省的疆界为范围，以探讨不同历史时期发生在这一范围内的文化地理问题，如果拘泥于历史上的概念，那么陕西省设立以前的历史文化就无法开展，也难得讲清楚。因此说，这是区域历史地理学研究的一个基本原则。明了这一点，还有一个文化的问题，需要事先说明。

什么是文化？这是一个众所周知，却很难用简明的词句所能够准确、全面表达清楚的概念。自从学者自觉地研究文化以来，先后产生了二百余种关于文化的定义和认识，其中有的强调伦理道德，有的强调生产方式与生活方式，有的强调学术文化，有的强调文本，有的强调社会风俗，有的强调社会制度，有的强调社会信仰，等等，不一而足。尽管如此，它立足的一个基本点，就是与自然相对立的人及人类社会的生存、生活所遵循的理念、准则和文化艺术创作。所涉及的问题无非包括三个方面：一是人类生存问题的形式及其各相关层面的思想、观念、精神及其实践表现；二是治理和统治社会并改善民生的思想及其社会化表现；三是从事上述问题思考的成果及社会化影响。对生存问题的关注，诚如美国学者埃里希·弗罗姆所说："人类的生存问题在整个自然界中是惟一的，如他过去那样，他与自然分离，却又在其中；他有几分神性，亦有几分兽性；他是无限的，却又是有限的。人必须去寻找解决其生存矛盾的新的方法，寻求人与自然、人与其同类之间更为高级的融合方式。正是这种需要成为人类一切精神力量的源泉，它促使人类产生情欲、情感和焦虑。"①这种源自人的生存需要及实现方式，实际上就是一切文化产生的源泉，其他涉及个人与家庭、个人与国家、个人与社会的联系，以及个人、群体为了其需要而创造的文化，都是在此基础上的延伸和发展，并因此而形成形形色色的各种适应个人和社会需求的多样性文化。不过，"就其本质而言，文化也具有双重意义。文化既实现于理性对自然力量的控制之中，也实现于理性对人类信念的控制之中。……比较起来，可以说是理性对人类信念的控制"，"是最为本质的"。②关中文化就是世世代代生活在关中这片土地上的人们基于其基本需求，在地区和其他区域社会和国家统一体发展过程中形成的文化，其形成的历史过程就是关中人为了生存和发展基于对自然力量的控制和理性对人类信念的控制的结晶。

关中是我国境内早期人类活动的重要地区之一。早在据今110万—115万年前，这里生活着早期直立人——蓝田猿人，他们已经摆脱了完全受本能控制的动物时代，对自然的适应也在一定程度上挣脱了单一的"物理法则"③。他们能够制造简单的打制石器工具，并以群体的形式为其生存和发展进行个人或组织性活动。关中文化的早期萌芽就在这一过程中诞生。经过漫长的时间运动和原始人群艰难的为生存的残酷斗争，至新石器时代，活动在关中地区的原始人群愈来愈多，考古学发现，分布于这里的新石器时代文化遗址1000多处，原始文化进入较为繁盛的时代。

进入国家文明初期，即夏商王朝时期，关中地处西部偏僻地区，

---

① [美] 埃里希·弗罗姆：《健全的社会》，蒋重跃等译，国际文化出版公司，2003年，第21页。

② [法] 阿尔贝特·施韦泽：《文化哲学》，陈泽环译，上海人民出版社，2013年，2版，第62页。

③ [美] 埃里希·弗罗姆：《健全的社会》，蒋重跃等译，国际文化出版公司，2003年，第19页。

远离国家政治中心。以周人为代表的一些部族方国各自相对独立的生活在这里，以较为松散的组织形式，在政治上"服侍"夏商王朝，并在夏商文化的影响下，形成以农业、半农半牧为主要特征的地方文化。根据夏商周断代工程的研究成果，夏王朝始建于公元前2070年，商王朝灭亡于公元前1046年，这一时期长达1024年。经过1000余年的发展，关中文化以周人为主体，兼及周边诸部族文化，日益成长，周部族的势力也因以农业为核心经济的发展而日益强大，在商王朝末年政治极度衰败的情况下，于公元前1046年以武力推翻了商王朝的统治，建立了政治上统一的西周王朝。西周王朝定都丰镐（今陕西西安市长安区沣河下游东西两岸），政治势力影响所及，所谓"溥天之下，莫非王土。率土之滨，莫非王臣"①。丰镐二京位于关中平原的中心，作为京师腹地，关中成为全国的政治和文化中心。直到公元前770年，周平王东迁雒邑（今河南洛阳市），西周灭亡，为时276年。随后，虽然经历了约570年的春秋战国时期，诸侯分立，兼并战争频仍，至公元前221年秦王朝统一中国，再次建立了统一的专制王朝，将都城定在咸阳（今陕西咸阳市东窑店街道）。此后，西汉、前赵、前秦、后秦、西魏、北周、隋、唐均定都于长安，加上西周和秦王朝时期，为都城时间1000余年。这对关中文化历史地位的影响是巨大的，因而可以确定为都城时代的关中文化，或者说是关中文化的都城时代。

五代、宋元明清时期，各王朝或政权的都城东迁，我国的政治、经济和文化重心东移南迁，关中日渐衰落，关中文化总体上进入后都城时代，并日渐沦为较为落后的地方文化。这一时期1000余年。

---

① 周振甫译注:《诗经译注》（修订本）卷五《小雅·北山》，中华书局，2010年，2版，第312页。

　　总之，如果以都城时代为中心，我们来看关中文化，前都城时代即进入国家社会的最初 1000 余年，关中文化是处于王朝中心以外的一方地域文化；西周至唐代的都城时代 1000 余年，依托国家政治中心和文化中心，关中文化总体上发展为引领国家文化走向的核心文化；后都城时代 1000 余年，关中远离国家政治中心和经济中心，其文化沦落为底蕴深厚的地方文化。当然，西周建立至唐代灭亡之间 1950 多年，除过 1000 余年以外，还有都城不在这里的数百年时间，主要包括春秋战国、东汉、三国、西晋等。在这样的历史运动中，关中文化历经生长、辉煌、衰落、重建、变异，最终在新的发展中重新塑造，以开创再度辉煌的历史。

第二章　从混沌走向文明：早期关中文化的
兴起与衰落

一、关中原始文化的兴起

（一）最初的家园：聚落创建与观念

如果说与动物的分离标志着人的诞生的话，那么，早期的人类还在诸多方面不能够完全摆脱动物的习性和本能。距今 110 万—115 万年前，活动在关中的蓝田人，和距今 20 万年左右的大荔人，都还较多地保留着他们的动物性或者说本能性征，其中对于山野动植物的依赖和更多的选择居住在山洞或崖洞中，都是这方面的明证。距今 1 万年以来，经过漫长的自我适应和进化，人类发现了农业，并通过农业开始实现自身及其生活的革命性变化，这就是新石器时代。新石器时代农业的开展，引起三项重要的革命：一是围绕农业耕种区域的定居生活。二是通过农地的选择和开发，将这种定居生活扩散到关中各地。考古发现，关中地区原始人群众多，活动频繁，今天在这一地区的诸多县市都不同程度发现有属于这一时期的文化遗存[①]，即

[①] 西北大学研究生翟霖林统计，1933 年以来，关中西部地区仰韶文化中晚期遗址共有 500 余处，其中可确定为仰韶文化中晚期的遗址有 182 处，仰韶文化晚期遗址有 121 处。涉及流域有沣河、泾河、渭河、浐河、皂河、漆水河以及周原七星河等，主要遗址分布的今县市包括西安东南郊、西安市长安区、宝鸡、三原、旬邑、淳化、彬州、铜川市耀州区、西安市鄠邑区、武功、扶风、岐山、眉县、兴平、周至、咸阳、乾县、长武、宝鸡市凤翔区、礼泉等。(《陕西彬县水北遗址仰韶文化遗存分期研究》，西北大学 2007 年硕士学位论文)关中东部所发现的虽较西部少，但相对而言还是不少的。

是这一革命的产物。三是社会组织的出现和聚落家园的营建。进入新石器时代的关中人，已经完成了由原始群团到氏族社会的过渡，基本的社会组织先后经历了血缘家族、普那路亚家族到对偶婚家族依此进化的三种形式。血缘家族组织属族内婚的性质，后二者属于族外婚的性质。[①] 不同氏族之间由单一的氏族内部繁衍发展的较小居住形式，在族群的日渐繁衍和分化中，向族外婚性质的组织形式演进，并促使氏族亲缘关系日益成长和扩大，这是村落规模逐步扩大的基础。在向平原移徙的过程中，关中人尚不可超越自然水源的制约，即便是在平原、台塬甚至山麓地带，他们也只能顺应湖泉存在和河流流经的地方，并因此而寻找安身之地。现今发现的新石器时代文化遗址，几乎都分布于河流所在的二级阶地或山泉和湖泊附近，就是适应这一条件的结果，这已是考古学界的共识了。如果只是这些内容，尚不足以反映多少文化的内涵。除过农业经营的具体情况，我们尚难以知晓外，真正能体现文化理念的，恐怕还是表现于其生活上的各种观念和联系。这里首先要说的就是房屋和家园的营造。

离开了洞穴，来到河谷及河流的冲击平原地带，原始人从事农业的土地固然已经发现，甚至已经开垦并耕种，但居住在哪里？崖壁和窑洞对他们来说自然比较熟悉，甚至也已有着漫长的居住"经验"，但不是所有地方都有这样的条件。于是适应旷野的需要，原始人在既往部分经验的基础上开始营建房屋，历史进入仰韶文化时期。当时，由于生存条件的改善和原始人群的日益进化，氏族群落进入族外婚阶段，人口数量日益增长，以氏族为单位的村落普遍出现。这是与农业相伴生且迈向原始文明变革的标志性进步。关中地区目前所发现

---

① 马克思：《摩尔根〈古代社会〉一书摘要》，中国科学院历史研究所翻译组译，人民出版社，1965 年。

的村落遗存很多，分布很广。村落已经具有明确的安全意识和隔离观念，这主要体现在一般通过环壕形式将村落和村外隔开，某一方向留有进出村落的通道或门址。如西安半坡遗址、临潼姜寨遗址和高陵杨官寨遗址。村落环壕以内是原始人居住的房屋，房屋以地穴或半地穴式为主，地面上部由木柱围绕，上部施以木条搭盖并覆以野草。房屋周围由杂草和涂泥封闭，留有出口。村落内部房屋按一定秩序排列，房屋有大小之别，形态有方形和圆形两种。虽然，"方"或"圆"的具体含义还难以确知，但根据动物群体生活的基本规律和母系血统的群体特点分析，村落中分明地体现了母性祖先的权威和与一般后代的区分。地穴或半地穴的普遍使用，则在一定程度上反映了对洞穴经验的部分继承和对单一地面建筑技术的不完全掌握。村落规模由小变大，反映了氏族群落人口的增长，而与此相关的"规划"和建造，则贯串着文化的进步和成长。杨官寨村落位于西安市高陵区姬家街道，遗址地处泾河左岸的一级阶地上，面积有 80 余万平方米，现已发现各类房址 49 座。[①]据考古研究，这是一处由半坡文化四期和半坡类型庙底沟文化构成的村落，后者较前者时间要晚一些。村落遗址北高南低，北区为庙底沟文化大型环壕聚居区，环壕周长 1945 米，壕内面积（含壕沟）245790 平方米；南部为半坡四期文化居民聚居区，发现各类房址 23 座，陶窑 10 个。特别是在南端东西走向的断崖上发现成排分布的 14 座房址，各房屋平面是呈"吕"字形的前后室结构，前室一般是地面式，后室则为窑洞式。考古学家认为，这些窑洞式房址是目前关中地区发现的最早的窑洞式建筑群。房址旁边各有一座陶窑，陶窑旁边有一个窖穴，可能是放置陶器的库房所在，其中存放有两套共十几个完整的小口尖底瓶。考古学家初步判断这是一个制作陶

---

① 《高陵杨官寨遗址》，见百度网。以下涉及考古内容均来自网站报道。

器的作坊。这样大规模的陶器作坊在仰韶文化时期是十分少见的。根据这些发现，结合仰韶文化半坡遗址、临潼姜寨遗址均有环壕形式，且窑址都在环壕以外的情况判断，这一时期生活于关中的氏族群落已经具有明确的区分生产、生活空间的观念或经验。农地和陶器手工业制作集中分布在环壕以外，公共墓地也多集中分布于环壕以外。可以这样讲：这种村落格局奠定了文明社会以来，以农业经济为主体的农耕社会村落形态的基本格局，就是近现代时期除没有环壕以外，关中农村村落的基本结构，大致还保持了这样的基本区分。

（二）生活用具制作与原始思维的进步

文化的本质是基于人类需要的物质性和精神性创造。在农业和手工业生产得以实现的基础上，对于生产工具和生活用具的制作，是原始文明发展的突出表现。如果说生产工具，如磨制石器的石刀、石斧，以及木器、蚌器、骨器等，还分明地体现着鲜明的原始性，那么，基本生活用器中陶器的多样式、多类型制作，则表现出鲜明的创造性思维特征。目前在关中地区所发现的众多村落遗址中，都不同程度地发现有多种日常生活用具的陶器，如盛水用的尖底瓶、瓮棺葬具、各式敞口盆、陶罐、陶埙、陶釜、三足鬲等等。这些器具，不论其质地如何，在造型设计上多颇具创新，其形态的多种多样足以说明这一点。透过这些形态及其实际使用，可以判断：生活在关中的原始氏族已经具有力学平衡原理使用的观念，也发现了三角形稳定性的特征。大概由于长期以来跟泥土打交道的经验，他们对于泥土的性能及利用相当娴熟。"如果理性是指具有透过由感觉控制的表象从而理解表象背后的本质的能力的话"[1]，那么原始氏族群体中的陶器制作者已

---

[1] ［美］埃里希·弗罗姆：《健全的社会》，蒋重跃等译，国际文化出版公司，2003年，第18页。

经具备较为明晰的理性思维能力，并将它贯穿于各种陶器器型的设计上。下图是高陵杨官寨遗址出土的一组陶器图片（采自百度网），就造型而言，它与现代人的粗陶设计和制作没有明显的差异。在各种各样用途的陶器制作中，关中人将它们生活中密切接触的生物，如鱼、鹿、蛙等，通过图画的形式画在这些器型（如半坡人面鱼纹盆）里，甚至以镂空的形式刻画出人的面部形态，与器物造型形态一起，集中地体现了当时人的精神状态和审美追求。应该说，这些基本的造型设计，在现代人的器物造型设计中依然很是普遍，或者说现代人在一些基础方面依然延续着这些基本的设计形态。它们是早期关中器型设计文化的根基，是后来关中人日常生活中实用器物设计和制作的源头。

（三）粮食储藏、动物圈养和捕猎理性

如果说藏匿剩余食物是动物就具有的本能，那么至新石器时代的仰韶文化时期，这样的生物本能已经发展为人的"理性"。生活在关中地区的氏族群体已经懂得建造窖穴或窑洞来储藏粮食和其他生活必需品，而圈养动物则是对其所猎获动物贮养和保存的进一步发展。半坡遗址发现有储藏的芥菜籽粒和粟粒等粮食和蔬菜信息，杨官寨遗址南

区所发现的 14 座房址及其窖穴，都说明当时的人们已经具有管理剩余食物和多余手工业制品的能力。至于对动物的捕猎和圈养也是在这一时期得到快速的发展。1991 年，考古工作者在今铜川市黄堡镇东南的漆水河东岸，发现了仰韶时代的瓦窑沟遗址。经过考古发掘，该遗址清理灰坑、窖穴 240 多个，房址 20 多座，并有丰富的动植物遗存。经过鉴定和统计，该遗址出土 20000 多件动物骨骼，包括 30 多个哺乳动物种属，其中梅花鹿数量最多，占可鉴定标本的 48.4%；其次为猪，占可鉴定标本的 38.4%。其他动物包括马、牛、马鹿、狍子、獐等等。专家认为，该遗址人群已经懂得选择性地捕获梅花鹿：一是选择成年个体，二是选择公鹿，三是选择季节，其最终目的是保持猎物的持续繁衍和最大限度地获取最大肉食量。[①] 如果说这些分析不错，那么就可以断定：人们已经具有自然储藏的理念，并将其视为与族群生存密切相关的选择。今天的人们讲求生态环境，那么这样的理念及其实践活动，又何尝不是生态环境观念的最初萌芽呢？梅花鹿的捕猎如此，对其他野生动植物的获取，也应该不会背离这一基本理念或原则多少。"自然储藏"的观念与实践固然有利于猎物的自然繁衍和氏族群落的可持续捕获，但其中所蕴含的难以克服的不确定性，却在很大程度上促进了驯化野生动物和圈养野生动物的发展。有学者指出，新石器时代"家猪的驯养在渭水流域生业经济中占据着重要地位"[②]，正是可以说明这一点。随着家猪的饲养，包括六畜圈养的逐步出现，关中人把这种自然的"不确定性"，逐渐转变为具有一定生活保障的确定性。即使不能捕获必要的猎物，也可以渐渐地用圈养动物

[①] 王华、王炜林、胡松梅：《仰韶时代人类狩猎梅花鹿的策略：以铜川瓦窑沟遗址为案例》，载《人类学学报》2014 年第 1 期。

[②] 王华、王炜林、胡松梅、路易斯·马丁：《渭水流域新石器时代家猪的驯化与饲养策略》，载《考古》2013 年第 9 期。

来补充或替代。随着这种确定性程度的日益增长，关中人对自然捕猎的依赖程度日渐降低。在农业、采集和家养动物的双重经营中，早期的关中人不但在经营中积累了诸多的经验，而且在这些经验的指导和日渐增重的社会实践中，从自然"专制"的强制性中不断获得自身的"解放"。

（四）生和死的基本观念

人死后是要被埋葬的，这是人类区别于动物的重要标志之一。新石器时代的关中人，就目前所发现的众多村落而言，如临潼的姜寨遗址、西安的半坡遗址，在活人居住的环壕居住区以外，都有一个或者数个较为集中的公共墓地，分明地反映着这些氏族共同体对于族群死亡的态度、安排和观念。单就形态而言，这种埋葬形式和新中国集体化时代关中村落的埋葬地选择总体上是一致的。如果不考虑其中细微的内容区分，至少在生死区分和同村同葬这一观念上，关中地区的原始人与我们今天的文明人是没有什么本质区别的。姜寨遗址有 5 处相对集中的团块状墓群，一般的解释是不同氏族集中埋葬的反映①。即便如此，也不能够改变集中埋葬并有所区分的观念，反而证明这样的区分在逐渐细化。其中所遵循的基本原则恐怕还是"亲近"的观念和意识。这种情况，同样持续地反映在文明时代，直到现代乡村社会的家族墓地形式，依然与它的精神是一致的。其次，是成年人与儿童葬的区分。关中新时期村落遗址中同样发现不少陶质瓮棺葬具，它一般被认为是埋葬儿童的葬具。为什么会就儿童专门制作一种葬具？具体原因现在恐怕难以确知，但将他们的埋葬与成年人加以区分，却是一

---

① 西安半坡博物馆、陕西省考古研究所、临潼县博物馆：《姜寨 —— 新石器时代遗址发掘报告》上册，文物出版社，1988 年，第 69 页。

个较为明确的观念。甚至透过瓮棺葬具制作中所凝结的劳动，我们推测儿童死亡在氏族族群生存与发展中具有更为重要的意义。至于这些意义是什么，现在还不清楚。复次，视死如生观念应该是存在的。虽然，人们清楚地意识到死者与活人不同，但在生活需求和族亲感情方面却与活人是一样的，只是死人生活在另一个世界（活着的人所认为的世界），所以在死人的墓穴中往往有一定的生活品埋藏。这样的观念，似乎与现在的关中人也没有多少本质的区别。要说有区别的话，可以说，在后者的观念中，只有极少数人超越了原始人的观念，只是从纪念性意义上来看待这些相关的行为或形式，而绝大多数人依然具有与此性质相类似的生死观念。

以上新石器时代仰韶文化时期关中人的文化观念和物质生产，与中原地区仰韶文化的基本内涵是一致的，至于其间表现出什么样的独特性，现在还难以说得十分清楚。但这些基本观念、意识和物质生产中所表现的理性设计、审美追求和建造经验，却奠定了后来关中文化发展的基础，这一点应该是没有问题的。就是到了现今社会，我们还能依稀地看到乡村社会相关文化与这一时期的观念之间难以割舍的渊源和联系，甚至一些基本的结构形式还表现出惊人的一致。

二、国家文明前后关中文化的衰落与周部族文化选择的
另类道路

（一）国家文明诞生前夕关中文化的衰落

新石器时代后期至夏商王朝时期，整个中原文化依次经历了父系氏族社会、部落联盟制社会和国家社会文明的发展阶段。作为中原文化的组成部分，关中文化也经历了这一历史过程。所不同的是，在这

一过程中，关中文化一改仰韶文化时期的繁盛，而长时期处于比较沉寂的状态。主要表现为：考古学的重大发现很少，记载传说时代的文献又没有多少涉及此地的事情。而在同期或早夏时期，关中周边地区人类活动遗址的发现却相当引人注目，如黄河中下游地区发现不少仰韶文化晚期至龙山文化时期的城址，在内蒙古中南部地区也发现十几处这一时期的城址，至于陕北神木市近年所发现的石峁遗址，更是迄今为止考古学所发现的最大的龙山文化时代城址，其规模令世人惊叹。山西襄汾的陶寺遗址和河南新密的新砦遗址、古城寨遗址等，也都不同程度地展现了前国家时代部落居民生活及所居住的大型城址文化成就，但在关中地区迄今尚没有类似的发现。就文献记载而言，《国语》记载："昔少典娶于有蟜氏，生黄帝、炎帝。黄帝以姬水成，炎帝以姜水成。成而异德，故黄帝为姬，炎帝为姜。"[1] 对于黄帝部落发迹的"姬水"，一般认为是在今陕北地区，具体所指不明；而于炎帝部落发迹的"姜水"，学术界虽然也有不同的认识，但基本可以确定是在今宝鸡市以南的清姜水或姜水河侧近[2]。即便如此，这两大部落却在后来相继离开各自所在的地区，分别沿着洛河和渭河东迁至黄河中下游一带[3]。所以考古学家邹衡说，"由于史乘不详，对于西周以前关中的历史记载几近空白，这里何以成为古代中国的政治、文化和经济中心，一直是人们关心、思考但却费解的历史难题"[4]。

如果说黄帝部落和炎帝部落，自今陕西渭河流域和洛河流域东迁中原中心地带，是一个不可否认的事实，那么，炎帝部落当在一个相

---

[1] 徐元诰：《国语集解》（修订本），王树民、沈长云点校，中华书局，2002年，第336—337页。

[2] 徐旭生：《中国古史的传说时代》（增订本），文物出版社，1985年，第41页。

[3] 徐旭生：《中国古史的传说时代》（增订本），文物出版社，1985年，第44—47页。

[4] 张天恩：《关中商代文化研究》，文物出版社，2004年，"序"第1页。

当长的时间里生活在渭河流域的关中中心地区；而黄帝部落也可能于洛河下游（今关中东部）一带活动若干年的时间。一般认为，这两个部落属通婚的姻亲关系，大概是在这一时期进行的。至于这两个部落为何都要迁徙至关东地区，至今没有明确、清楚并合理的解释。但他们的离开，本身表明这一地区文化的总体衰落，并随着他们的离开而加速了这一趋势。随着这两大部落进入关东中原中心地带，各大部落集团在此相互争战，最终融合为以尧舜禹为酋长的部落联盟，即华夏族。后来夏商周王室的祖先都是以黄帝为初祖①。华夏族在长期融合发展中形成中原华夏文化。相传，周人的祖先弃（后稷）与大禹、契、皋陶同在舜为酋长的部落联盟任职②，共同推动了部落联盟向国家社会的发展。随着关东中原中心地带文化发达地区的兴起，以后来所谓"桃林之塞"和黄河—秦岭相阻隔的关中地区就沦为华夏文化核心区域的边缘地带，其文化就只能处在边缘文化区的地位。当然，这一时期在关中地区成长起来的周人，因为其祖先弃（后稷）及其部族与华夏部落联盟之间的渊源、所属并其"供职"关系，关中的周部族文化必然深受华夏文化的影响，并成为其重要的组成部分。

（二）国家文明初期关中周部族文化选择的另类道路

夏商王朝时期（前 2070—前 1046）的 1024 年间，国家制度初步建立，夏商王朝的都城及统治中心都分布在关东地区的黄河南北。关中地区则是周部族及其他一些较小的部族（如有扈氏，今陕西西安市鄠邑区）生活和活动的区域。这些部族在政治上臣服夏商王朝，并与夏商王朝保持着较为松散的政治联系。他们除向中央王朝进贡地方土

---

① 金景芳：《中国奴隶社会史》，上海人民出版社，1983 年，第 13 页。

② 雒江生校诂：《尚书校诂》卷一《虞夏书》，中华书局，2018 年，第 43—45 页。

产外，都还过着相对独立自由的部族生活。这一时期，周部族先后经历了弃及其后裔公刘等三代人的发展，驻足于"邰"（今陕西武功县），后人又称他们为"有邰氏"。到公刘时期，不知何因，该部族北迁至豳（今陕西旬邑县西南），并在此地生活了六代人依次相接的漫长时期。直到古公亶父为酋长期间，因为北方戎狄的不断袭扰，周人被迫率其部族向南迁徙至今周原（今陕西岐山县东北）一带定居。周部族迁居周原以后，在此建造城邑、宫殿，继续发展农业生产，逐步强大起来。就是说，在此之前的近 1000 年时间里，关中地区诸部族以点状分布，各自生活在他们活动的空间，各部族所活动的生存空间之间存在有广大且少人活动的旷野之地，部族之间的联系似乎也不是很多。如果不是这样的话，周部族是不可能随意选择并迁徙到这里的。如果真是这样的话，那么统一的关中文化或者说以某一个部族为主体的文化，似乎还没有形成。

就文化形态而言，夏王朝建立以前，关东地区乃至于陕北榆林地区都曾经出现较大规模的城邑聚落，其所反映的建筑文化成就确实已经达到很高的水平。而夏都阳城和商都殷墟，特别是后者，现在早已揭橥地面，并能够为世人清晰地看到。同样，关中地区源自高陵杨官寨龙山时代的大型村落遗址的文化传统似乎也被后世传承下来。据新闻媒体报道，2020 年陕西关中地区发现一处大型聚落遗址，被考古学命名为"太平遗址"。该遗址位于西安市西咸新区沣东新城斗门街道太平村东侧。2021 年 3 月以来，经考古学家半年的发掘，初步确定：该遗址距今大约 3700—4150 年；太平遗址是一处大型的客省庄二期文化环壕聚落遗址。若此，则太平遗址是进入国家文明前后关中乃至西北地区发现的唯一一座夏商王朝时期的聚落遗址。遗址中发现有玉器作坊和卜骨、陶铃等器物，显示了尚玉观念、占卜观念的支配特征，体现了国家文明初期关中部族聚落文化的社会心理。

　　然而，在周部族祖先公刘居豳的时代，周人在豳地依然只是"陶复陶穴"的生活，在此并没有建设这种大型的环壕聚落。这种情况，只能说这样的环壕聚落在当时的关中地区尚不是很普遍的一种居住形态。仅就周人而言，这种情况及其所反映的文化，到底是不能为还是不欲为，却也不能简单地以物质的现象来解释。至少从周部族来说，由于长期以来以农为本，尽力农业和开发土地的关系，自后稷任职虞舜部落联盟的农官以后，迤逦数十世，直至不窋被夏王朝废除这一官职，周部族一直是尽心于农业，就是到了公刘居豳的时代，依然如此。由此养成了不尚争战的"君子"性格和恤怀生命的特殊精神。所以在面对敌对力量的掠夺或对抗时，在具有荒无人烟的旷野可选择的条件下，他们往往本着"民欲以我故战，杀人父子而君之，予不忍为"的理念，一再迁徙。《史记·周本纪》记载："古公亶父复修后稷、公刘之业，积德行义，国人皆戴之。熏育戎狄攻之，欲得财物，予之。已复攻，欲得地与民。民皆怒，欲战。古公曰：'有民立君，将以利之。今戎狄所为攻战，以吾地与民。民之在我，与其在彼，何异。民欲以我故战，杀人父子而君之，予不忍为。'乃与私属遂去豳，度漆、沮，逾梁山，止于岐下。"[1]《吕氏春秋》记载："太王亶父居邠，狄人攻之，事以皮帛而不受，事以珠玉而不肯，狄人之所求者地也。太王亶父曰：'与人之兄居而杀其弟，与人之父处而杀其子，吾不忍为也。皆勉处矣，为吾臣与狄人臣奚以异？且吾闻之：不以所以养害所养。'杖策而去，民相连而从之，遂成国于岐山之下。太王亶父可谓能尊生矣。"[2]《诗经》"毛传"也说："古公处豳，狄人侵之。事之以皮币，不得免焉。事之以犬马，不得免焉。事之以珠玉，不得免焉。乃属其耆

---

① 〔汉〕司马迁：《史记》卷四《周本纪》，中华书局，1982年，2版，第113—114页。
② 陈奇猷校释：《吕氏春秋校释》卷二十一《审为》，学林出版社，1984年，第1453页。

老而告之曰：'狄人之所欲，吾土地。吾闻之君子，不以其所养人而害人。二三子何患无君？'去之，逾梁山，邑乎岐山之下。豳人曰：'仁人之君，不可失也。'从之如归市。"① 这几条材料，虽然时代前后有所不同，所记述的却是一件事；语言表达虽然略有不同，但所述事件的基本内容是一致的。特别是《吕氏春秋》作者所看到的"尊生"（尊重生命），乃周部族文化精神的根本所在。它表明这一时期生活在关中地区的周人选择的是一条不同于夏商国家文明发展的道路。

尽管中原王朝已进入以家族为中心的国家统治时代，作为地方部族，周人则处于较为遥远且山川阻隔的西鄙关中，过着部落联盟体制的生活。这种生活方式，长期以来被认为是文化落后的表现。其实不然，所谓文化落后的观点，是以国家作为文明的标准而得出的认识。就人自身的发展和以人为中心的人类社会的发展来看，这种观点可以说是简单的线性进化论影响的产物，它不足以用来评判不同文化的先进与落后问题。事实上，文化自身及其精神也不必用先进或落后来简单地加以区分。如果上引三条材料所说事件不误，那么，周人在其发展的早期，走了一条区别于夏商国家文明发展的道路。其基本精神，当是继承了尧舜禹时代的"大同"理念，部落联盟共同生活、选贤任能和尊重生命，努力于土地开发和生产，远离战争和走和平发展的道路。上引材料，所谓"积德行义""有民立君，将以利之""杀人父子而君之，予不忍为""吾闻之君子，不以其所养人而害人"，都是这一精神的反映。这是一种以人为本的发展思想，立君是为民，民以此拥戴贤能之君，君不以"杀人父子"而成就自己，包括自己的家族或部落的发展。周人的这种追求是对大同理想的继承和发展。特别是对于

---

① 《毛诗正义》卷十六《大雅·绵》，见〔清〕阮元校刻：《十三经注疏》（清嘉庆刊本），中华书局，2009年，第1095页。

自己甚至他者生命的恤怀和重视，从而养成了爱人和忍让的君子性格和文化精神。不过，随着国家文明浩浩荡荡的发展，时代的潮流似乎不允许周人按照以往的方式而生活。随后的中原大地上生活的各个地方部族，为了自己的生存，就不得不适应这样的时代潮流，以规避被难以抗拒的"国家文明"发展的历史车轮抛向寥远的边缘，或者被碾压得彻底粉碎。但这不等于说"国家文明"及其所代表的文化——尤其是从人群自身的自由、幸福和发展来讲——就一定是先进的。

古公亶父率部迁入周原以后，一方面在一定程度上继续坚守着往日文化精神的主体方面；另一方面却不得不建城、设邑，设官、分职，建立起自己的一套国家机器①，否则，随着周边诸方国势力的发展和对土地的占有，周人若还是按照以往的处世精神，就难以寻觅到合适的土地并立足了，所以周人只能选择走国家发展的道路。自此，以周人为核心的关中文化的旧式道路不得不被扬弃，而变为在国家文明的发展中，一定程度上继续坚持前国家时代已经形成的元初精神，并以新的途径继续发展。所以《史记》记载周原生活时代古公亶父、王季和周文王姬昌执政的情况说："公季修古公遗道，笃于行义，诸侯顺之"；周文王"遵后稷、公刘之业，则古公、公季之法，笃仁，敬老，慈少。礼下贤者，日中不暇食以待士，士以此多归之。伯夷、叔齐在孤竹，闻西伯善养老，盍往归之。太颠、闳夭、散宜生、鬻子、辛甲大夫之徒皆往归之"。② 至于太伯、虞仲出走，延及周文王时代的"德义"发展与"和平"邦交，在社会实践和政治发展层面，很快实现了"三分天下有其二"的成绩，"周之德，其可谓至德也已矣"。③ 就尊重生命

---

① 周振甫译注：《诗经译注》（修订本）卷七《大雅·绵》，中华书局，2010 年，2 版，第373—376 页。

② 〔汉〕司马迁：《史记》卷四《周本纪》，中华书局，1982 年，2 版，第 116 页。

③ 杨伯峻译注：《论语译注·泰伯篇第八》，中华书局，1980 年，2 版，第 84 页。

而言，固然，为了发展，周人也不能不进行战争，但目前为止，在已发现的周人早期遗址中很少发现有成规模的人祭人殉现象，恐怕与此文化精神是有密切关系的，这实际上也是周人很得关中及其周边诸部族拥戴的根源所在。所谓"周虽旧邦，其命维新"①，难道不是这样吗？这样的文化精神，显然不能够用落后一言以蔽之。

---

① 周振甫译注：《诗经译注》（修订本）卷七《大雅·文王》，中华书局，2010 年，2 版，第 367 页。

第三章　国家核心文化的渊薮：西周、秦汉时代的关中文化

考古学家邹衡说："陕西关中在中国古代历史上所占有的特殊地位，几乎是其他任何地区都无法替代的。周、秦、汉、唐几个辉煌王朝先后在这里演绎了他们的光辉历史，将中国古代文明推向了一个又一个新的高度，留给后人的是无尽的称道和赞叹。"[1]关中是中国古代历史上十三个王朝的首都所在地，其中西周、秦、西汉、隋、唐是五个统一王朝，分裂时期的地方诸侯国或地方政权，则有秦国、前赵、前秦、后秦、西魏、北周六个，其他为时很短的政权不必计算在内，总体上为都城时间 1000 余年。其中还有都城东移时代的东汉、三国和西晋时期，关中文化沦为地方性文化。所以下面分三个部分来谈：一是统一王朝时代的关中文化，二是分裂王朝时代的关中文化，三是作为都城间隔期的关中地方文化。

一、中国文化主体精神的创始：关中的渊源与传播

虽然史前时期有众多的氏族、家族或部族生活在中国境内广袤的大地上，按照现代考古学的研究，这些族群在长期的生活中也各自形成自己的文化，从而反映出满天星斗似的精神活动和物质文化创造，

---

① 张天恩:《关中商代文化研究》，文物出版社，2004 年，"序"第 1 页。

甚至各种文化之间还不同程度地表现出鲜明的相互影响和联系。但直到国家文明出现前夕，一些区域性联盟或民族共同体才在长期的交流和融合过程中逐渐形成，如学界普遍认同的华夏族，就是黄帝部落、炎帝部落和东夷部落相互融合的产物。黄帝部落很早就与炎帝部落通婚，作为黄帝的后裔，周部族也与商王朝家族通婚，并与夏族后裔莘方国（在今陕西合阳县）通婚。大约到尧舜禹时期以及后来的夏商王朝时期，随着部落联盟的地域性成长、各民族的不断融合以及夏商国家制度的形成，黄河流域众多的相近部族日渐融合并形成一个统一的民族，即华夏族[①]。在此过程中，由于基本上共同以农业为主体的经济生活，共同参与为生存而奋斗的"治水"工作，共同应对自然和难以名状的神秘现象，众多部族结成国家共同体或者联邦统一体。由此形成共同的天帝信仰，共同的语言文字（如甲骨文、金文），共同发展农业的经验和交流。这就为共同文化的形成、传播（包括教化和学习双向过程）和整体文化的发展创造了条件。事实上，在周王朝建立以前，如前所说，周人所坚持的文化发展道路和文化精神就已经为广大"属民"所认同和倾慕，并成为凝结关中及其周边诸部族的核心力量。周王朝建立以后，都城设在丰镐，旧京在周原，依然没有废弃。关中成为全国的政治中心和文化中心，是国家文明总体发展的"大脑"。当时的国家疆域或政治影响范围，所谓"溥天之下，莫非王土。率土之滨，莫非王臣"[②]。一切重要的国家制度和文化设计，包括社会生产和生活中形成的理念，都通过这里选择、提炼和形成官方意志而推向全国各地。

---

　　① 徐旭生：《中国古史的传说时代》（增订本），文物出版社，1985年，第40—47页；钱穆：《中国文化史导论》（修订本），商务印书馆，1994年，第21—38页。
　　② 周振甫译注：《诗经译注》（修订本）卷五《小雅·北山》，中华书局，2010年，2版，第312页。

　　周人在关中的社会经济生活与文化精神活动，见载于周原出土的甲骨文以及关中各地出土的青铜器铭文，以及后人整理或撰写的文献，如《尚书·周书》《周易》《礼记》《仪礼》《周礼》，以及《诗经》中的《大雅》《小雅》《周颂》等。其基本的经济活动是从事农业。由于当时关中地区人口稀少，周围众多山林和原隰中动植物资源丰富，所以周人也从事一些狩猎活动。继龙山时代以来，制陶业、青铜铸造业和葛麻、蚕丝纺织业相继发展，以服务于基本的生产和生活需求。其他各族群，如微（今陕西眉县一带）、散（今陕西宝鸡市南）、夨（今陕西宝鸡市渭河以北）、莘（今陕西合阳县黄河西岸）、芮（今陕西大荔县至韩城市一带）等，《史记》所谓"诸侯顺之""士以此多归之"。[1]他们与周人的发展程度约略相当。

　　以周人为主体的关中部族，在日常生活和政治统治中持守的基本信仰和观念有以下几点。

　　（1）崇信天帝、祖先神灵和不可名状的神秘力量。周人认为，人间的善恶和重大作为，上天、已逝先王、祖先的神灵都是知道的，上天和祖先的神灵福佑生民。人间生活的族群通过祭祀以报答神灵的恩惠，甚至可以受天委托，惩恶扬善，所谓"替天行道"[2]即是此意。所谓神秘力量，就是周人在诸多行事上采用的占卜。占卜有两种，"以龟占吉凶，曰卜。以蓍占吉凶，曰筮"[3]。这种行为，实际上是以非理性的力量来决定行事。前者应该是继承夏商王朝以来的观念，实际上也是历史时期以来，人们在应对自然、社会和生死过程中的意愿的反映；后者则是长期以来日常生活中各种经验的非理性联系的信念化。

---

[1]〔汉〕司马迁：《史记》卷四《周本纪》，中华书局，1982年，2版，第116页。

[2] 雒江生校诂：《尚书校诂》卷五《周书一·牧誓》，中华书局，2018年，第192—194页。

[3] 屈万里：《尚书今注今译》，上海辞书出版社，2015年，第107页。

从周人早期的家族式农业活动看，早期似没有占卜观念。它可能是夏商以来传入关中的东方观念，为后来的周人所吸收而已。

（2）崇信"立君为民"、体恤生命、爱人及人、立德积义，持向自然要利的观念；崇尚善行，反对罪恶，崇尚勤劳，反对懒惰，崇尚勇武、智谋、有能有为，怜惜贫弱，反对暴虐民众，"好稼穑，植五谷"；等等。类似这种价值观念和文化追求的言辞，在《诗经》等有关周人早期生活的记述中多有表现，此处不必一一列述。现在看来，这些价值观念都是很先进的文化理念，是我国农业社会形成以来一般社会生活中始终所秉持的基本信条，直到现在依然是我们社会基本价值观的重要内容。其应该来源于（至少从明确的记载来看）周部族，它们是周人在关中地区相对独立生产和生活的过程中所形成的基本理念。这些观念，之后可能为儒家发掘、吸收、继承并传扬，并成为儒家仁义礼智信文化信念的历史来源之一；就是后来人所追念的大同理想，也多少与这种部族式生活时代自由的悠然生活和价值追求不无关系。

（3）亲其所亲：分封制度与关中文化的外播。从部族共同体转向国家共同体，特别是取代商王朝而建立统一的西周王朝以后，统治与治理的需要迫使周人要按照管理统一国家的一套制度和理念来行事。而部族共同体时代的价值观依然强固地影响着其治世和管理的理念，这就是在"血亲"观念下实施的分封制度。周武王在灭商前的誓师大会上，面对"西土之人"，曾历数殷纣王的罪状说："今商王受惟妇言是用，昏弃厥肆祀弗答，昏弃厥遗王父母弟不迪，乃惟四方之多罪逋逃，是崇是长，是信是使，是以为大夫卿士，俾暴虐于百姓，以奸宄于商邑"①。其中所传达的价值观念，包括"昏弃厥遗王父母弟不迪"，

---

① 雒江生校诂：《尚书校诂》卷五《周书一·牧誓》，中华书局，2018年，第192页。

即殷纣王不亲其所亲，在国家管理中不使用自己的父母兄弟，却使用"四方之多罪逋逃"之人。就是说，在周人的观念里，管理家族式国家而使用自己的血亲成员是一条普遍的原则，这实际上也是当时"西土之人"普遍的价值观念。西周建立以后，基于疆土范围广大而实行的以同姓分封为主的分封制，就是基于这一基本的价值观原则而制定的。分封制度通过分封同姓血亲家族成员、姻亲成员到各地进行统治，把周文化的这一信念传播到全国各地。

　关于分封制度的起源，或以为"起于夏代"，或以为起于"商代"，但都承认西周时期的分封制是另一种新的开始或创设。如钱穆说，"中国古史上多说封建起于夏代，实非无因。但一到西周初年的封建，则实在另以一种新姿态而出现，所以我们也不妨说，封建制度由西周正式创始"[①]。金景芳说，"分封是周人为巩固政权而创立的一种新制度"[②]。若此，则分封制是当时关中文化对日趋统一的中国文化形成的重要贡献。按诸西周初年的各地实际，金景芳根据《吕氏春秋》所说周初"所封国四百余，服国八百余"，分析认为：当时所分封的诸侯国只占所"服国"数量的半数，即"从虞、夏时代保留下来的旧国还占大多数"。在此基础上，他进一步认为："周代实行分封制以后，虽然并没有从根本上改变由部落时代遗留下来的以分散和割据为特征的众国林立的局面，但却大大加强了天子对诸侯的统属关系，向着后来形成中央集权的专制国家迈进了一大步。"[③]

　西周分封的另一层精神，正如钱穆所言："也并不专在狭义的统治方面打算。除却分封同姓姻戚外，以前夏、殷两朝之后裔，以及其

---

① 钱穆：《中国文化史导论》（修订本），商务印书馆，1994年，第30页。
② 金景芳：《中国奴隶社会史》，上海人民出版社，1983年，第137页。
③ 金景芳：《中国奴隶社会史》，上海人民出版社，1983年，第137页。

他古代有名各部族的后代，周人也——为他们规划新封地或保留旧疆域，这所谓'兴灭国，继绝世'。而且允许他们各在自己封域内，保留其各部族传统的宗教信仰与政治习惯。因此我们还可以说，西周封建，实在包含著两个系统，和两种意味，一个是'家族系统'的政治意味，一个则是'历史系统'的文化意味。前一系统，属于空间的展拓；后一系统，属于时间的绵历。此后中国文化的团结力，完全栽根在家族的与历史的两大系统上。而西周封建制度，便已对此两大系统兼顾并重。可征当时在政治上的实际需要之外，并已表现著中国传统文化甚深之意义，这是尤其值得我们注意的。"① 这一精神恰与前文所说相合，即周人在其发展早期，走了一条文化独立发展的道路，他们秉持的是"有民立君，将以利之""杀人父子而君之，予不忍为""吾闻之君子，不以其所养人而害人"的理念。在国家制度下，这样的理念和精神依然作为一种潜在的文化因子，融入关中周文化的血液中，以至于在国家治理和发展中，再次在分封制中得以体现。就这一点讲，将"家族系统"主要看作"政治意味"是不够的。事实上，"家族系统"或者说部族传统的生存、生活理念，本身就是文化传统、历史传统，是关中地区的周文化，包括后来形成的中国传统文化核心价值的历史渊源与根基所在。

（4）创立新秩序：宗法制与礼制文化。西周王朝建立以后，处在镐京的周王及其"智囊集团"成员面临着两个基本问题：一是如何控制偌大的王国疆土；二是如何确定王位的继统，并通过一套制度使之稳固下来，借以实现较为明晰的新秩序。前者通过分封制加以控制，但如何维系其稳定运行还是一个重要问题。商王朝的理念和制度是"兄终弟及"，而周部族在方国时期实行的是"选贤任能"的儿孙

---

① 钱穆：《中国文化史导论》（修订本），商务印书馆，1994 年，第 30—31 页。

制。古公亶父在周原之时，看到小儿子季历的儿子姬昌（后来的周文王）可堪大任，并因此而欲立季历继承王位。以此，季历的两个哥哥太伯和虞仲，"亡如荆蛮，文身断发，以让季历"①。这个故事表明，周王朝建立以前周人的继统观念是由儿子继承父亲的王位，事实上，部族时代的周人也都是这么做的。但当时实行多妻多子制，具体由哪个儿子来继承却是不确定的，它取决于周王的意志和选择，这是与商王朝有所不同的。与此同时，分封到各地的同姓诸侯王也面临同样的问题。如果这个问题不确定（即控制信念），特别是作为一种制度不能够确定下来，可能就会带来持续的王位争斗，引发血亲关系的不合，甚至内乱。为此周王朝建立初年，最高层便创立了嫡长子继承制度，并在此基础上创立了一套宗法制度。关于这两项制度，前人研究的很多，其内容业已基本清楚，这里不必赘辞。需要说明的是，这两个制度创立以后，不但在周王朝运行 700 余年，而且发展成为以后历代封建王朝的一个"基本大法"，影响了数千年的中国历史运动。就西周初年以降的历史而言，这些制度不但通过分封制传播到全国各地，而且必然影响到当时众国林立的地方诸侯或地方部族方国，总体上推动了全国范围内继统文化的趋同化发展和宗法制度文化的普遍化发展。后世的历代王国、王朝或政权，不但继承了这两项制度文化的总体精神，而且随着嫡长子继承制和宗法制的社会化和地方化演进，古代中国社会从城市到乡村，基层社会基本的组织单位——家庭、家族、宗族——的延续和发展，实际上都深切地贯穿着这两项制度文化的精神，进而使得中国发展成为具有鲜明宗法制特性的社会。毛泽东指出："政权、族权、神权、夫权，代表了全部封建宗法的思想和制度，

---

① 〔汉〕司马迁：《史记》卷四《周本纪》，中华书局，1982 年，2 版，第 115 页。

是束缚中国人民特别是农民的四条极大的绳索。"①因此宗法制和嫡长子继承制，是影响中国传统社会政治、经济、军事和文化发展的核心力量，是中国传统文化极其重要的组成部分。

礼仪文化的系统化创始源于关中。在世界文化的多样化发展中，中国一向被称作"礼仪之邦"，虽然这是后来人对中国社会的感知和概括，却鲜明地反映了礼仪文化对古代中国社会和人民日常精神生活的深刻影响。就其历史渊源而言，礼仪文化的系统化创始源于周人（一般认为周公制礼作乐），地点则是位于关中地区的都城丰镐。周人所创建的礼仪文化，集中体现了他们整理、控制国人信念和制定秩序以及实行新的社会管理、政治统治的高度智慧。其基本内容和总体精神，后来经过孔子、孟子为代表的儒家学派的阐释和发展，在专制主义中央集权体制的西汉时期得以再次改造、完善和发展，最终被确定为国民精神的核心内容而推向全国，成为古代中国社会普遍奉行的基本准则。

周人创始周礼的社会基础，是父家长制家族为核心的"家天下"社会。而"家天下"的社会结构和制度形态，并不是周人所创，它是父系氏族社会以来父家长制演进发展至夏商王朝时期形成并确立的结果。侯外庐在研究中国古代文明的起源问题时认为："和西方的希腊不同，中国从氏族社会走向文明社会，保留了旧有氏族组织的余绪，在氏族血缘关系的基础上建立起国家组织；这种状况后来演变为血缘的宗法制，它影响了中华思想文化的发展，形成了（与）西方希腊不同的特色。"②"从氏族社会走向文明社会"，"在氏族血缘关系的基础上建立起国家组织"，亦即"家天下"的国家社会。周人灭商以后所建立

---

① 毛泽东：《湖南农民运动考察报告》，见中共中央毛泽东选集出版委员会编辑：《毛泽东选集》第1卷，人民出版社，1952年，第31页。

② 侯外庐：《韧的追求》，人民出版社，2015年，"再版序"第3页。

的国家组织形式，不但继承了夏商王朝的遗产，而且在系统化创始周礼上对前代也有所继承和改造，所以孔子说："殷因于夏礼，所损益，可知也；周因于殷礼，所损益，可知也。"①而继承的根本原因，是他们针对的社会对象都是一致的。至于损益，应该是源于周人不同于商人的文化观念和认识。

关于周礼的内容，金景芳说："包括两个方面，一是'亲亲'，一是'尊尊'。'亲亲'，就是亲其所亲，反映这个社会的血缘关系方面。'尊尊'就是尊其所尊，反映这个社会的政治关系，即阶级关系方面。在亲亲和尊尊中，贯彻着严格的等级制的原则。"②亲亲源自家庭、家族亲疏远近的经验，从人性亲爱的基本面考虑，规定并明确其中的亲疏关系，以建立在此基础上的伦理、生死仪式等区分关系。《礼记》言服丧制度说："亲亲以三为五，以五为九，上杀、下杀、旁杀而亲毕矣。"③金景芳引唐孔颖达《疏》解释说，个人的直属亲疏关系，以自身为基准，向上辈最亲为父亲，向下辈最亲为儿子，这就是"三"；父亲的上辈为祖父，儿子的下辈为孙子，合起来为五辈关系；再向上分别为曾祖父、高祖父，向下分别为曾孙、玄孙，总共合计为九辈人。"旁杀"即旁系亲属，从兄弟到从兄弟等依次关系疏远。④就是说，社会人群的亲疏关系以我（男性）、父亲、儿子一体为中心，向上、向下、向旁系等依次递减，并与宗法制相结合，形成一套以此关系为依据的人伦制度与仪式。"尊尊"反映的是社会的政治关系。由于当时父家长制为核心的"家天下"的社会性质，决定了这种社会包

---

① 李泽厚：《论语今读》，中华书局，2015年，第42页。

② 金景芳：《中国奴隶社会史》，上海人民出版社，1983年，第151页。

③《礼记正义》卷三十二《丧服小记第十五》，见〔清〕阮元校刻：《十三经注疏》（清嘉庆刊本），中华书局，2009年，第3239页。

④ 金景芳：《中国奴隶社会史》，上海人民出版社，1983年，第151页。

含两个系统：一个是家庭、家族系统，一个是国家系统，而家庭、家族系统服从于国家系统。前者是家庭、家族共同体，共同体成员之间因血缘亲疏关系结成社会关系；后者是国家共同体，诸多家庭、家族共同体，包括周人家族共同体，俱从属于国家共同体。由此家庭、家族对于国家而言，就不再是一种亲情关系，而是一种政治关系，即从属关系。但就周家族系统而言，"家天下"的国家性质和家族系统既相区分又密切结合，亲疏关系就不可避免地牵连到国家关系中，从而形成国也家也、家也国也、家不是国、国不是家的既相区分又相混同的情况。为了解决这一矛盾，以周公为核心的周统治者本着国家要求的"尊其所尊"原则，制定了一套政治礼制。社会之礼与政治之礼相结合，共同构成周礼的主要内容。其详细情况，见载于《周礼》《礼记》《仪礼》等后人整理编辑的历史文献中，杨宽所著《西周史》第六编第五至十二章，对此问题有详细的研究和论述[1]，此处不必赘述。

周礼立足于人情亲疏与政治尊卑，二者既相统一又相区分，形成一系列制度规定，并将其贯彻于国家治理和社会管理中，不但构建了明晰的社会秩序和政治秩序，而且在长期的运行和实践中塑造了"郁郁乎文哉"的西周社会文化。它发源于关中，并通过关中传播到全国各地。由于"礼不下庶人"的原则规定，在周代七八百年的历史中，周礼最初只在以贵族为主体的上层社会执行。随着时间的推移，家庭、家族系统的"上行下效"，以"亲亲"为核心的人伦礼制，包括以"尊尊"为核心的政治文化，伴随着亲疏关系"五服而亲尽"，以及其他途径等所造成的庶民化演化，必然逐步地渗透到社会一般阶层的各个方面。以至于春秋以降，儒家学派标榜的仁义礼智信等信念，实际上已经不再是专对贵族社会而言，而是对全社会的"立言"。这

---

① 杨宽：《西周史》，上海人民出版社，2003年。

一套制度后来为历代专制主义中央集权制的王朝政治所继承和发展，并随着长期的社会教化、浸润、养成，最终造成中国社会"礼仪之邦"的主体文化特质。

（5）创立学校，传播礼制文化和经学文化。关中是我国官办大学和其他各级学校的发源地，最初的官办学校创设于西周都城丰镐。西周以前，一般社会只知道按照部族繁衍过程中所形成的习惯法，或者夏商国家社会的刑罚之类的规定行事，社会上尚没有统一的礼仪制度。周文王、周公时期创设礼仪制度，并设立各级官府学校，以教导、传播新制定的礼制文化。故西汉初年的政治家陆贾说："民知畏法，而无礼仪，于是中圣乃设辟雍庠序之教，以正上下之仪，明父子之礼，君臣之义，使强不凌弱，众不暴寡，弃贪鄙之心，兴清洁之行。"这里的"中圣"指周文王、周公，"辟雍庠序"，指辟雍、上庠、东序，均为西周大学之名。①《三辅黄图》记载："周文王辟雍，在长安西北四十里。亦曰璧雍，如璧之圆，雍之以水，象教化流行也。"何清谷注释说："辟雍，周王朝为贵族子弟所设的大学。取四周有水，形如璧环为名。……西周在丰京、镐京都有辟雍，本文周文王辟雍应在丰京灵囿之中。"②学校教育制度在丰镐京城的创始，开创了我国统一王朝在都城设立大学、传播主流文化的先河。

西汉王朝建立以后，继承了西周的传统，在京师长安设立太学，设五经博士，博士下置弟子员，为国家培养经世之才。太学的来源有二途：一是西周时期京师为贵族子弟设立太学的传统，二是战国以来齐国国都临淄"稷下学派"和各王国"蓄士"之风的传统及其影响。汉王朝建立以后，先是继承秦国的传统，设立博士官，汉武帝建元五

① 王利器：《新语校注》卷上《道基第一》，中华书局，1986年，第17页。
② 何清谷：《三辅黄图校释》卷五《辟雍》，中华书局，2005年，第291页。

年（前136），设置五经博士①，这五经就是诗、书、易、礼、春秋。两年后（元光元年，前134），董仲舒策对汉武帝，建议其兴建太学："太学者，贤士之所关也，教化之本原也。……臣愿陛下兴太学，置明师，以养天下之士"②。但不知为什么，此事一直没有实现。直到10年后（元朔五年，前124），丞相公孙弘再次建议为五经博士置弟子员，得到汉武帝批准。何清谷认为，"博士为老师，以弟子员为太学生"，"这是汉代成立太学之始"，自此以后，历经汉昭帝、宣帝、元帝，博士弟子增加到3000员，到王莽执政时期，为博士弟子建筑校舍"万区"。③自此，京师太学生人数的规模发展至顶峰。由此推知，西汉时期的京师长安发展为全国经学教育的中心。

二、法治主义与国家主义：源自关中的治国理念变革与文化变迁

如果说西周时代的宗法制、分封制和礼制文化源出关中的话，那么治国理念的法治主义和国家主义变革，则是战国至秦王朝时期关中文化对中国传统文化的又一重大贡献。汉代以来，作为中国中古社会政治统治的基本特点，"外儒内法"执政理念普遍为世人所称道，它正是糅合了儒家和法家治世理念的精髓，并贯穿于2000余年的中国专制主义中央集权统治的政治治理实践中。至于国家至上和国家利益高于一切的理念，也是通过秦国和秦王朝的强化和创始，逐步发展成为2000余年来中国专制主义中央集权国家体制运行的核心观念和意

---

① 〔汉〕班固：《汉书》卷六《武帝纪》，〔唐〕颜师古注，中华书局，1962年，第159页。

② 〔汉〕班固：《汉书》卷五十六《董仲舒传》，〔唐〕颜师古注，中华书局，1962年，第2512页。

③ 何清谷：《三辅黄图校释》卷五《太学》，中华书局，2005年，第301—302页。

识形态的至上原则。

西周灭亡以后，周王室东迁雒邑（今河南洛阳市），关中周文化
遽然衰落。在西周后期，长期徘徊于关中西北一带的西戎部族，不时
南下袭扰京师附近，以至于长安以西、北山山脉以北诸地多为西戎部
族占据。在随后的历史纷争中，传统的西周礼仪制度，因为长期以来
亲疏关系的疏离，在很大程度上已经丧失了应有的"亲亲""尊尊"
基础，"礼崩乐坏"成为历史演变的必然结果。这一时期，伴随着地
区社会生产力和经济社会的不平衡发展，各诸侯国势力此消彼长，最
终导致诸侯王国势力相竞而起，它们互相争雄，使得中国历史进入国
家社会以来前所未有的 500 多年分裂大变局 —— 春秋战国时代。在
此背景下，早先从属于周王朝并作为其"附庸"的秦部族，因扶佐周
平王东迁有功，于秦襄公七年（前 771）被赏赐以岐西之地，开始成
为诸侯国。自此以后，秦国先后定都汧渭之会、雍城、咸阳，直到秦
二世而亡国，历时 565 年。在此期间，关中始终是秦国包括秦王朝的
政治中心、经济中心和文化中心。国家治理的法治主义与国家主义理
念在这一过程中形成，并影响中国封建王朝政治治理 2000 余年。后
人所谓"二千年来之政，秦政也"[1]，恰是其影响的体现。

国家治理的法治主义源于商鞅变法，而商鞅变法的思想渊源来自
春秋战国以降的刑罚思想，特别是战国初年魏国的李悝是"法家的
始祖"[2]。法源起于治理，而治理的对象是国家。早期国家的"家族国
家"或"家天下"性质和特点，决定其最初的治理必然是"家法""族
法"或部族传统习惯法交织在一起，部族国家政治文化与世俗文化一
体化。商鞅变法以前，秦国就是这样一种性质的国家。其文化精神根

① 〔清〕谭嗣同：《仁学——谭嗣同集》，加润国选注，辽宁人民出版社，1994 年，第 70 页。
② 郭沫若：《十批判书》，科学出版社，1960 年，第 311 页。

植于简单、质朴的部族文化，君主、贵族和平民共同构成一个国家共同体，社会成员共同遵守长期以来形成的习惯法，或共同认定的社会礼法（包括前周文化影响的礼制）。秦孝公所言"更礼以教百姓，恐天下之议我也"[①]，实际上已经表明了这一点。商鞅在秦国推行变法，就是要改变这种"家国"不分的情况，他吸收法家的基本精神，"不别亲疏，不殊贵贱，一断于法，则亲亲尊尊之恩绝"[②]，"残害至亲，伤恩薄厚"[③]，把国和家严格区分开来，把王室家族和国民统一视为国家共同体的民众，共同对国家承担应尽的权利和义务。基于此，在国家管理和社会治理中，秦国设立统一的法律法规，"不别亲疏，不殊贵贱，一断于法"，这就是法治主义。因此，自商鞅变法以后，秦国制定了多种法律法规，至秦始皇时期，继续实行"以吏为师"的法治主义政策，将依法治国和法治文化推崇到登峰造极的地步。"垦草令"、二十等军功爵制且不必说，据有人研究，商鞅变法至秦统一六国的约140年间，秦国的法律体系相当完备，各类条款相当细密，以至于"弃灰于道者"[④]和在市场官家店肆购买商品，所缴付的钱都要看着放入官方设置的"钱项"中，否则都要治罪[⑤]。如果仅就刑罚体系而言，其死刑就有10种，肉刑和耐刑有6种，笞刑有3种，徒刑有7种，流刑有4种，赀刑和赎刑有3种，另有夺爵和废2种。[⑥]因此，其法律制定的基本精神是律条繁多、细密，民众动辄犯法并被处罚和判刑，而罪囚往往成为修筑长城、从事官手工业劳动、修造陵墓等诸

① 蒋礼鸿：《商君书锥指》卷一《更法第一》，中华书局，1986年，第2页。
② 〔汉〕司马迁：《史记》卷一百三十《太史公自序》，中华书局，1982年，2版，第3291页。
③ 〔汉〕班固：《汉书》卷三十《艺文志》，〔唐〕颜师古注，中华书局，1962年，第1736页。
④ 〔汉〕司马迁：《史记》卷八十七《李斯列传》，中华书局，1982年，2版，第2555页。
按：李斯云：夫弃灰，薄罪也，而被刑，重罚也。
⑤ 睡虎地秦墓竹简整理小组编：《睡虎地秦墓竹简》"秦律十八种"，文物出版社，1978年。
⑥ 栗劲：《秦律通论》，山东人民出版社，1985年，第236—297页。

多公共工程的主要劳动力来源。这种治理文化的精神在当时或后世不时为人道及。战国末年韩非子说："夫慕仁义而弱乱者，三晋也；不慕而治强者，秦也"①。西汉初年，晁错说秦始皇："法令烦憯，刑罚暴酷，轻绝人命，身自射杀；天下寒心，莫安其处。"②贾谊说："秦王置天下于法令刑罚，德泽亡一有，而怨毒盈于世，……此天下之所共见也。"③司马迁说："（秦始皇）专任狱吏，狱吏得亲幸。博士虽七十人，特备员弗用。"④又说，秦始皇"刚毅戾深，事皆决于法，刻削毋仁恩和义，然后合五德之数。于是急法，久者不赦"⑤。董仲舒说："师申商之法，行韩非之说，憎帝王之道，以贪狼为俗，非有文德以教训于下也。"⑥《隋书》载："秦氏起自西戎，力正天下，驱之以刑罚，弃之以仁恩"⑦。清人章学诚说："秦人之悖于古者，禁《诗》《书》而仅以法律为师耳。"⑧西汉人的说法，或由于改朝换代，自然有些激烈，甚至具有一定程度的过度渲染成分，但秦王朝在治国、治世上，"一之以法"却是一个基本事实。法制文化促进并强化了社会治理和行事的透明化、统一化趋向，是对已往礼制治理国家和社会的文化补充。秦人在强化国家管理和发展，特别是大一统国家管理新形势下，强化并实现强有力的国家意志和国家一体化发展的重大举措，顺应了历史发展的潮流，为国家和大一统社会治理进行了一次初步的探索和实践。

---

① 陈奇猷校注：《韩非子集释》卷十一《外储说左上》，上海人民出版社，1974 年，第638 页。

② 〔汉〕班固：《汉书》卷四十九《晁错传》，〔唐〕颜师古注，中华书局，1962 年，第 2296 页。

③ 〔汉〕班固：《汉书》卷四十八《贾谊传》，〔唐〕颜师古注，中华书局，1962 年，第 2253 页。

④ 〔汉〕司马迁：《史记》卷六《秦始皇本纪》，中华书局，1982 年，2 版，第 258 页。

⑤ 〔汉〕司马迁：《史记》卷六《秦始皇本纪》，中华书局，1982 年，2 版，第 238 页。

⑥ 〔汉〕班固：《汉书》卷五十六《董仲舒传》，〔唐〕颜师古注，中华书局，1962 年，第2510 页。

⑦ 〔唐〕魏徵、令狐德棻：《隋书》卷二十四《食货志》，中华书局，1973 年，第 671 页。

⑧ 〔清〕章学诚著，叶瑛校注：《文史通义校注》卷三《内篇三》，中华书局，1985 年，第 232 页。

虽然在具体执行中出现这样那样的问题，但其基本精神为以后历代王朝所继承，并成为中国传统治世文化的重要组成部分。

在法治主义理念和治理制度推行的同时，国家主义思想观念也通过商鞅变法日渐树立起来，并在以后的社会实践中大肆宣传，进而造成政治文化与民俗文化的日益分离。《商君书》引用《郭偃之法》说："论至德者不和于俗，成大功者不谋于众"①，就是这种分离的思想基础。随着商鞅变法的实行，一种以国家为中心的国家主义与秦孝公"霸道"政治理想相结合，生成国家主义意识、观念与精神为核心的国家治理和发展理念，并在日后的治理实践中以此理念为指导进行全面立法，演绎了一场强烈的国家主义文化为核心精神的社会变革。

所谓国家主义，就是强化国家意识，调动一切因素，以实现富国强兵的文化精神。与这种文化精神相适应，是各种法规的建立以及对与之相背离的自由精神的法律约束或制度引导。国家主义文化的发展，就是通过变法将一切自由的因素与富国强兵的总目标联系起来，尽可能地实现自由因素最大化地服务于国家富国强兵总目标的要求。当国家意志和个体意志、国家利益和个人利益发生矛盾的时候，一切要服从国家利益。史学家劳干说："商君把三晋的法家的观念输入到秦国来，恰合秦国当前的需要。他的政治原则，是强公室而杜私门；他的经济原则，是不重分配而重生产；再将人民在国家领导之下组织起来，在农和战两个原则之下，向国家效忠，然后定出来客观的法律来支持他的政策"②，正是看到了这种国家主义文化精神的作用。国家治理中的国家主义，往往将人变成了国家的机器，甚至连日常的生产、

---

① 蒋礼鸿:《商君书锥指》卷一《更法第一》，中华书局，1986年，第2页。
② 劳干:《秦汉时期的中国文化》，见劳干:《秦汉简史》，中华书局，2018年，"附录"第319页。

生活也成为与国家发展密切相关的政治行为。如变法中最主要的农战政策，将农业视为国家发展的根本，发展农业实际上就成为国家发展的一项重要政治任务，一切不利于农业发展的因素都将是政府打击或引导的。由此而建立了一种新的道德准则和评价体系，即贵农人、尚功利（尤指战功）而贱商人及其他职业。这样礼乐诗书、仁义等儒教，以赢利为目的的商人，各种游惰之民、疑农之民、巧谀之民、怠惰之民、恶农之民、奸伪之民、辨说之民、智慧之人、窳惰之农都是反对或打击的目标。在这种文化背景下，一切不直接生产或服务于国家发展需要的职业都将是政府抑制的对象，在道德上也是遭到下视的。由此造成高度秩序化的国家共同体社会，民众成为服务于国家意志的机器。荀子说："秦人其生民也狭厄，其使民也酷烈，劫之以执，隐之以厄，忸之以庆赏，鰌之以刑罚，使天下之民所以要利于上者，非斗无由也。"[1] 战国人蔡泽说："商君为秦孝公明法令，禁奸本，尊爵必赏，有罪必罚，平权衡，正度量，调轻重，决裂阡陌，以静生民之业而一其俗，劝民耕农利土，一室无二事，力田蓄积，习战阵之事，是以兵动而地广，兵休而国富，故秦无敌于天下，立威诸侯，成秦国之业。"[2] 这些都体现了这一点。国家主义文化政策的实行，使得秦人的谋生之路很窄狭，生活很窘困，要获取个人或者家庭利益，就只有按照国家指引的道路去做，或为国家杀敌立功以获得爵赏，或为战争需要和国家富强需要而努力于农耕生产，舍此别无他途；国家主义的单一化发展精神，势必造成以关中为主体的秦文化的单一化发展趋向。[3] 固然，这种文化的价值在那个特殊的年代是非常显著的，它迅速地使

① 张觉：《荀子译注》卷十《议兵第十五》，上海古籍出版社，2012年，第300页。

② 〔汉〕司马迁：《史记》卷七十九《蔡泽列传》，中华书局，1982年，2版，第2422页。

③ 刘景纯：《秦文化意象与秦文化精神》，见刘景纯：《秦国历史与北方历史地理研究》，中国社会科学出版社，2017年，第87—88页。

秦国强大起来，也最终促成秦国终结了 500 多年的分崩离析时代，实现了国家的统一。但其带给世人的束缚也是非常鲜明的，正如前文所引荀子语云，"其生民也狭厄，其使民也酷烈，劫之以执，隐之以厄，忸之以庆赏，鳅之以刑罚"，致使人民长期处于高度的紧张状态、被引导状态，甚至是被牵着鼻子走的状态。这在战争结束的和平环境中，是难以持久地让人接受的，所以最终演化为一种叛逆和反抗，并造成秦王朝的短命而亡。

汉代初年，不少人激烈地抨击并恶化其文化及其造成的后果，甚至将其所造成的社会治理视为"暴政"，实在是与这种文化的这一特质有关。所以，西汉初年实行"黄老政治"、汉武帝时期实行"独尊儒术"，都是对其文化修正和改造以适应和平社会发展的需要。但这种修正并没有否定这一文化自身的价值，只是克服了其单一化的缺点，并在崇儒的旗帜下，以"外儒内法"的形式出现，进而影响中国治世文化几千年。

三、郡县政治与文化统一：源自关中的智慧与创造

如果说法治主义和国家主义是秦王朝国家治理和社会管理的主导思想的话，那么在全国范围内实行系统的郡县制度则是贯彻这些思想的制度基础。这是来自咸阳的智慧。虽然郡县制度的缘起在关东地区，并且其产生的时间早在春秋战国时期，但其最初的精神实质是诸侯王国对于新拓展边地的占据和管理。秦王朝统一全国以后，出于强化国家意志和权力的目的，赋予郡县制度新的意义，并把它推向全国，使其成为唯一执行和治理地方社会的政治制度。这是关中智慧对于中国政治制度的巨大贡献。自此以后，直至清王朝被推翻，2000 多

年没有改变。后人所谓"二千年来之政"是秦政的认识，除皇帝制度以外，就是这一套郡县制度。这是中国古代政治的核心内容，也是中国古代王朝国家基本的政治治理模式与结构。

至于文化统一的观念，通过秦王朝时期的统一文字、统一度量衡、统一车轨等制度和措施，得以在全国范围内普遍实行。自此以后，统一文字、统一文化、统一的民族心理和社会总体上的统一发展，一直是中华民族不断融凝强大和中华文化统一发展的核心价值取向。这样的基础正是关中文化及其智慧所奠定的，它说明关中文化在中华文化一体化发展中所具有的不可替代的地位。

诚然，大一统王朝国家的强势确立、一盘棋般的郡县管理和文化的一体化发展，把关中政治文化的强力支配精神发挥到了淋漓尽致的地步；而天下定为一尊的皇帝制度，更是把个人的强力意志推向了国家权力的顶峰。自此，一个人的喜怒哀乐、悲喜情仇，不管来自哪方面的诱因，都可能影响到国家、民族以及某些政治集团的命运。秦始皇"奋六世之余烈，振长策而御宇内，吞二周而亡诸侯，履至尊而制六合，执敲朴而鞭笞天下，威震四海"①，并因儒生的阳奉阴违和议论而发起的"焚书坑儒"，都是个人强力意志的典型体现。作为一套政治制度，秦都咸阳的强力政治及其文化精神固然不能归诸关中地理环境决定论的影响，更不必与关中文化的历史基础建立必然的关系，但它毕竟形成于关中并通过关中把这一精神贯彻到王朝疆域的各个角落，所以它又必然成为关中文化不可分割的一部分。统一过程如此，统一以后的政治文化建设如此，至于随后兴起的关中都邑营造和建设，则又进一步把这种意志与精神发挥得淋漓尽致。

秦人对咸阳都城的经营虽然经历了160余年漫长的时间，但直

---

① 贾谊：《贾谊新书》第一卷《过秦论》，卢文弨校，上海古籍出版社，1989年，第7页。

到秦始皇时期才真正地将它推进到前无古人、后无来者的高峰。《三辅黄图》记载："咸阳北至九嵕、甘泉，南至鄠、杜，东至河，西至汧、渭之交，东西八百里，南北四百里，离宫别馆，相望联属。木衣绨绣，土被朱紫，宫人不移，乐不改悬，穷年忘归，犹不能遍。"①《三辅旧事》称："秦都渭北，渭南作长乐宫（即兴乐宫），桥通二宫间，表河以为秦东门，表汧以为秦西门。二门相去八百里。"② 就是说，秦都咸阳的规划建设，不是一个点，不是一个城，而是"表河以为秦东门，表汧以为秦西门。二门相去八百里"。如此气派，古往今来有谁能及？自此，古老关中的所谓四塞之地，似乎第一次迎来了以"四塞"（指自然山河）为墙垣的超大都城的主人。秦始皇乘一扫六合之余威的磅礴气势，毅然地将这一精神用于权力中心的营造和建设，并在强力意志的肆意挥霍中把其欲望的无限推向梦幻般的极致。在这里，我们无法想象它的奢华和壮丽，仅是"令咸阳之旁二百里内宫观二百七十复道甬道相连，帷帐钟鼓美人充之"③，就足以使人咂舌懵然。而仅仅是其中的一个宫殿，就令唐人发出"蜀山兀，阿房出，覆压三百余里，隔离天日"的惊叹。至于"东西八百里，南北四百里，离宫别馆，相望联属。木衣绨绣，土被朱紫，宫人不移，乐不改悬，穷年忘归，犹不能遍"的意象，以及"离宫别馆弥山跨谷，辇道相属，木衣绨绣，土被朱紫"的色彩斑斓，更是把关中大地装点成扑朔迷离的"人间天堂"。自此，关中文化在经历数百年的争战、与羌戎文化的融合和势如破竹般残酷的武力统一以后，最终凝结成无上的强力意志和肆意任性的文化性格。这样的文化性格，在后来急剧膨胀的非理

---

① 何清谷：《三辅黄图校释》卷一《咸阳故城》，中华书局，2005 年，第 25 页。
② 〔唐〕佚名：《三辅旧事》，〔清〕张澍辑，陈晓捷注，三秦出版社，2006 年，第 4 页。
③ 〔汉〕司马迁：《史记》卷六《秦始皇本纪》，中华书局，1982 年，2 版，第 257 页。

性发展中，当然也是在被激发的反抗怒潮中，终于为同样也是一种任性的强力所征服，进而悲催地走向物极必反的宿命。其结果是：一代帝国文化之精粹所凝结的帝都荣华，在三月不息的大火中化为灰烬，而留给历史的似乎只有无尽的悲叹和沉思。

强力和任性总是与强权和强势的帝王联系在一起，这样的文化精神在汉武帝时期再次显现，只是汉武帝没有秦始皇那样疾风暴雨和毫不顾惜民力，表现在都城建设上，历经70年的社会经济和民力恢复，在社会能够承受的基础上，长安城兴建了自己的庞大园囿——上林苑和甘泉苑。《三辅黄图》记载：

> 汉上林苑，即秦之旧苑也。《汉书》云："武帝建元三年（前138）开上林苑，东南至蓝田宜春、鼎湖、御宿、昆吾，旁南山而西，至长杨、五柞，北绕黄山，濒渭水而东。周袤三百里。"离宫七十所，皆容千乘万骑。《汉宫殿疏》云："方三百四十里。"《汉旧仪》云："上林苑方三百里，苑中养百兽，天子秋冬射猎取之。"帝初修上林苑，群臣远方，各献明果异卉三千余种植其中。亦有制为美名，以标奇异。[1]

根据这段记述，结合班固《汉书·东方朔传》、司马相如《上林赋》、扬雄《羽猎赋序》和张衡《西京赋》的记述，何清谷认为："汉上林苑的范围东南至鼎湖宫，即今蓝田县西南焦岱镇；南至秦岭；西至长杨宫和五柞宫，即今周至县东部；西北至黄山宫，即今兴平县东南田阜乡侯村西北，再沿渭河而东，到泾、渭交汇之处及灞河东岸。"[2]

---

① 何清谷：《三辅黄图校释》卷四《苑囿》，中华书局，2005年，第230页。
② 何清谷：《三辅黄图校释》卷四《苑囿》，中华书局，2005年，第232页。

上林苑是在秦上林苑基础上修建的一个巨大的封闭性皇家园林，周围有墙垣，墙垣上开十二门，分布于周围。故张衡《西京赋》称："上林禁苑，跨谷弥阜，东至鼎湖，邪界细柳。掩长杨而联五柞，绕黄山而款牛首。缭垣绵联，四百余里。"①初建上林苑时，东方朔表示反对，他认为："沣镐之间号为土膏，其贾亩一金。今规以为苑，绝陂池水泽之利，而取民膏腴之地，上乏国家之用，下夺农桑之业，……又坏人冢墓，发人室庐，令幼弱怀土而思，耆老泣涕而悲"②。汉武帝虽然认为东方朔说得有道理，但还是根据原来的方案进行了建设。

甘泉苑，也是汉武帝时期兴建的大型宫苑。其主体以今陕西淳化县甘泉山为中心。《三辅黄图》记载，"缘山谷行，至云阳三百八十一里，西入扶风，凡周回五百四十里。苑中起宫殿台阁百余所"③。甘泉苑是在秦林光宫基础上修建的，林光宫是秦始皇时期修建的一座离宫，汉武帝修甘泉宫时，对此加以利用。故《关中记辑注》引《长安志》云："林光宫，一曰甘泉宫。秦所造。……周回十余里。汉武建元中增广之，周回十九里一百二十步。有宫十二，台十一。武帝常以五月避暑于此，八月乃还。"④甘泉苑在甘泉宫基础上，利用黄土高原南缘、渭北台塬、河谷、山丘等地形，建起周围540里规模的大型园囿。

上林苑和甘泉苑的兴建表明，汉武帝继承了秦始皇时期强力和任性的文化精神，再一次把极尽奢华的皇室享乐及其相关设施建设推到一个高峰，并以其无与伦比的盛大，再一次彰显了帝都文化建设中的

----

① 〔东汉〕张衡著，张震泽校注：《张衡诗文集校注》，上海古籍出版社，2009年，第56页。
② 〔汉〕班固：《汉书》卷六十五《东方朔传》，〔唐〕颜师古注，中华书局，1962年，第2849—2850页。
③ 何清谷：《三辅黄图校释》卷四《苑囿》，中华书局，2005年，第239页。
④ 刘庆柱辑注：《关中记辑注》，三秦出版社，2006年，第60页。

强权、霸道和奢华的追求。文献记载："汉畿内千里，并京兆治之，内外宫馆一百四十五所。班固《西都赋》云：'前乘秦岭，后越九嵕，东薄河、华，西涉岐、雍，宫馆所历，百有余区。'秦离宫三百，汉武帝往往修治之。"[①] 汉武帝的宫苑建设及其体现的文化精神，与秦始皇时期的都畿建设有着惊人的相似。秦皇、汉武二帝时期的皇家园林和宫苑建设，虽然深刻地镌刻着帝都文化鲜明的烙印，但却分明地体现着帝国青春时期文化所特有的朝气、霸气和轻狂。它把战国中期以来关中文化日渐增长的强力精神和青春气质发挥得淋漓尽致，自此，关中文化的精神气质和面貌发生了崭新的变化。

四、国家宗教文化中心创始：关中宗教精神与国家祭祀圣地的形成

　　早期先民普遍存在万物有灵观念，在此基础上形成各种神秘的自然崇拜、祖先崇拜，或其他人格性神灵崇拜，世界各民族文化发展早期都是如此。我国古代早期先民奉行神秘文化崇拜的现象，自龙山文化以来较为普遍。现已发现的诸多城址都不同程度地存在祭祀遗址或祭祀坑之类的遗存，可以说明这一点。至于夏商周时期的"天帝"信仰、"天命"观念更是一般社会的普遍信条，所以西周时，有丰镐冬至日"祀天于南郊"、夏至日"祭地祇"和"天子祭名山大川""诸侯祭其疆内名山大川"，以及以先祖后稷、文王配"天"与"上帝"的记载与活动。[②] 在周平王东迁雒邑以后，秦国建立，并以关中为根据地经营关中 560 余年。在这一过程中，秦人内心的信念和信仰——通

---

① 何清谷：《三辅黄图校释》卷三《甘泉宫》，中华书局，2005 年，第 223 页。
② 〔汉〕司马迁：《史记》卷二十八《封禅书》，中华书局，1982 年，2 版，第 1357 页。

过祭祀各种各样的神灵而表现出来，充分体现了万物有灵观念下多神灵崇拜的风气。由于秦国政治、经济和文化发展的核心区都在关中地区，这种优越条件不但使得王权、国家权力都能够通过设立各种祭坛以体现、实现并强化这种信仰，而且通过这一过程，将关中塑造为秦王朝至西汉王朝时期全国最具影响的原始宗教圣地。

这一过程大约经历三个阶段。第一个阶段，秦人在陇山以西的时期，继承古代以来的祖先崇拜习俗，祭祀其家族的祖先神——"少皞之神"，"作西畤，祠白帝"。[①]"畤"是古代祭祀天地和古帝王的一种建筑场所。司马迁说，汉代人有一种说法，"自古以雍州积高，神明之隩，故立畤郊上帝，诸神祠皆聚云。盖黄帝时尝用事，虽晚周亦郊焉"[②]。此处所说"雍州"，主要指关中西部以雍城（今陕西宝鸡市凤翔区南）为中心的周原地方，雍城在秦德公以后是秦国的都城。如果此说不假，那么这一带的祭祀天地和其他诸神的活动就有着悠久的历史渊源。早在秦人入住这里以前，"雍旁故有吴阳武畤，雍东有好畤"[③]，就是这一渊源的证明。秦人当是承继了这一文化传统，继续于此祭祀诸神灵。秦襄公八年（前770），初建诸侯国，就"初立西畤，祠白帝"[④]，并在此基础上僭越礼制，"祠上帝西畤"[⑤]。因为西周礼制规定，只有天子有资格祭祀天地，诸侯国只能祭祀其疆域范围以内的名山大川。所以司马迁说，其"位在藩臣而胪于郊祀，君子惧焉"[⑥]。秦文公率领秦国越过陇山，进入关中，入住"汧渭之会"（今陕西眉县东北）后，又因梦见"黄蛇自天下属地，其口止于鄜衍"，这件事被

---

①〔汉〕司马迁：《史记》卷二十八《封禅书》，中华书局，1982年，2版，第1358页。
②〔汉〕司马迁：《史记》卷二十八《封禅书》，中华书局，1982年，2版，第1359页。
③〔汉〕司马迁：《史记》卷二十八《封禅书》，中华书局，1982年，2版，第1359页。
④〔汉〕司马迁：《史记》卷十四《十二诸侯年表》，中华书局，1982年，2版，第532页。
⑤〔汉〕司马迁：《史记》卷五《秦本纪》，中华书局，1982年，2版，第178页。
⑥〔汉〕司马迁：《史记》卷十五《六国年表》，中华书局，1982年，2版，第685页。

秦史官认为是"上帝之征"，于是在秦文公十年（前756），"初为鄜畤"，"郊祭白帝"①。该畤当在雍城附近。78年后，秦德公定都雍城，"雍之诸祠自此兴"②。就是说，围绕秦雍城，在随后的历史中，相继兴建了一系列的祭祀神祠，如秦文公十九年（前747），陈仓北阪城祠祀"陈宝"（又称宝鸡）；秦德公二年（前676），作"伏祠"，祭祀"万鬼行日"③；秦宣公四年（前672），作"密畤于渭南，祭青帝④；秦灵公三年（前422），作"吴阳上畤，祭黄帝；作下畤，祭炎帝"⑤；秦献公时，"作畦畤栎阳而祀白帝"⑥。自此，秦先后祭祀白帝、青帝、黄帝、炎帝四帝，这里遂成为神圣的宗教圣地。故文献记载："唯雍四畤，上帝为尊，其光景动人民，唯陈宝。故雍四畤，春以为岁祠祷，因泮冻，秋涸冻，冬赛祠，五月尝驹，及四中之月月祠，若陈宝节来一祠。春夏用骍，秋冬用駵。畤驹四匹，木寓龙一驷，木寓车马一驷，各如其帝色。黄犊羔各四，圭币各有数，皆生瘗埋，无俎豆之具。三年一郊。"⑦商鞅变法将秦都城迁至咸阳以后，雍城依然是秦人心目中的宗庙所在和神圣的宗教祭祀中心，秦始皇的成年加冕礼要在这里举行，足见其至高无上的神圣地位。

　　第二个阶段，汉代不但认可这一具有历史渊源的宗教圣地，而且继续推动和强化其宗教中心的地位。汉初，汉高祖在秦祭祀四帝的基础上再建"北畤"，以祭祀"黑帝"⑧，正好应了所谓天有五帝的说法。

---

　　① 马非百：《秦集史》下，中华书局，1982年，第706页。

　　② 〔汉〕司马迁：《史记》卷二十八《封禅书》，中华书局，1982年，2版，第1360页。

　　③ 〔汉〕司马迁：《史记》卷二十八《封禅书》，中华书局，1982年，2版，第1360页。

　　④ 〔汉〕司马迁：《史记》卷二十八《封禅书》，中华书局，1982年，2版，第1360页。

　　⑤ 〔汉〕司马迁：《史记》卷二十八《封禅书》，中华书局，1982年，2版，第1364页。

　　⑥ 〔汉〕司马迁：《史记》卷二十八《封禅书》，中华书局，1982年，2版，第1365页。

　　⑦ 〔汉〕班固：《汉书》卷二十五上《郊祀志》，〔唐〕颜师古注，中华书局，1962年，第1209页。

　　⑧ 〔汉〕班固：《汉书》卷二十五上《郊祀志》，〔唐〕颜师古注，中华书局，1962年，第1210页。

汉初皇帝曾亲自往雍城祭祀天地，至武帝以后甚至发展成为三年一郊祭的制度。据周振鹤研究，"五畤之外，雍县还有许多形形色色的神祠，秦时已有百余所，到汉代更发展到二百零三所。汉武帝初年全国共有神祠六百八十三所，雍县一地竟占了近三分之一"①。所以这里俨然已经发展为秦国、秦汉王朝时期国家级宗教圣地和诸多神灵祭祀的中心。

第三个阶段，汉代国家祭祀的东移与重建：甘泉宫国家祭祀中心的新创立。如上所述，西汉前期，秦旧都雍城仍然是西汉王朝认可的原始宗教圣地。汉代前期的汉文帝、汉武帝不但常去这里亲自祭祀天（上帝）或其他神灵，而且形成三年一郊祭的制度。汉武帝时期，国家经过 70 年的社会恢复和发展，经济繁荣，国力强盛。在此基础上，以京师长安城为中心，渭河以南修建上林苑，渭河以北兴建甘泉苑，其规模周回或三百里或五百里，可谓规模空前的巨型皇家园囿。其中的甘泉苑，"武帝置。缘山谷行，至云阳三百八十一里，西入扶风，凡周回五百四十里。苑中起宫殿台阁百余所，有仙人观、石阙观、封峦观、鳷鹊观"②。在甘泉苑中，有甘泉宫宫殿群，集中分布于当时的云阳县（今陕西淳化县）甘泉山下，这里是汉武帝避暑的行宫和避暑胜地。在此基础上，汉武帝又将其发展为新的国家祭祀中心。

汉武帝元封二年（前 109）在此建筑通天台，用于祭祀天帝并求仙。《三辅黄图》记载：通天台"去地百余丈，望云雨悉在其下"，立在通天台上可以望见长安城。台上有承露盘，雕有仙人掌，手持玉杯，以承接云中甘露。汉代于此祭祀上帝太一神，每次祭祀规模宏大。汉武帝祭天，上通天台，"舞八岁童女三百人，祠祀招仙人。祭泰乙，云令人升通天台，以候天神，天神既下祭所，若大流星，乃举

---

① 周振鹤主著：《中国历史文化区域研究》，复旦大学出版社，1997 年，第 53 页。
② 何清谷：《三辅黄图校释》卷四《苑囿》，中华书局，2005 年，第 239 页。

烽火而就竹宫望拜"①。"竹宫"，即专供皇帝祭祀的宫殿，《汉书》说：汉武帝"以正月上辛用事甘泉圜丘，使童男女七十人俱歌，昏祠至明。夜常有神光如流星止集于祠坛，天子自竹宫而望拜，百官侍祠者数百人皆肃然动心焉"②。与秦代不同，汉武帝仰慕仙人，以强烈的个人意志在此祭祀天帝，并希望通过祭礼招来天仙下凡。为此，除通天台以外，汉武帝还在此专门兴建明光宫、益延寿宫，祭祀神仙并招来仙人。《汉书》还记载：云阳县有"休屠、金人及径路神祠三所，越巫䃌鄜祠三所"；谷口县（今陕西礼泉县东北）有"天齐公、五床山、仙人、五帝祠四所"。③谷口、云阳二县相接，分布于其中的祭祀场所，同属甘泉苑中甘泉宫区祭祀景观的组成部分。如此一来，这些离宫别馆的集中分布，以及汉武帝每年夏季在此避暑并处理国家大事，使其不仅成为季节性国家政治中心，也使其发展成为一个新的国家宗教祭祀中心。当然，汉武帝的求仙活动并非这一处，兴建于今华阴市华山下皇甫峪口外的集灵宫行宫建筑群和上林苑中的望仙宫，都是他求仙的重要场所。④除此以外，长安城中的建章宫，汉武帝也修造有神明台，以祭祀仙人。对此，《汉书》记载说："立神明台井干楼，高五十丈，辇道相属焉。"颜师古注引《汉宫阙疏》说："神明台高五十丈，上有九室，恒置九天道士百人。"⑤《三辅黄图》引《庙记》说："神明台，武帝造，祭仙人处，上有承露盘，有铜仙人，舒掌捧铜盘玉杯，以承云表之露。以露和玉屑服之，以求仙道。"⑥自此，以汉武帝为引领，关中的仙道文化得以兴起。

---

① 何清谷：《三辅黄图校释》卷五《台榭》，中华书局，2005 年，第 285 页。

② 〔汉〕班固：《汉书》卷二十二《礼乐志》，〔唐〕颜师古注，中华书局，1962 年，第 1045 页。

③ 〔汉〕班固：《汉书》卷二十八上《地理志》，〔唐〕颜师古注，中华书局，1962 年，第 1545 页。

④ 刘景纯：《西汉集灵宫考察》，载《咸阳师范学院学报》1990 年第 3、4 期合刊。

⑤ 〔汉〕班固：《汉书》卷二十五下《郊祀志》，〔唐〕颜师古注，中华书局，1962 年，第 1245 页。

⑥ 何清谷：《三辅黄图校释》卷三《建章宫》，中华书局，2005 年，第 180 页。

五、关中早期民风、民俗的嬗变：历史的记忆与意象

（一）战国时期关东人视域中的关中民风、民俗

秦昭王时期，赵国人荀子曾来到秦国，谈及他所感受到的秦国（主要是关中）风俗：

> 入境，观其风俗，其百姓朴，其声乐不流污，其服不佻，甚畏有司而顺，古之民也。及都邑官府，其百吏肃然，莫不恭俭、敦敬、忠信而不楛，古之吏也。入其国，观其士大夫，出于其门，入于公门；出于公门，归于其家，无有私事也；不比周，不朋党，偶然莫不明通而公也，古之士大夫也。观其朝廷，其朝间，听决百事不留，恬然如无治者，古之朝也。故四世有胜，非幸也，数也。是所见也。故曰：佚而治，约而详，不烦而功，治之至也，秦类之矣。虽然，则有其諰矣。兼是数具者而尽有之，然而县之以王者之功名，则偍偍然其不及远矣！是何也？则其殆无儒邪！故曰粹而王，驳而霸，无一焉而亡。此亦秦之所短也。①

在荀子的意象中，关中的百姓是"古之民"，官吏是"古之吏"，士大夫是"古之士大夫"，官府朝廷是"古之朝"，并说"治之至也，秦类之矣"。荀子所谓的"古"，是指当时人心目中的古代，亦即理想中的"三代"，或农村公社时期部族国家的状况。就国家治理而言，

---

① 张觉：《荀子译注》卷十一《强国第十六》，上海古籍出版社，2012年，第339页。

这种情况被他认为是"佚而治，约而详，不烦而功，治之至也"的至高治理境况。这样的实际在很大程度上反映了关中文化更多地保留有旧的部族国家时代的情态和精神状态，它与荀子关于古代"至治"的理想境界恰相吻合，遂被荀子高度肯定和赞扬。对于这样的文化样态，今天看来，似不能简单地称之为落后，但也确实与关东地区因经济社会发展所形成的"喧嚣"精神有所不同。

正是因为如此，关东人往往视秦人为夷狄或戎翟，就是说，这里的文化是一种区别于中原地区的戎翟文化，是一种边缘性文化。《史记·秦本纪》记载秦孝公的话说："秦僻在雍州，不与中国诸侯之会盟，夷狄遇之"，"诸侯卑秦，丑莫大焉"。[①]可见，其文化地位在关东人心目中是卑微的，甚至是"丑陋的"。直到战国后期，关东人的这种认识似乎还没有多少改变，所以魏国人朱几对魏王说：

> 秦与戎、翟同俗，有虎狼之心，贪戾好利而无信，不识礼仪德行。苟有利焉，不顾亲戚兄弟，若禽兽耳。此天下之所同知也，非所施厚积德也。故太后母也，而以忧死；穰侯舅也，功莫大焉，而竟逐之；两弟无罪，而再夺之国。此于其亲戚兄弟若此，而又况于仇雠之敌国也。[②]

此处所说"秦与戎、翟同俗"，大概是关东人长期以来形成的认识。至于所说"贪戾好利而无信""不识礼仪德行"，都是就政治而言，并不代表民俗、民风问题。

---

① 〔汉〕司马迁：《史记》卷五《秦本纪》，中华书局，1982年，2版，第202页。

② 诸祖耿：《战国策集注汇考》卷二十四《魏三》，江苏古籍出版社，1985年，第1266页。

（二）汉代人视域中的关中民风、民俗

司马迁在《史记》里说：

> 关中自汧、雍以东至河、华，膏壤沃野千里，自虞夏之贡以
> 为上田，而公刘适邠，大王、王季在岐，文王作丰，武王治镐，
> 故其民犹有先王之遗风，好稼穑，殖五谷，地重，重为邪。及秦
> 文、德、缪居雍，隙陇蜀之货物而多贾。献公徙栎邑，栎邑北
> 却戎翟，东通三晋，亦多大贾。孝、昭治咸阳，因以汉都，长
> 安诸陵，四方辐凑并至而会，地小人众，故其民益玩巧而事末
> 也。……故关中之地，于天下三分之一，而人众不过什三；然量
> 其富，什居其六。①

这是说关中地区自虞夏以来，民众"有先王之遗风，好稼穑，殖
五谷"，多不为农耕以外的其他生业。秦人入住关中以后，地方商业
有所发展，与陇西、四川盆地和北方游牧民族有贸易往来，也和关东
三晋地区有商业活动，大商人较多。秦都咸阳，汉都长安，京师为大
都会，城市商业发达，经济繁荣，居民富裕。

班固《汉书》记载：

> 昔后稷封邰，公刘处豳，大王徙邠，文王作丰，武王治镐，
> 其民有先王遗风，好稼穑，务本业，故《豳诗》言农桑衣食之本
> 甚备。有鄠、杜竹林，南山檀柘，号称陆海，为九州膏腴。始皇

---

① 〔汉〕司马迁：《史记》卷一百二十九《货殖列传》，中华书局，1982年，2版，第3261—
3262页。

之初，郑国穿渠，引泾水溉田，沃野千里，民以富饶。汉兴，立都长安，徙齐诸田，楚昭、屈、景及诸功臣家于长陵。后世世徙吏二千石、高訾富人及豪桀并兼之家于诸陵。……是故五方杂厝，风俗不纯。其世家则好礼文，富人则商贾为利，豪杰则游侠通奸。濒南山，近夏阳，多阻险轻薄，易为盗贼，常为天下剧。又郡国辐凑，浮食者多，民去本就末，列侯贵人车服僭上，众庶放效，羞不相及，嫁娶尤崇侈靡，送死过度。①

此处记述的前半部分与《史记》约略相同，后半部分讲西汉建立以来，由于实行强干弱枝政策，迁徙关东地区旧的齐国、楚国贵族，以及汉初立国有功的一些家庭到长安汉高祖长陵邑，以后又世代迁徙二千石官吏、大商人和各地豪杰到长安诸陵邑安家，由此造成"五方杂厝，风俗不纯"的情况。应该说，秦汉时代的关中是一个典型的移居地，先是秦始皇二十六年（前221）统一六国，"徙天下豪富于咸阳十二万户"②；三十五年（前212），又"徙三万家丽邑，五万家云阳，皆复不事十岁"③。骊邑，秦县，在今西安市临潼区；云阳，秦县，在今关中淳化县。西汉时期，继续贯串这一精神，相继迁徙关东大量贵族、富商、豪强至长安南北诸陵邑。这些人员迁入长安为中心的关中地区，造成本地民风、民俗的多样化。而贵族、富商、豪强的富裕、权利及其生业的变化，也很快促成社会由以农业社会为主导，以古朴、简单为特征的社会风气，向复杂的农商社会风气转变：在这里，礼文世家、豪杰、游侠、盗贼日益增多，追逐利益的商业精神日渐成

---

① 〔汉〕班固：《汉书》卷二十八下《地理志》，〔唐〕颜师古注，中华书局，1962 年，第 1642—1643 页。
② 〔汉〕司马迁：《史记》卷六《秦始皇本纪》，中华书局，1982 年，2 版，第 239 页。
③ 〔汉〕司马迁：《史记》卷六《秦始皇本纪》，中华书局，1982 年，2 版，第 256 页。

长，社会价值观日渐转向崇尚物资、金钱、浮华，以至于婚丧嫁娶，
"尤崇侈靡，送死过度"。如果说西周王朝时期、秦诸侯国时期，都城
所在的关中文化还鲜明地披着浓重的地方文化色彩的话，那么到了秦
汉王朝时期，郡县制度的全面推行和发展、京师人口来源和构成的新
变化，以及京师在国家核心地位的影响，引起上述关中地区民风、民
俗的巨大变化。关中民风、民俗的变化，以及其中蕴含的社会生活理
念和价值追求，在很大程度上代表着全国范围内一般社会价值的取
向，它甚至是那个时期全国各地所仰慕的"太阳"，具有很强的代表
性和引领性特征。这样的风尚和价值观念，必然借助首都的职能得以
传播，由此推动全国范围社会风气不同程度的转变。当然，站在今天
的立场上，说它"先进"，倒也未必，说它"不好"，更是无从谈起，
只能说它反映了时代发展的一种潮流、一种风气。这种社会潮流和风
气中，蕴含着开放、思想解放、观念变革的精神；这种社会潮流和风
气中，凝结为谋求多样化发展的各种事实。这是过去的关中所少有的
现象。不妨说，这样的事实和现象、这样的观念和意识，标志着关
中社会文化变革的又一个新开始。而这种变革的根本力量，自然是来
自京师的地位和伟力。因为，京师是国家的"大脑"，京师是政治移
民的中心。在这里，政治与权谋、精英与智慧、生存与发展，相互交
融，融凝为一种新的地方精神，这种地方精神又因为京师的特殊地位
而被传播于全国各地。

第四章　文化风貌的异变：魏晋南北朝时期的关中文化

　　公元 23 年新莽政权灭亡，25 年刘秀建立东汉王朝，都城改建到洛阳。自此以后直至公元 351 年前秦重新定都长安，历时 328 年。这期间，刘玄更始政权定都长安 3 年，赤眉政权占据长安 2 年，汉献帝以长安为都城为时 6 年，晋惠帝、愍帝为都 7 年，前赵为都 10 年，断断续续一共有 28 年时间。这些政权或国家有一个共同特点，那就是过渡性和地方性，虽然其都城都设立在长安，但它们对关中文化的建设性影响非常有限。公元 351 年前秦政权定都长安以后，作为都城所影响的关中文化，大致可以分作三个阶段来认识：第一个阶段，公元 351 年氐族人苻坚建立前秦政权，定都长安，为时 34 年；后秦姚氏政权，继前秦于公元 386 年定都长安，为时 32 年。这两个政权前后相继，长安作为都城的时间长达 66 年。第二个阶段，公元 417 年东晋刘裕灭亡后秦，夺取关中长安，但因其退回江南，匈奴人赫连勃勃乘机占据关中。公元 426 年北魏拓跋焘占据长安，关中成为北魏疆土的组成部分。当时，北魏都城先后设在平城（今山西大同市）、洛阳，关中废不为都时间长约 108 年。第三个阶段，公元 534 年北魏六镇乱离，魏孝武帝西入长安，当年闰十二月被关中军阀宇文泰毒死[①]，另立孝武帝之子元宝炬为帝，历史进入西魏时代。公元 557 年宇文泰之子宇文觉取代西魏皇帝，另建北周，历史进入北周时代。西魏、北

---

　　① 赵文润：《西魏北周与长安文明》，陕西人民出版社，2010 年，第 22 页。

周两朝都城均在长安，至公元581年北周为隋王朝取代，其间长安为都时间共47年，即接近半个世纪。随着隋唐王朝的建立，中国历史包括关中文化再度进入繁盛时期。

一、东汉时期关中的学风与士风

《后汉书》述汉代政治文化变迁及其影响说："自〔汉〕武帝以后，崇尚儒学，怀经协术，所在雾会，至有石渠分争之论，党同伐异之说，守文之徒，盛于时矣。至王莽尊伪，终于篡国，忠义之流，耻见缨绋，遂乃荣华丘壑，甘足枯槁。虽中兴在运，汉德重开，而保身怀方，弥相慕袭，去就之节，重于时矣。逮桓灵之间，主荒政缪，国命委于阉寺，士子羞与为伍，故匹夫抗愤，处士横议，遂乃激扬名声，互相题拂，品核公卿，裁量执政，婞直之风，于斯行矣。"① 就是说，东汉以来，士人与政治之间的关系发生了两次新的变化：一次是东汉初以后，士人重"去就之节"的"品名节气"之风兴起；另一次是桓、灵二帝时期，政治腐败，士人"羞与为伍"，"处士横议"，"品核公卿，裁量执政，婞直之风"盛行。其中后者，就是现代人常说的"清议"和"清谈"之风。在此背景下，关中士风与学风也发生了显著的变化。变化的基本精神大致不出上引《后汉书》所述内容，但因关中是旧京所在，传统民风遗俗影响犹在，故士人人数较多，士风、学风表现出鲜明的地方色彩。

就地方文献而言，在中国古代历史上，最早关注东汉时期关中文化的士人，是东汉末年京兆长陵人赵岐，他所辑录的《三辅决录》一

---

① 〔宋〕范晔：《后汉书》卷六十七《党锢列传》，〔唐〕李贤等注，中华书局，1965年，第2184—2185页。

书，集中记述了东汉关中士人与文化的基本情况。此书的"原序"说："三辅者，本雍州之地。世世徙公卿吏二千石及高赀皆以陪诸陵。五方之俗杂会，非一国之风，不但系于《诗·秦豳》也。其为士，好高尚义，贵于名行，其俗失则趋势进权，惟利是视。余以不才，生于西土，耳能听而闻故老之言，目能视而见衣冠之畴，心能识而观其贤愚。常[1]以玄冬梦黄发之士，姓玄名明字子真，与余寤言，言必有中，善否之间无所依违，命操笔者书之。近从建武以来，暨于斯今，其人既亡，行乃可书，玉石朱紫，由此定矣，故谓之《决录》矣。"[2]按此，作者以为，西汉以来京师长安的风俗是"五方之俗杂会，非一国之风"。当时的士人，"好高尚义，贵于名行"。后来，这一风气逐渐丧失，士人"趋势进权，惟利是视"，关中风气为之一变。东汉以降，虽然士人"趋势进权，惟利是视"的总趋势没有改变，但仍有不少士人继承了过去士人"好高尚义，贵于名行"的传统，代表了关中文化的一股清流。所以，《三辅决录》辑录的主要是关中士人的品行。这些人物包括：京兆长陵人赵岐、安丘望，京兆长安人挚峻、挚恂、挚茂，京兆人高恢，京兆杜陵人蒋诩，京兆霸陵人韩康，京兆阳陵人丁邯、窦攸，京兆长安人孙晨；扶风平陵人梁鸿、韦豹、韦彪，扶风茂陵人矫慎、张仲蔚，扶风郿县人法真，扶风人丘䜣、曹众；谷口人郑朴；弘农华阴人辛缮。总共数十人。这些人物中的不少人及其事迹，后来被编入《后汉书》人物"列传"中，成为名载史传的典范。通过其行事、信念和追求，大致可以窥见关中士人文化精神的一个侧面。

（1）承继西汉儒学传统，但不以官学，而以私学，立门设教，私

---

① "常"，疑为"偿"之讹。

② 〔汉〕赵岐：《三辅决录》，〔清〕张澍辑，陈晓捷注，三秦出版社，2006年，"原序"第2页。

相传授，使关中学风名扬天下，故有"时三辅多士"①的美誉。其代表人物：京兆长安人挚恂，"以儒术教授，隐于南山，不应征聘，名重关西，[马]融从其游学，博通经籍"②。扶风平陵人窦武，"少以经行著称，常教授于大泽中，不交时事，名显关西"③。扶风茂陵人马融，"才高博洽，为世通儒，教养诸生，常有千数。涿郡卢植，北海郑玄，皆其徒也"④。京兆长安人宋登，"少传《欧阳尚书》，教授数千人"⑤。扶风漆县人李育，"常避地教授，门徒数百"⑥。扶风郿县人法真，"关西大儒"，"弟子自远方至者，陈留范冉数百人"。⑦弘农华阴人辛缮，"子弟受业者六百余人"⑧。西汉时期，关中是都城所在的京畿之地，又因"世世徙公卿吏二千石及高赀皆以陪诸陵"的政策，诸陵邑达官贵人颇多，加上汉代中期以后朝廷重视儒学，"独尊儒术"，设立太学，设置五经博士以教弟子，所以教育文化基础良好。上述几位东汉时期的大儒，有些就源自旧陵邑诸县。就学缘关系而言，因为汉代崇尚经学，这些大儒的传习和教授也都以经学为主，反映了这一传统的延续。除此以外，由于时代的变迁和政治环境的变化，个别人物

---

① 〔宋〕范晔：《后汉书》卷七十九上《儒林列传》，〔唐〕李贤等注，中华书局，1965年，第 2617 页。

② 〔宋〕范晔：《后汉书》卷六十上《马融列传》，〔唐〕李贤等注，中华书局，1965年，第 1953 页。

③ 〔宋〕范晔：《后汉书》卷六十九《窦武传》，〔唐〕李贤等注，中华书局，1965年，第 2239 页。

④ 〔宋〕范晔：《后汉书》卷六十上《马融列传》，〔唐〕李贤等注，中华书局，1965年，第 1972 页。

⑤ 〔宋〕范晔：《后汉书》卷七十九上《儒林列传》，〔唐〕李贤等注，中华书局，1965年，第 2557 页。

⑥ 〔宋〕范晔：《后汉书》卷七十九上《儒林列传》，〔唐〕李贤等注，中华书局，1965年，第 2582 页。

⑦ 〔宋〕范晔：《后汉书》卷八十三《逸民列传》，〔唐〕李贤等注，中华书局，1965年，第 2774 页。

⑧ 〔汉〕赵岐：《三辅决录》，〔清〕张澍辑，陈晓捷注，三秦出版社，2006年，第 23 页。

在继承经学传统的基础上进一步拓展学问，一代经学大师马融就是其中的代表。他的著述除经学，还注释有《列女传》《老子》《淮南子》和《离骚》，这些都已经逸出传统经学，故前人说他"博通经籍"。以马融的影响，多少反映出当时学风转向的趋势。

（2）"好高尚义，贵于名行"，个性"婞直"，标榜"节气"的士人风气。这种风气大约自西汉末年王莽篡政以后，在士人中的表现趋于增多。东汉时期，外戚与宦官轮流执政，政治腐败，士人在政治上难以得到应有的施展空间，不少士人转而选择"穷则独善其身，达则兼善天下"，以追求"吾善养吾浩然之气"的孟学精神和处世态度，注重品性、操守，清高、尚义，甚至不交时事。其风尚不但在士人阶层日渐盛行，而且为一般社会所激赏，所以至东汉后期，刚果任情、风正气昂的士人品性，坚毅、独行且追求个性自由的精神，发展为士人社会高扬的价值理想。《三辅决录》记载以东汉时期关中地区的人物为主，其中不少人物具有这样的品质，所以为赵岐所著录。

（3）隐居之风日益增长。《三辅决录》及《后汉书》记载：挚恂"隐于南山，不应征聘"；矫慎"隐遁山谷"；马瑶"隐于汧山"；苏章"隐身乡里，不交当世"；挚峻"隐于酆山"；安丘望"终身不仕"；梁鸿与其妻"共入霸陵山中，以耕织为业，咏诗书弹琴以自娱"；高恢"隐于华阴山中"；汉成帝时人郑朴，"耕于崖石之下，名振京师"；张仲蔚与同郡魏景卿"俱隐身不仕"；辛缮"隐居华阴"；井丹"隐闭不关人事"；韩康"遁入霸陵山中"；苏顺"好养生术，隐处求道"。[①]隐遁之风的日渐兴起，固然有个体觉醒和追求自由生活的一面，更主要的恐怕还是因为当时社会政治黑暗，士人不被重视，甚至是被压制和杀戮环境下造成的逆向选择的反映。有学者称，"政治混乱，杀戮

---

① 据《后汉书》卷八十上《文苑列传》、卷八十三《逸民列传》及《三辅决录》整理。

不止，读书人士既没有革命的武力，为保全性命，自然会走到老庄的路上去。谈玄说理，隐名避世，是必然的趋势。这种风气，并不始自两晋，从仲长统的《乐志》，徐幹的《虚道》，郭泰、袁闳、申屠蟠、司马徽的避世，都早已走上这条路了，不过到了两晋，这种风气更流行而已"①。这固然是就魏晋思想立论的说辞，但这种风气的萌芽在东汉时期已经形成，并不是迟至两晋才开始。东汉时期关中籍隐逸高士的日益增多，在一定程度上反映了这一文化趋向。

二、游离于玄学思潮以外的旧学精神与旧京情怀

魏晋南北朝时期，玄学发展为我国学术思潮的主流。但其学术风气在关中地区却几无反映。汤用彤说：魏晋时代思想界颇为复杂，大体上可以分为"旧学"与"新学"两派。"新学"就是所谓玄学。"旧学"自称"儒道"，思想本于阴阳五行的"间架"，宇宙论多半承袭汉代人的旧说；"新学"则用老庄"虚无之论"做基础，关于宇宙人生各方面另有根本上的新见解。汉朝末年，中原大乱，上层社会的人士多有避难南来，比较偏于保守的人们大概仍留居在北方。所以"新学"最为盛行的地方在荆州和江东一带，至于关中、洛阳乃至燕、齐各处，仍是"旧学"占优势的地方。西晋以后，"新学"在江东特别盛行，西晋末年至南北朝时期，南北新旧思想的分野可算是判然两途了。②正是因为这样的学术发展和分野，自三国以降，其代表人物就主要集中于关东和南方地区，如三国时期的何晏是南阳郡宛县（今河南南阳市）人，王弼是山阳郡高平（今山东微山县）人，嵇康是谯国铚县（今安

---

① 刘大杰：《魏晋思想论》，林东海导读，上海古籍出版社，1998年，第15页。
② 汤用彤：《魏晋玄学论稿》（增订版），上海人民出版社，2015年，第100页。

徽濉溪县）人，阮籍是陈留郡尉氏（今河南尉氏县）人，向秀是河内郡怀县（今河南武陟县）人，郭象是西晋洛阳（今河南洛阳市）人，葛洪是东晋丹阳郡句容（今江苏句容市）人，等等。而关中地区几乎没有一个有影响的人物，可见关中学术文化已游离于主流学术文化的思潮与风气以外，实际上也多没有能力参与其中，更没有"竹林七贤"那般游移世外逍遥自在，并具浪漫主义色彩的生活态度。至于隐匿山林、放浪行迹的达观生活，更与这里格格不入。经历过紧张的对立、各自防卫、相互适应和日渐融合的现实过程，消除民族隔阂，恢复并建设一个相对安定的社会秩序，实现各民族基本的生产、生活平稳运行，以及较为安定的政治统治，是最高统治者和一般社会的普遍要求。而契合这一要求，各割据政权迫切并且较为长期地选择以实用主义价值观为主导的文化统治和治理，正是关中文化的主基调和主体精神。如果说"魏晋思想亦可谓解放、自由之思想 —— 从汉代统一的、形式化的思想中挣脱、解放出来"[1]，反映了当时主流社会思潮和思想解放精神的新发展，那么这一时期的关中文化则几乎没有参与这一历史潮流，历史似乎遗忘了这里。关中也确实游离于当时中国的主流学术文化之外了。

虽然如此，就地方文化的学问关注和旧学传统而言，关中还是在众多学人的关注之中，这就是"地志"撰述的星光闪耀。东汉以降，地方文化风俗和地志记述日渐兴起，故班固撰著《汉书》有《地理志》，并据颍川朱赣"条其风俗""辑而论之"。[2]降至魏晋，这样的观念和意识已经蔚为风气，各地"地志""风俗""人物"类记述层出不穷。据刘纬毅辑佚和考述，至北周以前，全国范围内的此类撰述至少

---

[1] 汤用彤：《魏晋玄学论稿》（增订版），上海人民出版社，2015 年，第 151 页。
[2] 〔汉〕班固：《汉书》卷二十八下《地理志》，〔唐〕颜师古注，中华书局，1962 年，第1640 页。

有 200 种。① 关中作为周秦和西汉王朝的首善之区，自然为一些学人所关注并撰述。现经学人辑佚考证，并经一些学者专门整理和校释，至隋王朝建立以前主要撰述有：王褒《云阳记》（又名《云阳宫记》），赵岐《三辅决录》，佚名《三辅黄图》，佚名《三辅故事》，辛氏《三秦记》，阮籍《秦记》，无名氏《关中图》，裴秀《雍州记》，戴延之《西京记》，潘岳《关中记》，崔鸿《西京记》，薛寘《西京记》，佚名《长安记》。② 这些著述固然成书年代有先后，书名或言三秦、三辅，或云关中、雍州，或称西京、长安，记述范围也略有不同，并且其撰述内容，除个别撰著外，多已佚失，或者仅存一鳞半爪。但通过这些蛛丝马迹，大约可以判断其主要记述的是三辅地区或者说关中地区的帝都事物或逸闻故事。总体上反映了时人对旧都长安文化的悠然情思与情怀，其中的一些记述在一定程度上反映了以往不大为人关注的新的文化精神。

就帝都宫室而言，现存于世且记载最为详确的，要数东汉末年至曹魏初年成书的《三辅黄图》。由此我们得以较为全面地知晓秦汉都城建设的壮伟与气派，甚至每每为秦汉气象而骄傲和自豪。当然，站在人民的立场上，无论是汉初还是后来的政治家、史学家还是现代史学家，也都极尽所能地批判过统治者的奢侈、盘剥与腐朽。但从都城建筑文化的角度，人们又无不称道它所代表的中国建筑文明的伟大和光荣，甚至以其为中华民族智慧与创造的结晶，并进而转化为我们复兴中华文明恢宏壮丽的历史遗产而高扬。现在不是有很多地方，举凡具有一点这样的遗迹，都在跃跃欲试，以欲加以恢复为能事吗？这大概就是历史的辩证法，有时让人欲"斩草除根"而后快，有时却让人

---

① 刘纬毅辑：《汉唐方志辑佚》，北京图书馆出版社，1997 年。

② 据三秦出版社 2006 年出版的何清谷《三辅黄图校释》、刘庆柱辑注《三秦记辑注》《关中记辑注》、陈晓捷注《三辅决录》《三辅故事》、陈晓捷辑注《关中佚志辑注》等整理。

因为"斩草除根"而痛惜。关中都市文化的历史就在这种文化心态中，演绎着悲喜交加的起伏与跌宕。而关中文化也是在这样的历史轨迹中，把高贵与自豪、凄苦与悲凉、兴奋与彷徨体现得淋漓尽致。这或许就是关中文化、旧京帝都文化带给国人的多重影响。

《三辅黄图》是以批判的态度与精神来撰述关中帝都宫室文化的。那时距离秦都咸阳因项羽大军"火烧三月不灭"化为灰烬的日子已四百年左右了，新兴的长安城及其周边众多的离宫别苑在西汉末年的战乱中遭遇巨大的破坏，甚至变得满目疮痍，也已过去200多年，而东汉末年军阀混战所留下的残垣断壁和烟痕火迹依然清晰可辨。在此"二三年间，关中无复人迹"的荒凉下，面对着难以数计的残垣断壁，著者并没有崇尚其往日的辉煌与荣光，而是立足于"昔孔子作《春秋》，筑一台，新一门，必书于《经》，谨其废农时夺民力"①的旨意，以警示与批评的精神，撰写了这部书。故他在"自序"中说："三代盛时，未闻宫室过制"，"至孝武皇帝，承文、景菲薄之余，恃邦国阜繁之资，土木之役，倍秦越旧，斤斧之声，畚锸之劳，岁月不息，盖骋其邪心以夸天下也"。②帝都文化影响的另一面，不惟不小。

三、传统文化的衰落与民族构成的新变化

东汉时期，关中为司隶校尉部（治今河南洛阳市东北）所辖，仍属京畿之地，设立京兆尹（治今陕西西安市）、左冯翊（治今陕西西安市高陵区）、右扶风（治今陕西兴平市东南）三郡。就郡治而言，虽然不异于西汉，但因西汉末年的战乱，经济文化遭到很大的破坏，

---

① 何清谷：《三辅黄图校释》，中华书局，2005年，"序"第4页。
② 何清谷：《三辅黄图校释》，中华书局，2005年，"序"第1、4页。

所谓"长安遭赤眉之乱,宫室营寺焚灭无余"①,特别是京城东迁洛阳,进一步加重并延缓了这里经济社会的恢复,所以经济文化迅速衰落。东汉末年政权腐朽黑暗,公元184年黄巾大起义爆发,战场虽然主要在关东地区,对关中影响不大,但董卓挟汉献帝,于初平元年(190)二月迁都长安,"于是尽徙洛阳人数百万口于长安,步骑驱蹙,更相蹈藉,饥饿寇掠,积尸盈路"②。三年(192)四月董卓被杀以后,其部将李傕、郭汜攻伐京师,继而又相互攻杀,一时之间,关中社会经济再次遭遇浩劫。故史书记载:"初,帝入关,三辅户口尚数十万,自傕汜相攻,天子东归后,长安城空四十余日,强者四散,赢者相食,二三年间,关中无复人迹"③。随后,关中陷入韩遂、马超等众多割据势力的控制中,直到建安二十年(215)曹操才平定了关中诸部势力,基本上稳住了关中的局面。就是说,在这25年时间里,关中地区一方面是"无复人迹"的状况,另一方面又长时间处于军阀战乱之中。这"无复人迹",除战乱的死伤外,更多的是原有人口的大量逃亡,特别是沿着秦岭诸通道,逃往巴蜀、荆襄等南方地区,这就使得历史时期以来积累的社会经济和文化成果彻底遭到破坏。

就民族构成的变化而言,由于西汉末年战乱的影响,东汉以来西北羌、氐部族相继被迁入关中地区,东汉末年、三国、西晋、十六国时期,相继迁入的民族和人口日渐增多,民族成分更趋复杂。东汉初年,在镇压今甘肃西南部、青海一带先零羌叛乱以后,先是迁徙其中

---

① 〔宋〕范晔:《后汉书》卷七十二《董卓传》,〔唐〕李贤等注,中华书局,1965年,第2327页。

② 〔宋〕范晔:《后汉书》卷七十二《董卓传》,〔唐〕李贤等注,中华书局,1965年,第2327页。

③ 〔宋〕范晔:《后汉书》卷七十二《董卓传》,〔唐〕李贤等注,中华书局,1965年,第2341页。

一部分到右扶风定居。公元 58 年，又迁徙羌族烧当部 7000 余口至三辅。随后，羌族相继内迁，"自安帝时代起，……一直到西晋之初，冯翊（郡治临晋，今陕西大荔县）、北地（郡治泥阳，今陕西铜川市南）、新平（今陕西铜川市西南）、安定（郡治临泾，今甘肃镇原县南）界内，还是布满了羌人"①。至西晋初年，原生活在甘肃东南部一带的氐族，经过若干次迁徙，已布满"扶风（郡治池阳，今陕西三原县西南）、始平（郡治槐里，今陕西兴平县东南）、京兆（郡治长安，今陕西西安市）一带"②。当时的整体情况，是"西北诸郡皆为戎居"，而"关中之人百余万口，率其少多，戎狄居半"③。

十六国时期，中原板荡，各少数民族霸主相互攻占，人口迁徙异常频繁。其迁入关中的过程不必细说，诸部族活动和总体的分布情况，马长寿研究说：

> 从前秦到隋初的二百几十年内，关中部族的分布大致可以分为前后两期。在公元 426 年北魏占领长安以前为前期。在前期内，关中部族以氐、羌、匈奴为主。自公元 426 年以后，拓跋鲜卑和其它北镇杂胡相继入关，特别是公元 528 年尔朱天光率领贺拔岳、侯莫陈悦两军团镇压关西各族人民起义和 543 年魏孝武帝率领六坊之众及文武官吏入关以后，关中遂成为鲜卑杂胡政治活动的集中地区。西魏和北周的两代政权就是以徙入关中的鲜卑杂胡为基础而建立起来的，此为后期。但无论如何，自东汉讫于隋唐，关中的少数部族始终是以氐、羌、匈奴为先为主出现于中国的历史舞台的。关中之氐在西晋时即列入编户，与西羌、匈奴直

---

① 王仲荦:《魏晋南北朝史》上册，上海人民出版社，1979 年，第 199 页。
② 王仲荦:《魏晋南北朝史》上册，上海人民出版社，1979 年，第 201 页。
③〔唐〕房玄龄等:《晋书》卷五十六《江统传》，中华书局，1974 年，第 1533 页。

接统率于部落大人之下者有所不同。氐人和汉人的融合约在北朝时期。……匈奴于汉时入关，十六国时称"东西曹"，盘踞在贰城（黄陵县西北）的东西。北魏灭赫连夏以后，其族更以"稽胡"之名出现于上郡一带。直至唐代中叶始销声匿迹，与延河流域的汉人相互融合。北镇鲜卑杂胡入关者多，来势亦汹，但一至隋唐便不成其为部族集团，而仅以一种少数部族的成分出现于朝廷、戎伍、闾里之间。……鲜卑杂胡的汉化比较更早一些。[1]

另据马长寿研究，在前秦前期，即公元4世纪70年代以前，关中氐族集中屯聚在渭河以北的扶风郡（治今陕西兴平市东南）和咸阳郡（治今陕西泾阳县）西北，即今三原、礼泉、千阳、凤翔、岐山、扶风诸县区一带，也就是长安西北偏泾河以西以南至汧水流域；羌族主要分布在渭河以北的冯翊（治今陕西大荔县）、北地（治今陕西铜川市东南）、新平（治今陕西彬州市）三郡，冯翊郡西部则是屠各、卢水胡、西羌、北羌所杂居之地。冯翊郡（领县8、护军4）各县及护军都有羌人分布，在长安的东北偏，即今渭河以北至洛河中下游之地。在今黄陵县西北贰城东西，主要是屠各匈奴所在，各有2万多落。而在其西面有彭沛谷堡，为卢水胡大姓彭氏盘踞之地。今彬州市西南有胡空堡，其以东有姚奴、帛蒲二堡，在前秦末年也为屠各将帅所盘踞。[2] 至于鲜卑族，他们进入关中比较晚，北魏占据长安以后，他们相继入关，并于西魏、北周时期大量迁居关中，多分布于西魏、北周军事政治集中的区域。其中各级官僚和贵族、禁卫军集中聚居于国都长安一带，主要军队将官多分布于各大军事要道的主要据点，而不少

① 马长寿：《碑铭所见前秦至隋初的关中部族》，中华书局，1985年，"序言"第6—7页。
② 马长寿：《碑铭所见前秦至隋初的关中部族》，中华书局，1985年，第34—35页。

民众多散居于渭北诸汉、羌等民族聚居的村落。① 由此可见，汉晋以降，特别是十六国、北魏、西魏、北周时期的民族迁入，在很大程度上改变了关中地区的民族人口构成。而人口构成的巨大变化，为关中文化的多元化发展和文化风貌的整体变迁奠定了基础。

四、羌胡、鲜卑民族文化风貌与关中文化形态的总体变化

文化种族的地域分布与移动，既是种族文化地域生成的过程，也是新旧文化风貌移动和变迁的过程。在中国古代社会前期，关中文化成长的历史过程中，有两次明显的文化风貌变化：第一次，是夏商周至秦王朝以前 2000 多年，关中平原的西偏、北偏，在地貌上主要是陇山山脉、北山山脉内外，即以黄土高原南缘和渭北台塬地带，长期以来不同程度的是有别于华夏民族中心区的西戎、北狄和匈奴等部族活动的区域。在后来的历史运动过程中，他们或者被征服，或者选择归附中原王朝，或者出于无奈而选择逃离这一区域，留下来的都逐渐融合到华夏农耕文明的大家庭中，成为华夏民族的成员。所以到秦汉时期，这里就完全成为汉族文化的分布区域。第二次，是东汉至魏晋南北朝时期，如上所述，羌、氐、匈奴和鲜卑族又一次一步步地通过各种原因与过程，相继内迁到这一区域为中心的关中地区，特别是十六国至西魏、北周时期，更是在这一民族分布背景的基础上，关中地区各地到处布满了这些民族人口。他们或者相对集中地居住，或者与存留下来的关中汉民族杂聚在一起，形成历史时期以来前所未有的

---

① 马长寿：《碑铭所见前秦至隋初的关中部族》，中华书局，1985 年，第 52—68 页。

文化风貌。其地域性分异的大致情形是：（1）汉民族相对集中地分布于渭河以南、秦岭以北的东西狭长地区，这里虽然也分布有一些羌、氐族人和鲜卑族人，但总体上不多，所以这里基本上属于汉文化风貌区。（2）渭河以北的渭北台塬和北山山脉南北的黄土高原南缘，是羌、氐、匈奴和鲜卑人较为集中的分布区域。其中泾河以西是羌、氐人较为集中的分布区，泾河以东是鲜卑人集中分布的区域，而屠各胡人数较少，主要分布于更北一些，大约到陕北与关中的交界地带。泾河以西属于氐、羌文化风貌区，以东属于鲜卑族文化风貌区。当然，在这两个文化分布区中，由于兼杂居住有一定数量的汉人，或者也可以称作汉、羌、氐人混合文化风貌区和鲜卑、汉人混合文化区。（3）在这个大的背景下，前秦、后秦两个民族政权以长安为都城前后相继长达66年，西魏、北周两个政权以长安为都城长达47年，其间虽有北魏政权近120年的政治统治，但长安和以其为中心的关中，在相当长的时间里却是氐、羌人和鲜卑人集中分布与活动的中心。这期间关中文化的总体风貌大致如此。

说的具体一点：（1）无论是氐、羌部族还是鲜卑部族，最初的和主动的迁徙地选择都恪守自己固有的文化，即自己生存和成长的生产方式和生活方式。选择在黄土高原南缘地带的山脉、丘陵和高平原、台塬地带作为自己部众的聚居地，在很大程度上反映了其基本的生存文化心态与地理认同。因为不论种族如何，他们已往的文化经历都是生活在高原、丘陵、草原等地带，过着以游牧为主的生活，所以这一地带人口稀少且适宜于游牧的生活条件，自然成为他们迁徙的首选之地。这可能也是他们主要分布于这一地带的文化原因。（2）羌人本处今青海、甘肃东南和四川北部之际，"所居无常，依随水草。地少五谷，以产牧为业"。其基本的社会制度和文化风俗是："氏族无定，或以父名母姓为种号。……后，相与婚姻，父没则妻后母，兄亡则纳釐婳，故国无鳏寡，种类繁炽。不立君臣，无相长一，强则分种为酋豪，弱则为人附落，更相抄暴，以力为雄。杀人偿死，无它禁令。其兵长在山谷，短于平地，不能持久，而果于触突，以战死为吉利，病终为不祥。堪耐寒苦，同之禽兽。虽妇人产子，亦不避风雪。性坚刚勇猛，得西方金行之气焉。"[①] 就是说，他们基本的生产、生活方式，是以游牧为主，辅之以少量农业生产的农牧业文化。婚姻制度是诸种落之间"相与婚姻"，但父兄死亡后，子弟可以以后母、兄嫂为妻子，种落内部没有鳏寡单身之人，以此保障其种落的人口繁衍。在长期与自然斗争中，他们养成了"堪耐寒苦，同之禽兽"和"坚刚勇猛"的性格特点。西羌种落崇尚"强力"，"以力为雄"，其社会组织是在强力观念下，以强者为酋豪，弱者为人附落，以此形成自然的种落组织和彼此之间的关系。他们的生存理念总体上遵循的是物竞天择、适者生存的自然主义法则，表现在实际生活中，崇尚气力，以"战死为吉利，病终为不祥"。因此，这种文化是一种自然生存性质的文化，其文化精神的本质是自然主义。在他们迁徙并主要分布于泾河以西、渭河以北的广大地区以后，一开始自然还是秉持这种文化精神。但在随后的历史运动中，因为不断与汉民族交往，逐渐被当地汉民族文化所同化，甚至慢慢与汉民族融合为一体。（3）鲜卑族与北方杂胡主要分布在泾河以东、渭河以北地区，他们进入关中的时间比羌、氐部族晚，主要是在北魏以后，此前这里是西羌、杂胡的分布区。马长寿认为这一带有相当数量的羌村，他们聚族而居，以与汉族人相区别，随着时间的推移，有的汉人村落亦有羌族人居住，有些羌人村落也有少数汉族人杂处其间。总体来看，形成一种民族文化聚落错落杂处的

---

① 〔宋〕范晔：《后汉书》卷八十七《西羌传》，〔唐〕李贤等注，中华书局，1965 年，第 2869 页。

风貌。（4）鲜卑与北方杂胡过去以游牧生活为主，迁居这里以后，多已被分配土地，编入国家编户中。自此，他们开始主要从事农业生产，逐渐演变成为农业文化的一部分。但由于传统的风俗习惯比较顽固地延续下来，直到北周时期，他们的衣着、头饰等依然与汉人有鲜明的区分。像"男子头戴武士弁，短衣胡袴，足著长筒皮靴，腰系荷包等物，下垂至股膝间。妇女挽髻而冠，腰束长裙"①。其姓氏也多为传统的复姓，如贺兰、若干、贺拔、宇文、呼延等等。马长寿说，在渭南渭河北岸发现的北周武成二年（560）九月《合方邑子百数十人造像记》题名上，可以看到"北周时渭南北部至少有少数部族姓氏二十六种"②。赵文润讲，与北魏相比，西魏、北周时期，"刮起一股强烈的复古之风"，"恢复鲜卑旧姓，改汉姓名将为鲜卑姓"，是其中重要的一个表现。③就是说，北魏孝文帝时期曾实行汉化政策，禁止鲜卑族人说鲜卑语、穿鲜卑服，改鲜卑姓氏为汉姓，到西魏时却反其道而行，重新恢复了旧的鲜卑习俗和文化。上述姓氏和男女服饰及梳妆鲜卑化，《周书》谓："魏氏之初，统国三十六，大姓九十九，后多灭绝。至是，以诸将功高者为三十六国后，次功者为九十九姓后，所统军人，亦改从其姓。"④这样的情形，正是其文化反正的体现。它表明西魏、北周政权旨在彰显其民族与族姓认同，并以此来强化其民族文化的中心地位和价值观念。这种政策不仅在很大程度上强化并促进了关中鲜卑文化风貌的存在和延续，而且为日渐形成的关陇文化本位精神及其民族心理奠定了基础。

---

① 马长寿：《碑铭所见前秦至隋初的关中部族》，中华书局，1985年，第56页。
② 马长寿：《碑铭所见前秦至隋初的关中部族》，中华书局，1985年，第60页。
③ 赵文润：《西魏北周与长安文明》，陕西人民出版社，2010年，第142页。
④〔唐〕令狐德棻等：《周书》卷二《文帝纪下》，中华书局，1971年，第36页。

五、"融冶胡汉为一体"而回归中原王朝的治世文化精神

陈寅恪述汉代至西魏、北周时期的关中文化变迁说：

> 盖自汉代学校制度废弛，博士传授之风气止息以后，学术中心移于家族，而家族复限于地域，故魏、晋、南北朝之学术、宗教皆与家族、地域两点不可分离。［苏］绰本关中世家，必习于本土掌故，其能对宇文泰之问，决非偶然。适值泰以少数鲜卑化之六镇民族窜割关陇一隅之地，而欲与雄据山东之高欢及旧承江左之萧氏争霸，非别树一帜，以关中地域为本位，融冶胡汉为一体，以自别于洛阳、建邺或江陵文化势力之外，则无以坚其群众自信之心理。此［苏］绰所以依托关中之地域，以继述成周为号召，窃取六国阴谋之旧文缘饰塞表鲜卑之胡制，非驴非马，取给一时，虽能辅成宇文氏之霸业，而其创制终为后王所捐弃，或仅名存而实亡，岂无故哉！①

这是说宇文泰雄踞关中，并在后来西魏、北周政权建立以后，在关中世家苏绰的帮助下，以关中为本位，打着继承历史上周王朝的旗号，将鲜卑胡汉文化融为一体，形成其王朝政治上的一套所谓"非驴非马"的治理文化。其实，这种情形自十六国以来，前赵（318—329）、前秦（351—394）、后秦（384—417）至西魏（535—557）、北周（557—581）诸民族割据政权相继建立以后，所实行的文化政策的

---

① 陈寅恪：《陈寅恪集·隋唐制度渊源略论稿》，生活·读书·新知三联书店，2009年，2版，第20页。

基本精神都是如此，即以少数民族为主体，"融冶胡汉为一体"，只是各自政权中，两种文化融冶的程度不尽相同而已。就关中文化的历史发展看，自西晋末年至隋王朝建立前的 260 余年间，这种"非驴非马"的治理文化，不但完全改变了历史时期以来关中地区传统文化的整体风貌，而且总体上终结了周秦以来的宗法文明、礼制文明和法治主义、独尊儒术、经学文化以及门阀士族制度，关中文化进入一个前所未有的文化异变与过渡性转型时期。在这一过程中，以少数民族政权为主体，联合汉族世家、士人为副的统治阶层，在政治治理中最终还是选择了中原王朝已有的文化，以实现其对社会的治理和管理，历史又逐渐回归到中原王朝传统的治理精神之中。这就是在王朝组织方式上，采用秦汉以来的皇帝制度和地方行政体制上的郡县制度，包括都城建设、官员设置、行宫建造和陵墓形式，基本上都是汉民族文化形式的翻版。

在意识形态领域，依然继承和延续汉晋以来以儒、道为主体的文化，所以北周时期于长安设立国子学、太学，设置学东馆，"教诸将子弟"，设置太学博士、太学助教、小学博士、小学助教，书学、算学等。[1] 加上生活在地方上的诸少数民族被编入国家户籍，成为与汉人一样的村落型"编户齐民"，也在很大程度上实现了向农业居民的转化。虽说在文化风貌上仍然不同程度地表现出地域分布上的异变色彩，但民族间的裂隙日渐缩小，在有些地区甚至消亡，以至于实现了完全的民族融合。如果这一点不错，那么可以说这是关中文化对中华民族文化统一发展的巨大贡献。就西北诸少数民族而言，在这一过程中，他们通过关中文化的"所化"，实现了由旧的氏族、部族等部族集团文化时代跨越式地进入我国历史发展的中古文明时期。这种大规

---

① 王仲荦：《北周六典》上册，中华书局，1979 年，第 285—289 页。

模文明的"异地"演变，在关中历史发展上还是第一次，其重大价值在于，通过付出中原传统文化系统性演进被中断和延缓的代价，关中文化以其传统文化和农耕文明的生产、生活方式，大规模地完成了对来自我国西北、东北、北方偏远地区落后的元初民族的文化改造，不但将他们纳入中华民族的大家庭，而且还实现了历史性的跨越式发展，并迈入中古文明时期。这就是中华传统文化，具体落实到这里，就是关中文化的伟力所在。而在此基础上形成的关陇文化本位政策和理念，以崇尚力量、开放、包容，并广泛吸纳南北方文化，特别是西北、东北和北方游牧文化的精神，奠定了后来辉煌灿烂的隋唐时期关中文化开放、包容和共生的精神基础。

六、关中佛教文化的初始发展与历史地位

佛教是外来宗教，西汉末年至东汉初年从西域并通过西域僧人传入我国。由于东汉王朝包括曹魏政权和西晋王朝的都城都在关东地区的洛阳，佛教传入中国的初期，传播中心和区域主要在关东地区。西晋初年，所谓"寺庙图像，虽崇京邑"[①]，而在关中地区的影响一开始并不甚大。西晋、十六国及北魏时期，关中佛教日渐兴起。先是，西晋时期大月氏僧人竺法护，自敦煌来到长安，在长安城青门（汉长安城东出南端第一门）外立寺，"精勤行道。于是德化遐布，声盖四远，僧徒数千，咸所宗事"[②]，开启了关中佛教快速发展的先河。前秦时

---

　　①〔梁〕释慧皎：《高僧传》卷一《译经上》，汤用彤校注，汤一玄整理，中华书局，1992年，第23页。

　　②〔梁〕释慧皎：《高僧传》卷一《译经上》，汤用彤校注，汤一玄整理，中华书局，1992年，第23—24页。

期，苻坚攻打东晋，于襄阳俘获释道安。释道安是北方大僧人佛图澄的弟子，是继佛图澄之后北方佛教重要的领袖人物，实际上也是长江流域佛教传播的祖师之一。在被苻坚带回长安后，驻锡五重寺，有僧众数千人，长安佛教由此大兴。公元385年道安卒于长安。道安去世16年后，西域龟兹人鸠摩罗什，经后秦国主姚兴邀请，从其驻锡17年的凉州（今甘肃武威市）来到长安，以"待以国师之礼"①，在长安传扬佛法。史书记载，姚兴与鸠摩罗什在汉长安城北的逍遥园译经、说法："兴如逍遥园，引诸沙门于澄玄堂听鸠摩罗什演说佛经。罗什通辩夏言，寻览旧经，多有乖谬，不与胡本相应。兴与罗什及沙门僧略、僧迁、道树、僧叡、道坦、僧肇、昙顺等八百余人，更出大品，罗什持胡本，兴执旧经，以相考校，其新文异旧者皆会于理义。续出诸经并诸论三百余卷。今之新经皆罗什所译。兴既托意于佛道，公卿已下莫不钦附，沙门自远而至者五千余人。起浮图于永贵里，立波若台于中宫，沙门坐禅者恒有千数。州郡化之，事佛者十室而九矣。"②史书又载："鸠摩罗什为姚兴所敬，于长安草堂寺集义学八百人，重译经本。罗什聪辩有渊思，达东西方言。时沙门道彤、僧略、道恒、道㯹、僧肇、昙影等，与罗什共相提挈，发明幽致。诸深大经论十有余部，更定章句，辞义通明，至今沙门共所祖习。道彤等皆识学洽通，僧肇尤为其最。罗什之撰译，僧肇常执笔，定诸辞义，注《维摩经》，又著数论，皆有妙旨，学者宗之。"③鸠摩罗什初在长安城北逍遥园座讲，后移至城南草堂寺。在他的影响下，长安发展为一个重要的佛教传播中心，关中佛教因此大盛。有学者言："鸠摩罗什则

---

① 〔唐〕房玄龄等：《晋书》卷九十五《艺术》，中华书局，1974年，第2501页。

② 〔唐〕房玄龄等：《晋书》卷一百一十七《姚兴载记》，中华书局，1974年，第2984—2985页。

③ 〔北齐〕魏收：《魏书》卷一百一十四《释老志》，中华书局，1997年，第3031页。

自姚秦弘始三年迎至长安后，设消遥园译场，网罗后僧八百，译经
九十四部，四百二十五卷；……所译经籍，亦多以发挥大乘性空佛学
为主旨，使大乘佛学启开在中国成长之先机，大乘佛学自此广被中
华，不仅在中国思想史上照耀千古，即在世界佛界史上亦成一枝独秀
之局面。"[1]若此，则长安佛教乃至关中佛教，特别是大乘佛教的传播，
在中国以至世界佛教史上都具有重要的地位。

　　西魏、北周时期承袭北魏政权的崇佛之风，继续推动关中佛教的
传扬和发展。这一时期，除出家为僧而事佛，以及民间的普遍信仰以
外，关中民间社会崇事佛教活动中兴起了一种在佛教寺院造像题名的
风气。据马长寿研究，这一风气的首创地是北魏太和年间的冯翊郡李
润堡。李润堡在今陕西省澄城县境内，是早期进入关中的西羌人的
分布聚集地。北魏太和年间，出身冯翊郡李润堡的羌酋大姓王庆时
（遇），在李润镇北乡（今陕西澄城县北寺村）的晖福寺造三级佛图，
是为皇帝祈福，为父兄子弟消灾。这种风气一开，关中州郡竞相仿
效，造像题名风行一时。[2]这就是说，消灾、祈福和祈求佛祖保佑是
当时关中民间崇佛信仰的普遍心理。在此社会文化心理的驱使下，包
括权贵、士民和一般社会民众，不论是汉族人、羌族人、鲜卑杂胡，
他们或者以家族或者以村落信众为主体，不时地在寺院造像并题名，
一时蔚为风气。

　　与北魏洛阳和南朝建业（今江苏南京市）相比，这一时期关中佛
教文化的发展似乎还谈不上非常突出。因为洛阳在北魏时期，城内外
就有寺院1367所[3]，常为世人称道；建业因为统治者佞佛，寺院林立，

---

　　① 蒋勋：《大乘思想影响中国佛教艺术》，见张曼涛主编：《佛教与中国文化》，上海书店
出版社，1987年，影印版，第200页。

　　② 马长寿：《碑铭所见前秦至隋初的关中部族》，中华书局，1985年，第39页。

　　③〔魏〕杨衒之撰，周祖谟校释：《洛阳伽蓝记校释》，上海书店出版社，2000年，"序"
第2页。

以至后人有"南朝四百八十寺，多少楼台烟雨中"[1]之说，极言寺庙之多。而这一时期的关中，虽然有鸠摩罗什传扬佛法，也时常是"事佛者十室而九"的盛况，但毕竟规模上要小一些。尽管如此，关中各地佛寺还是为数不少，而民间向佛之风亦甚炽烈，故造像之风风靡一时。

应该说，佛教在本质上是一种否定生命的文化[2]，它的传入和传播标志着中国传统文化的新分化，国民于生命存在的意义：一部分人转向出世、苦修、远离尘世，并最终追求来世的极乐世界。文化信仰由本质上肯定生命性质的儒家文化，转向本质上否定生命性质的文化信仰，由积极的生命意识、观念和在此观念支配下的生活，转向消极的生命意识、生存观念；另一部分人，也是大部分世俗信众，则把人性的需求和对生存的安稳，转向又一种虚妄的祈求。他们纷纷转归于虔诚地膜拜佛像、佛龛之下，或者以造像、建塔来祈福消灾。这与其说是在传统文化的理念和精神里多了一项新的追求，不如说是世俗世界的生存压力和困顿在旧的文化传统中已经难以满足生命自身成长的需求。虽然本土传统文化中的原始宗教精神，包括祖先崇拜、神灵崇拜、崇仙奉道的思想与实践等，在世俗社会的崇拜和祈福中与佛教信仰的某些愿望没有本质的区别，但它的广泛的社会化"运动"，还是掀起了一场较为普遍的观念性变革。正因为如此，在此文化背景影响下的人们，并不排除儒家的伦理准则和生活观念，也不完全反对道教的生存理想与追求，而是在日常生活中遵循着多元的文化准则和理念。佛教文化的兴起和发展，固然在一定程度上改变了部分关中人的

---

①〔唐〕杜牧:《江南春绝句》，见〔清〕彭定求等编:《全唐诗》卷二百五十二《杜牧三》，中华书局，1960年，第5964页。

②〔法〕阿尔贝特·施韦泽:《文化哲学》，陈泽环译，上海人民出版社，2013年，2版，第104页。

人生观与价值取向，而更多的人则是基于世俗实用主义的理念，或自觉或不自觉地顺应多多益善的崇尚原则，在社会风潮中前行。但其带来的总的面貌是，关中文化走向了一个新的时代。至于多民族移居、杂处和趋同的现实，胡汉民族共同文化心理的渐趋形成和成长，对于推动中华民族文化的统一性发展都具有积极的意义。

第五章 盛世繁华：隋唐关中文化中心地位的再确立

隋唐两代王朝建立以后，中国历史结束了长达370年的分裂割据时期，政治上再度统一。统一以后的两代王朝都定都长安，持续时期320余年。在此期间，虽然也经历了隋朝末年的社会动乱和战争，唐王朝统治期间的安史之乱对于黄河流域中下游地区的破坏也颇为严重，但这样的过程毕竟为时较短，待新王朝建立和新秩序恢复后，实际上都得以较快的恢复和发展。作为京畿之地，关中地区在隋王朝时期分属于京兆、冯翊和扶风三郡，于唐王朝时期则属关内道的京兆府和凤翔府，这里是全国的首善之区。经过统一王朝时期的经济恢复和政治、经济、文化和社会秩序的确立和发展，关中日渐发展为国家政治、经济和文化中心，国家主流文化通过这里传播到全国各地，关中作为统一国家的文化中心地位再次确立。儒释道文化并举的国家治世文化在此创始，集大成的关中文化渊源再次生成。

陈寅恪论述隋唐制度渊源说："李唐传世将三百年，而杨隋享国为日至短，两朝之典章制度传授因袭几无不同，故可视为一体"。"隋唐之制度虽极广博纷复，然究析其因素，不出三源：一曰（北）魏、（北）齐，二曰梁、陈，三曰（西）魏、周。所谓（北）魏、（北）齐之源者，凡江左承袭汉、魏、西晋之礼乐政刑典章文物，自东晋至南齐其间所发展变迁，而为北魏孝文帝及其子孙摹仿采用，传至北齐成一大结集者是也。……所谓梁陈之源者，凡梁代继承创作陈氏因袭无改之制度，迄杨隋统一中国吸收采用，而传之于李唐者，……。所谓（西）魏、周之源者，凡西魏、北周之创作有异于山东及江左之旧制，或阴为六镇鲜卑之野俗，或远承魏、（西）晋之遗风，若就地域言之，乃关陇区内保存之旧时汉族文化，所适应鲜卑六镇势力之环境，而产生之混合品。"[①] 这样的立论，主要是就隋唐与汉晋北朝诸政权基本国家治理制度的渊源关系而言的。由此可见，隋唐王朝时期国家各项基本制度是汉魏以来南北制度的大集结、大清理和大总结，然后在此基础上重新确立一套新的统一国家的治理体系和秩序。透过这些制度的渊源及其于隋唐时期的新建设和运行，不但可以窥见隋唐制度文化的集大成的成果，而且可以深切地感受到立足于关中中心的最高统治者开放的文化意识与重新整理、创造新的国家主流文化的创造性精神。虽然统一的新王朝不可能超越秦汉以来基本的国家形态和制度框架，但在政治文化选择上却坚决地扬弃了秦汉统一王朝时期较为单一的政治文化思维，选择和确立了儒释道三家并举，以治理和化成天下的多元政治文化政策。这在中国政治文化或者说国家主流文化信仰上，都是一个新的突破和创造。就文化的地域生成而言，关中文化区域是它的诞生地，它也是关中文化历史上出现的新生事物，是关中文化对于中国政治文化的新贡献。

一、关中文化教育和儒学中心地位的再确立

东汉以降直至北周的数百年间，关中地区虽然也曾有私学传授，立都关中的诸割据政权也曾兴办学校，并利用儒学以教化世人和治理国家，但就全国而言，学校教育和儒学文化教授与传播的中心却不在

---

① 陈寅恪：《陈寅恪集·隋唐制度渊源略论稿》，生活·读书·新知三联书店，2009年，2版，"叙论"第3—4页。

这里。隋唐王朝统一以后，两代君主重整社会秩序，大力倡导文化教育，他们兴办学校，开科取士，大力发展文化事业，遂使关中地区的文化教育和儒学文化教授与传播的中心地位再次确立。关中文化教育和儒学的中心在长安，因为这里是两代统一王朝的都城。隋唐两代王朝先后都承继了历史时期以来传统学校教育的制度形式和精神，以京师长安为中心，大力发展学校教育，以培养其统治所需要的人才。隋王朝建立以后，即在长安设立国子监、太学、四门学、书学、算学等五门学机构，其中的国子监即管理机构，也是最高的教育部门。四门学创自北魏，除了书学、算学为技能类外，其余诸学均为学习和研究儒家经典的教育机构。文献记载："高祖膺期纂历，平一寰宇，顿天纲以掩之，贲旌帛以礼之，设好爵以縻之，于是四海九州强学待问之士靡不毕集焉。天子乃整万乘，率百僚，遵问道之仪，观释奠之礼。博士罄悬河之辩，侍中竭重席之奥，考正亡逸，研核异同，积滞群疑，涣然冰释。于是超擢奇隽，厚赏诸儒，京邑达乎四方，皆启黉校。齐、鲁、赵、魏，学者尤多，负笈追师，不远千里，讲诵之声，道路不绝。中州儒雅之盛，自汉、魏以来，一时而已。"① 据此，隋朝初年，学校教育普遍兴起，当时教育发达的地区在关东黄河流域下游地区。京师长安因为五学之设，且为全国教育管理的总中心，中心地位日渐确立。经过近20年的发展，学校教育成效初显，但却没有产生像皇帝预期的"德为代范，才任国用"型人才。仁寿元年（601）六月，皇帝诏曰："儒学之道，训教生人，识父子君臣之义，知尊卑长幼之序，升之于朝，任之以职，故能赞理时务，弘益风范。朕抚临天下，思弘德教，延集学徒，崇建庠序，开进仕之路，伫贤隽之人。而国学胄子，垂将千数，州县诸生，咸以不少，徒有名禄，空度岁时，未有

① 〔唐〕魏徵、令狐德棻：《隋书》卷七十五《儒林列传》，中华书局，1973年，第1706页。

德为代范，才任国用。良由设学之理，多而未精。今宜简省，明加奖励。"①隋文帝对高端人才产生失望，理想人才的缺乏固然是一个事实，但与其急功近利和对儒学不切实际的过高期望也有很大关系。当时国家刚刚统一，百数十年以来的社会治乱和长期以来门阀士族势力的影响依然巨大，仅以近 20 年的时间，达到那样的理想要求也不现实。失望之余，隋文帝认为过去走普遍教育的路子是错误的，改而实行精英教育，于是裁汰了太学、四门学及诸州县学，仅留国子监学生 70 人，后国子监改为太学，仅留 72 人，象征和追慕孔子 72 弟子，以此体现其追求精英教育的精神。

唐王朝时期继续实行官办学校教育制度，京城长安在隋长安五学的基础上，又增设律学一门，各招学子学习。这些学校生员主要由官僚贵族子弟充任，具有鲜明的贵族烙印。国子监学生 300 人，由文武三品以上子孙、相当于从二品以上曾孙及勋官二品县公、京官四品带三品勋封之子充任；太学生 500 人，由五品以上官员子孙、职事官五品官员的亲属、相当三品官员的曾孙和三品勋官以上有封之子充任；四门学生 1300 人，其中 500 人由三品勋官以上无封、四品有封及文武七品以上子弟充任，其余 800 人由庶人中的优秀者充任。其他诸学也各有规定。另外，门下省有弘文馆，学生 30 人，东宫有崇文馆，学生 20 人，更是皇亲国戚和达官贵人子弟的受教育场所。②唐太宗时，大力倡导儒学，自谓"朕所好者，唯尧、舜、周、孔之道"③。"贞观二年，停以周公为先圣，始立孔子庙堂于国学，以宣父为先圣，颜子为先师。大征天下儒士，以为学官。数幸国学，令祭酒、博士讲

①〔唐〕魏徵、令狐德棻：《隋书》卷二《高帝纪下》，中华书局，1973 年，第 46—47 页。

②吕思勉：《隋唐五代史》下，上海古籍出版社，2005 年，第 1058—1059 页。

③〔宋〕司马光编著：《资治通鉴》卷一百九十二《唐纪八》，中华书局，1956 年，第 6054 页。

论，毕，赐以束帛。学生能通一大经已上，咸得署吏。又于国学增筑学舍一千二百间，太学、四门博士亦增置生员，其书算各置博士、学生，以备艺文，凡三千二百六十员。其玄武门屯营飞骑，亦给博士，授以经业，有能通经者，听之贡举。是时四方儒士，多抱负典籍，云会京师。俄而高丽及百济、新罗、高昌、吐蕃等诸国酋长，亦遣子弟请入于国学之内。鼓箧而升讲筵者，八千余人，济济洋洋焉，儒学之盛，古昔未之有也。"①就是说，长安集中了当时全国最好的教育场所和教育资源，汇集了一批有重要影响的儒学教授和具有一定学缘基础的国内外学生，是名副其实的儒学教育和传播中心。按《旧唐书》记载，当时儒学代表性人物，如大儒沈重，"讲于太学，听者常千人"。徐文达，博览《五经》，尤精《春秋左氏传》，开皇中为太学博士、国子学博士。曹宪，"仕隋为秘书学士，每聚徒教授，诸生数百人"。欧阳询，"博览经史，尤精三史"，太宗时征为弘文馆学士。张士衡，"遍讲《五经》，尤攻《三礼》"，太宗时擢授朝散大夫、崇贤馆学士。盖文达，"博涉经史，尤明《三传》"，与大儒刘焯、刘轨思、孔颖达并为一时英才，唐初为国子助教、谏议大夫、崇贤馆学士。陆德明，贞观初为国子博士。其他如朱子奢、贾公彦、李玄植、张后胤、萧德言、刘伯庄等等，在在多有，不一而足，详细情况可参见《儒学列传》②，此不赘述。

科举制度的实行和持续发展，进一步推动并强化了长安乃至关中文化中心地位的形成。众所周知，唐王朝继承隋王朝时期开创的科举制度而有所发展。其具体发展情况，学人多有专门论述，此处不必絮

---

①〔后晋〕刘昫等：《旧唐书》卷一百八十九上《儒学列传上》，中华书局，1975 年，第 4941 页。

②〔后晋〕刘昫等：《旧唐书》卷一百八十九上《儒学列传上》、卷一百八十九下《儒学列传下》，中华书局，1975 年，第 4939—4979 页。

谈。科举，顾名思义，就是以科取士的制度。按照一般的说法，就其地位和影响而言，唐代科举主要有进士、明经和制举三科。其中制举是天子"自诏"的特殊考试，"所以待非常之才"，时间不固定，所招人员比较少。进士和明经为每年举行的常科考试，其中进士科最为重要，影响也最大，故有"国家取士，远法前代，进士之科，得人为盛"①的说法。进士和明经考试每年举行，考生来源有两种途径：一是生徒，即由朝廷规定名额，且由中央和地方各类官办学校选拔的考生；二是乡贡，即不由官办学校，而是由地方县、州、府逐级选拔的民间考生。不论是前者还是后者，人数的规定所表现出的关中本位因素，在很大程度上推动并强化了关中学术文化中心地位的形成。会昌年间一份材料显示对各地报送京师参考人数的规定为："其国子监明经，旧格每年送三百五十人，今送三百人。进士，依旧格送三十人。其隶名明经，亦请送二百人；其宗正寺进士，送二十人；其东监、同、华、河中所送进士，不得过三十人，明经不得过五十人。"至于其他各道地都在十五人和二十人以下。②傅璇琮讲，"会昌年间，重学校而轻乡贡，因此国子监所送生徒，占了很大的比数"。"会昌五年举格所说的数字，是极限，就是说最多不得超过这些数目，由此可

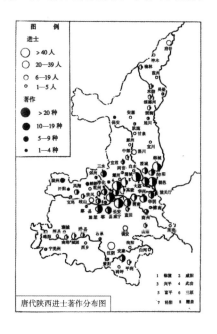

唐代陕西进士著作分布图

---

① 周绍良主编：《全唐文新编》第 5 部第 2 册，吉林文史出版社，2000 年，第 13177 页。
② 〔五代〕王定保：《唐摭言》卷一《会昌五年举格节文》，上海古籍出版社，1978 年，第2 页。

见，在这之前，一定是较多地超过这些数目的"。^① 所谓超过是就每年所送考生总数而言的，总体精神是京师官学生徒数额所占比数应该都比较高。而关中同州、华州居两京之间，地位特殊，所送进士30人、明经50人，已远高于其他地区诸道地。由此可见关中科举的地位非同一般。张晓虹《唐代陕西进士著作分布图》也反映了这一情况。

另傅璇琮指出，"在乡贡中，长安的京兆府举送占据特殊的地位"。"开元以前，举士以出身于西京和洛阳的国子监为荣，后来就发生了变化，即'以京兆为美，同、华为利市'"。"这种变化大约发生在开元、天宝之际，如果属于京兆府所送前十名的，称等第（从宪宗元和时起，京兆府前十名的举子，就仿进士登科记之例，每年编为《神州等第录》），凡列于等第的，登科的希望就'十得其七八'。如果京兆府所送前十名有好几个落第的，京兆府可以移文书于贡院，请考试官回复这些举子落第的原因。这些都是外地州府所不能望其项背的"。^②至于"同、华为利市"，他认为，就是说州府推荐考生比较容易得中的，除京兆府外，其次就是同州和华州。在引征《唐摭言》所言"同、华最推利市，与京兆无异，若首送，无不捷者"的基础上，又引用其他文献说明当时"举子们竞赴同州求举送，以至同州的旅店有人满之患"的情况。^③凡此，都说明关中尤其是关中的中东部地区，处于全国科举文化发展的中心地位。

科举文化的发展强化了关中在全国文化发展中的中心地位。长安每年要迎来全国各地数千名考生的聚集和考试，并开展一系列与科举考试相关的文化活动。由于京城的中心地位，这里生活着大量的文化名人，不少著述也产生于这里。据张晓虹研究，隋唐时期陕西产出的

---

① 傅璇琮:《唐代科举与文学》，陕西人民出版社，1986年，第50页。
② 傅璇琮:《唐代科举与文学》，陕西人民出版社，1986年，第62—63页。
③ 傅璇琮:《唐代科举与文学》，陕西人民出版社，1986年，第68页。

进士全部集中在关中地区，陕西所出产书籍有 555 种，而关中就占了 547 种，所占比例高达 98.5%。[①]《唐代长安词典·人物》所列隋唐两朝长安名人 180 余人，其中，著名文化人士包括宇文恺、颜师古、令狐德棻、李淳风、褚遂良、阎立本、刘知几、李白、杜甫、元稹、刘禹锡、李贺、杜佑、杜牧、颜真卿、王昌龄、王维、孙思邈、僧一行、韩愈、白居易等 160 余人；《第宅》所列名人第宅 572 座。[②]大量名人第宅与名人在长安的生活和活动，充分反映了长安的文化中心地位及其影响。

二、佛教的发展与佛教传播中心地位的确立

学界普遍认为，佛教至隋唐时代发展到极盛。两晋南北朝以来，随着都城的迁移变迁，佛教中心虽然迭有变化，但佛寺的普遍建立和信徒的广袤分布，都表明佛教文化已经成为国人基本的文化信仰。隋唐王朝统一以后，国都长安的政治、经济和文化中心地位，以及历代帝王的大力推崇（除武宗外），使得长安乃至关中地区在原来基础上进一步发展，并成为当时最为重要的佛教传播中心。

（一）佛寺分布与佛经翻译研究中心地位的确立

关中京兆府是唐代全国范围内府级单位中佛寺分布最多的地区。隋文帝笃信佛教，即位之初就昭告天下，重建所有被废毁佛寺。据学者研究，仅开皇年间在大兴城就兴建佛寺 55 所，整个隋代大兴城有

---

① 张晓虹：《文化区域的分异与整合——陕西历史文化地理研究》，上海书店出版社，2004 年，第 117 页。

② 张永禄主编：《唐代长安词典》，陕西人民出版社，1990 年。

佛寺113座。唐初至天宝十四载长安城新建佛寺52所；又唐肃宗至
德元载（756）到武宗会昌五年（845），新建佛寺10座；会昌五年"灭
佛"活动以后至唐王朝灭亡，长安共留佛寺和新建佛寺为22座。[①]这
些都是其他城市或地区无法比拟的。介永强认为，唐京畿道辖今关中
平原地区，有佛寺127所，占唐代西北地区佛寺总数的89%。[②]而李
芳民辑考唐五代佛寺认为，唐五代时期关中地区的京兆府至少有佛寺
218座，如果加上同州、华州、坊州和凤翔府、邠州、陇州的32座，
多达250座。其他如河南府有62座，河中府有18座，成都府有31座。
江南东、西二道所辖各州佛寺数量较多，但也仅有十几到三四十座不
等。[③]所以京兆府佛寺的数量是全国其他同类地区难以企及的，说是
其间具有天壤之别，一点也不为过。其中，长安城中佛寺地位多较
高，兴建多为海内名家建筑，非一般寺院可比。日本僧人圆仁说："长
安城里坊内佛堂三百余所。佛像。经楼等庄严如法。尽是名工所作。
一个佛堂院。敌外州大寺"[④]，正说明了这一点。总体来说，隋唐时期
关中地区以京兆府为中心，是全国佛寺分布最为集中的地区，也是当
时佛寺数量最多的地区，长安是当时全国各城市中佛寺最多的城市，
也是全国佛教传习和研究的中心。

　　以长安城为中心，隋唐时期的关中发展为全国最为重要的佛经翻
译和研究中心。佛经翻译工作，自佛教传入中国以来就一直在进行当
中，历来都是由那些大德高僧来领导和主持的。只是随着中国僧人

---

　　① 龚国强：《隋唐长安城佛寺研究》，文物出版社，2006年，第59、81、85、88页。
　　② 介永强：《西北佛教历史文化地理研究》，人民出版社，2008年，第48页。
　　③ 李芳民：《唐五代佛寺辑考》，商务印书馆，2006年。
　　④〔日〕圆仁：《入唐求法巡礼行记》卷四，广西师范大学出版社，2007年，第139—140页。

的介入，包括其自身文化素养的不同和传播对象的民众需求，佛经翻译不断本土化，或者说是中国化，这一过程发展至隋唐时代已经比较成熟。换句话说，隋唐时代佛教的中国精神已经清晰化，原始佛教已经完成了中国本土化的时代转化，本质上是可以叫作中国佛教了。其实，佛经在中国翻译的过程，实际上就是中国化的过程，而中国化的需求，实际上是旧佛经（包括原始佛经）不断传译的内在原因。关于隋唐时期以京师长安为中心的译经场所，学人多有研究，今综合各家研究[①]列举其主要译经场如下：

（1）大兴善寺译经场。大兴善寺始建于晋武帝泰始二年（226），原名遵善寺，隋唐时期发展为重要的译经场所，今人或称皇家译经场，或作国立译经场，实际上就是由皇帝敕诏或安排著名僧人翻译佛经的地方。从开皇二年（582）至开皇十二年（592）10 年间，先后有北天竺人那连提黎耶舍与敕诏玄统沙门昙延等 30 余人译经。北天竺沙门毗尼多流支，突厥人阇那崛多及婆罗门僧达摩笈多并国内僧人若干，南贤豆罗啰国人达摩笈多，洺州（今河北邯郸市）人僧昙，赵郡人释彦琮、释童真等均由皇帝敕诏译经于此，并设置十大高德僧人监掌译事。唐初武德九年（626），中天竺人波颇驻锡此处译经，唐太宗时诏征大德高僧 19 人于此传译；唐开元年间印度僧人善无畏、金刚智、不空先后驻锡本寺，翻译经典。天宝至大历间，北天竺人不空在此译经。大兴善寺遂发展成为中国佛教密宗祖庭，并经空海、最澄等传至日本、韩国，甚至今马来西亚、印度尼西亚等地，流布广泛，影响久远。

---

① 汤用彤：《隋唐佛教史稿》，江苏教育出版社，2007 年；柳诒徵：《中国文化史》，东方出版中心，2007 年；介永强：《西北佛教历史文化地理研究》，人民出版社，2008 年。

（2）慈恩寺译经场。玄奘法师西行求法归国，带回佛经 657 部，唐太宗诏于弘福寺翻译，令宰相房玄龄监理，参与者都是当时的著名高僧。贞观二十二年（648）太子李治营建大慈恩寺，在寺中专门建造一处翻经院，将玄奘法师安排在此，以从事翻译工作。高宗在位期间，先有中印度僧人那提来到长安，带来大乘、小乘佛经 1500 余部，也被安排在慈恩寺翻译并整理。德宗时期，北印度僧人先后在大兴善寺、崇福寺、醴泉寺并慈恩寺从事译经。

（3）荐福寺译经场。荐福寺是唐高宗李治驾崩后，皇室族戚为其献福而兴建的一座寺院，始建于唐睿宗文明元年（684）。神龙二年（706）内置翻经院，安置西行求法归来的高僧义净翻译佛经。同时期及后来参与译经的，还有吐火罗僧人达摩末磨、中印度僧人拔弩、罽宾僧人达摩难陀、居士东印度首领伊舍罗、居士中印度李释迦度颇多、居士东印度瞿昙金刚、迦湿弥罗国王子阿顺，以及国内僧人、修文馆大学士、兵部尚书、中书侍郎、吏部侍郎、中书舍人等多人。

（4）西明寺译经场。西明寺，本是唐太宗之子魏王泰的宅第，在当时的延康坊内。魏王泰死后，卖于官家。唐高宗显庆元年（656），为孝敬太子病愈而以此设立为寺院。其中有房屋 4000 余间，分为 10 院，"庄严之盛，虽梁之同泰，魏之永宁，所不能及也"①，是一处规格很高的皇家寺院、译经场所和佛学研究场所。当时的著名大德高僧，如玄奘、道宣、道世、义净、怀恽、慧琳、圆测、良秀、乘恩、林复、自觉、顺贞，先后入驻该寺，翻译佛经和从事佛学研究。中印度僧人善无畏、北天竺迦毕试国（今属阿富汗）僧人释智慧，也曾驻锡该寺，翻译佛经，弘扬佛法。

---

① 〔唐〕慧立、彦悰：《大慈恩寺三藏法师传》，孙毓棠、谢方点校，中华书局，2000 年，第 214 页。

除这几大译经院或场所外，其他一些寺院，如资圣寺（在崇仁坊）、慧日寺（在怀德坊）、经行寺（在崇化坊）、清禅寺（在兴宁坊）、广福寺（在辅兴坊）、总持寺（在永阳坊）、奉恩寺（在居德坊）、崇福寺（在休祥坊）、醴泉寺（在醴泉坊）、大明宫内道场，以及北苑白莲池和甘露亭、今铜川市的玉华宫，都曾经驻锡有大德高僧翻译经卷，或者曾经作为一个时期的译经场所，这里不再详述。

总之，隋唐时代长安的佛教寺院及译经场馆数量多，规格高，规模大，不少寺院和译经场驻锡有西域及印度僧人，而内地大德从事翻译佛经，或者协助外来高僧翻译佛经的人数也不少。由此在中国历史上形成佛教传入以来前所未有的，实际上也是空前绝后的翻译和研究的高潮。佛教寺院、佛经翻译、佛经研究场院和中外大德高僧的规模性汇聚，使得以长安为中心的关中地区发展成为全国佛教习学、翻译、研究和传播的中心，并进而成为东亚佛教文化研究和传播的中心。

（二）佛教宗派的形成与汇聚：中国和东亚佛教文化传播中心地位的确立

隋唐时期，我国境内佛教发展的重要标志之一，乃是佛教宗派的创立及其活动。长安作为当时著名的国际化大都市，又是隋唐两代王朝的首都，著名大德高僧以此为依托，创立宗派，弘扬佛法，把不同宗派的中国佛教传播到东亚日本、韩国等地区。关中因此也成为佛教宗派创立最多且宗派活动最为活跃的地区。

（1）宗派的创始与佛教文化的外播。唐代于长安创立的第一个佛教宗派是法相宗，创始人是玄奘法师及其弟子窥基。按照汤用彤的研究，"玄奘大师之学，精博无涯，固不限于法相宗义也"。在其西行求法之前，"几已尽习中国之佛学"。西行求法习学中，"既无书不

窥，且其师资上接印土诸大师"，可谓"包举众说""风度博大"。之
所以被称为法相宗祖师，是因为"其所阐弘，主体则为法相"。[①]就
是说，玄奘大师本不拘泥于一宗一派，其佛学广大，总包众佛学内容
于一体，只是在长安时期，主体上弘扬的是法相宗。法相宗又名唯识
宗，因其以《成唯识论》为本，宣扬"万法（物）唯识""心外无法
（物）"的佛教理论，强调保持内心的纯真，排除外界的干扰，由此获
得成佛的途径并达到最终成佛。其行迹可考见者，据汤用彤考证有 40
余人，其中多有撰述。而影响最大者，为长安人窥基和新罗人圆测。
窥基，是开国元勋尉迟敬德的侄子，曾长期追随玄奘法师，协助其翻
译佛经，并多有撰述，知名著述 48 种，多现存于世。玄奘圆寂以后，
他继承乃师唯识宗的真义与精神，继续发扬光大，遂使该宗派扬名天
下。因其长期驻锡大慈恩寺弘法、著书立说，慈恩寺遂成为法相宗的
祖庭。法相宗在后来也被称作慈恩宗。圆测是新罗国王的孙子，后来
来到大唐，师从玄奘法师，武则天时期也曾参与各翻译场译经，著述
现知名者有 14 部。后驻西明寺，宣讲《成唯识论》，成为一代名师。[②]
法相宗盛行于唐前期的太宗、高宗、武周时期，此后逐渐衰落。

隋唐时期形成于长安的第二个宗派是华严宗，创立者是法藏
（643—712）。华严宗的先驱，是雍州万年县（今陕西西安市长安区）
人杜顺（557—640）和天水人智俨（602—668）。他们二人是师徒关
系，在终南山至相寺驻锡并阐扬《华严经》。后智俨驻锡云华寺（在
今陕西西安市长安区南五台山），继续讲习《华严经》。法藏，祖籍西
域康居国，祖父一代东来长安侨居，父亲曾任唐王朝左卫中郎将，贞

---

① 汤用彤:《隋唐佛教史稿》，江苏教育出版社，2007 年，第 114—117 页。
② 汤用彤:《隋唐佛教史稿》，江苏教育出版社，2007 年，第 122—123 页。

观十七年（643）法藏出生于长安。20 岁左右师从云华寺沙门智俨学习《华严经》9 年。唐高宗咸亨元年（670）剃度为僧，并奉诏为长安太原寺（在休祥坊）主持，在此阐扬《华严经》。后又长期参加翻译佛经活动，特别是经过数十年的努力，对东晋以来传入我国的《六十华严》（60 卷）重新进行了系统的翻译和整理，形成新的《八十华严》（80 卷）。法藏在其一生中，以华严经为主要宣讲和研究对象，撰写阐发华严学为主的佛学著作，以及其他佛学著作近 50 种[1]，为华严宗的创立和发展奠定了坚实的理论基础。华严宗形成以后，他被认为是华严宗的第三祖。华严宗后经其弟子传扬，流播中外诸多地方。

形成于长安的第三个宗派是净土宗，创立者是临淄人善导（613—681）。善导在长安光明寺讲经弘法，阐扬净土宗，死后葬于长安城南的香积寺。香积寺是唐代净土宗的传播源地之一，后来在日本形成的净土宗，就是根据善导的《观经四帖疏》所立的宗派，所以他们尊奉香积寺为其宗派的祖庭。

形成于长安的第四个宗派是密宗，创立者是唐“开元三大士”善无畏（637—735）、金刚智（669—741）和不空（705—774）。密宗又称真言宗，源自印度密教。唐玄宗、肃宗、代宗时期兴盛于长安，著名道场有兴善寺、兴唐寺、安国寺和青龙寺。青龙寺先后吸引日本、新罗等国众多僧人入寺学习，从而将密宗传入这些国家，影响深远。[2]

形成于长安的第五个宗派是律宗，创立者是道宣（596—667），道宣师从智首学习律宗，先后驻锡终南山诸寺、长安西明寺，授法传教，弟子千百人，成为一代宗师。

---

[1] 方立天：《方立天文集》第 2 卷《隋唐佛教》，中国人民大学出版社，2006 年，第 16 页。
[2] 介永强：《隋唐佛教文化史论》，社会科学文献出版社，2020 年，第 293—295 页。

表 5-1　隋唐时期形成于长安的佛教宗派

宗派	创始人	著名弟子	弟子著述（部）	备注
法相宗	玄奘、窥基	窥基，长安人	48	
		圆测，新罗人	14	
		普光		
		法宝		
		元晓，新罗人	40	新罗华严宗初祖
华严宗	法藏	慧苑，京兆人	4	
		慧英	1	
		宗一	1	
		审祥，高句丽人		日本华严宗始祖
净土宗	善导	怀感	1	日本净土宗源自善导
		迦才	1	
密宗	善无畏、金刚智、不空			日本、新罗密宗源自这里
律宗	道宣	文纲，会稽人		
		灵尊		

资料来源：汤用彤：《隋唐佛教史稿》，江苏教育出版社，2007 年；杜继文主编：《佛教史》，江苏人民出版社，2006 年；介永强：《隋唐佛教文化史论》，社会科学文献出版社，2020 年。

（2）隋唐时期活跃于关中的其他佛教宗派。隋唐时期中国境内佛教流派日渐形成，各自为宗，相沿成派，传向各方。关中地区除形成于长安的五大宗派外，一些形成于别地的佛教宗派也纷纷汇聚长安，从而使关中地区以京师长安为中心，形成佛教各派百花齐放、百家争鸣的繁盛局面。其中包括：天台宗，创立于浙江，也叫法华宗。三阶教，亦称普法宗，隋代高僧信行创立，开皇年间入京，弟子众多，分布于关中一些主要寺院。三论宗，创始人为会稽人吉藏。隋朝末年，他被请入京师长安，是武德初年的十大德之一，弟子众多，影响深远。禅宗，初祖为南天竺人菩提达摩，此人南朝时来中国，传扬禅宗。隋唐时期，后世弟子先后来到华州、京师长安等地，武则天时期，北宗大师神秀的弟子在长安弘法，影响广泛。

佛教众多宗派在关中的集中活动，体现了关中地区，尤其是京师长安，作为隋唐时期佛教传播的中心地位。自此及其以后，佛教各派所培养的众多弟子，以此为基点，不但把各宗派佛教带到唐朝境内的其他地区，而且也传扬到日本、新罗等国外地区，关中发展成为全国及东亚重要的传播中心。

（3）僧人分布、佛教典籍翻译和著述的中心。隋唐时期是我国佛教发展的鼎盛时期，佛经翻译及其注疏、义证类著述迅速发展，佛教宗派因此不断形成和分化。以长安为中心，关中地区在这一时期汇聚的僧人非常多，研究著述也最多。据相关研究，唐代曾驻锡于京兆府的高僧有 650 人，长安城 604 人，终南山 57 人，而这一时期陕西省总共有 688 人。[1]上述三地分别占到陕西省僧人总数的 94.5%、87.8% 和 8.3%。唐代佛教翻译和撰著著作共计 1111 部，其中译作 412 部，撰著 699 部。而出产于京兆府籍僧人的撰著达 185 部，占到全国的 26.5%，即四分之一多。其他各府州则一位或两位数不等，[2]远远低于关中地区。所以，隋唐时期的关中，是佛教僧人和佛教撰著出产最多的地区，是全国佛教文化最为发达的地区。

三、道教信仰的强化与传播中心地位的确立

道教源出中国历史上古老的民间信仰，早期包含的内容涉及原初

---

① 张晓虹：《文化区域的分异与整合——陕西历史文化地理研究》，上海书店出版社，2004 年，第 216 页。

② 李映辉：《唐代佛教地理研究》，湖南大学出版社，2004 年，第 152 页。

民众的巫术信念、鬼神信念、神仙观念、五行观念、黄老道思想与观念等等，是以民众生存和为了生存而克服一系列生老病死威胁的实践中所奉行的朴素的神秘主义观念、思想及其实践的产物。东汉末年道教逐渐组织化，形成太平道与五斗米道两个基本组织，各有其组织中心和传播地域。但这两个组织均与关中地区没有直接的关系，关中地区的民众也几乎没有成规模地参加这两个组织。魏晋南北朝时期，老庄玄学的发展与民间信仰观念相结合，逐渐被秩序化，老子、庄子先秦道家的两个代表人物，被确立为奉行此类观念、思想及其实践的祖师爷，道教便在这种无组织但有祖师的过程中日渐清晰化并重新形成。新形成的道教不同于东汉末年的太平道，也不同于五斗米道，而是一种有信仰、有行动，并逐渐结成团体的宗教形式。其教徒多尊奉老子，崇尚清静无为，重视个人修炼，注重炼丹和养生，常以隐居或居观修炼、养性为形式。因此，它是基于道教观念而形成的一种新的生活方式。既然是个人或小团体选择的隐居、修炼为手段的生活方式，所以洞穴、山谷或茅屋常成为他们最初的隐居之地和修道场所。后来伴随着佛教寺院的广泛出现，道教信奉者也在山林、城乡等僻远之地建起精舍、道观等修道场所，道教逐渐形成一种社会力量。据研究，隋王朝建立以前，西北地区兴建道教建筑 33 处，其中有 26 处在今陕西省境内，且主要分布于关中地区的终南山、华山及盩厔县、华阴县、澄城县、咸宁县、长安县、三原县、朝邑县、合阳县、泾阳县、高陵县、白水县、韩城县一带。① 可见，关中地区道教活动历史悠久，长期以来是全国道教发展较为集中的地区之一。

　　隋唐时期都城建在长安，京师的吸引力和影响力使得道教借重这里来发展自己的势力，而在政治上，唐王朝的特权地位和借重老子

---

　　① 樊光春：《西北道教史》，商务印书馆，2010 年，第 256—257 页。

（李耳）以提高其姓氏地位的欲求，为道教的大力发展创造了良好的条件。在此背景下，关中地区以长安为中心很快发展为西北地区道教徒修道和传播道教的中心。据相关研究，唐王朝时期长安城兴建道观54处，连同前代修建，共有道观63处；隋唐时期西北地区共新建道观94处，其中陕西省境内新建70处，^① 它们大多数集中分布于关中地区。就山林而言，秦岭山脉中的终南山、骊山、华山和太白山各有2至3个道观场所，北山山脉中的九嵕山（醴泉境内）、尧山（蒲城境内）各有1处；就县地而言（不包括山林中的道观），盩厔县以楼观台为中心有道观6处，是关中道教最为著名的圣地。其次，乾县5处、华阴县4处、三原县4处、蓝田县4处、高陵县3处、宝鸡县3处，均是道教具有一定发展规模的县份。其余像长安、咸宁、鄠县、临潼、朝邑、同州、兴平、扶风、凤翔、岐山、麟游、富平、蒲城、泾阳、澄城、耀县、邠州等县份，各有1处或2处不等。^② 就是说，隋唐时期关中地区道教徒修道场所的分布是比较普遍的，京师长安是全国所有城市中道观分布最为集中的城市。

当时全国范围内著名的真仙高道约有48人，其中有一半以上都曾被唐王朝迎入京师长安，传道说教。如琅琊人王远知、王轨，岐州人李淳风，滑州人薛赜，华原县（今陕西铜川市耀州区）人孙思邈，今浙江人叶法善，今江苏徐州人王希夷，今河南温县人司马承祯，华州华阴县人吴筠，陕州人成玄英，绵州人李荣，京兆人岐晖，江都（今江苏扬州市）人李含光，今山西人薛季昌，天水人尹义操、尹愔，江苏沛县人刘知古，武昌人刘玄靖、赵归真，今浙江人杜光庭。^③ 其

---

① 樊光春：《西北道教史》，商务印书馆，2010年，第259、262—263页。

② 据樊光春《西北道教史》（商务印书馆，2010年）表3-3"隋唐长安城以外西北各地道观分布表"整理。

③ 周永慎编著：《历代真仙高道传》，中国社会科学出版社，2003年。

中，关中籍人士有李淳风、孙思邈、岐晖、吴筠、韦善俊、田仕文，关于杜光庭也有一种说法，说他是长安人，后迁居浙江。若此，则关中籍真仙高道占据全国约15%的份额。这也是其他地区一时难以比拟的盛况。

在长安城中，由于唐代最高统治者的提倡和支持，王室中崇尚道教风气很盛：一是不少皇帝崇信道教。据相关研究①，唐高祖李渊认定老子李耳是李唐王室的远祖，诏令崇道抑佛，改楼观（今陕西周至县楼观台）为宗圣观，并前往祭祖。之后唐太宗李世民、高宗李治、玄宗李隆基、代宗李豫、武宗李炎等，都崇尚道教。这些皇帝崇尚道教具有二重性，一方面是政治的需要，另一方面是个人的追求。政治需要，是借助道教神化其皇权天授和中国正统文化地位的继承者的身份追求。就个人追求而言，道教的神仙、方术、巫怪等文化源远流长，颇具深厚的群众基础和文化意义，对于皇帝追求长生不老和成仙的愿望，具有极强的吸引力。历史上的秦皇汉武，都曾先后长期致力于神仙方术和长生不老的追求。汉晋以来，玄道之术与养生、炼丹和医学养生术相结合，也出现了不少著名人物，如葛洪、陶弘景、孙思邈等，为权贵阶层追求或迷信仙道提供了现实基础。唐太宗晚年、代宗晚年、武宗晚年、宣宗晚年都曾迷信道教丹药，唐武宗还在大明宫修建望仙观、望仙台，拜赵归真为师，学习神仙术，但都曾因服食金丹中毒身亡。二是皇室女性修道入观代有其人。早在唐朝建立之初，李渊的女儿平阳公主曾在终南山宜寿宫（在今陕西周至县境）组建娘子军，得到道士岐晖的大力支持，可见她很早就与道家有联系。唐王朝建立后，先后有多位公主修道入观，从尘世间解脱出来。高宗之女太平公主，是高宗与武则天的爱女，先自请为道士，仅为名义，后因吐

① 樊光春：《长安道教与道观》，西安出版社，2002年。

蕃进攻长安，求娶太平公主和亲，高宗不愿易，遂在大业坊为她修建太平女冠观，吐蕃求亲未成，后脱离道籍。此虽有其特殊原因，但也说明宫室与道教关系颇为密切。随后，先后有多位公主选择了遁入道门的个人生活，兹据史书和部分前人研究，简要列述如下。

金仙公主，是睿宗的第九个女儿，18 岁时度为道士，法名为无上道。隆昌公主，是金仙公主的妹妹，710 年请求入道，法名玉真公主，后进号为上清玄都大洞三景师。睿宗下令在长安辅兴坊修建两座道观，供两位公主居住。金仙、玉真公主常住长安、洛阳两京。太平公主政变后，因其师傅史玄崇同为太平公主一党而被杀，玉真请求离京，得玄宗准许，隐居于长安南郊楼观台。开元十八年（730）的一天，李白游历终南山，在楼观台见到玉真公主，为此写下《玉真仙人词》一首，记述她修道的情况："玉真之仙人，时往太华峰。清晨鸣天鼓，飙欻腾双龙。弄电不辍手，行云本无踪。几时入少室，王母应相逢。"[1] 唐玄宗崇信道教，他的四个女儿先后遁入道门为道士。745 年玄宗长女永穆公主，久居室为万安观，入道门。747 年玄宗第十一女新昌公主，在其夫死后度为女道士，玄宗在崇业坊为她修建新昌观，作为修道场所。762 年玄宗第二十二女咸宜公主，两度不嫁后，遁入道门，住肃明观。784 年玄宗第十六女楚国公主自请入道，德宗准许，赐名上善。代宗以后，还有 9 位公主相继入道。722 年代宗第五女华阳公主，因病入道，号琼华真人。722 年德宗第七女文安公主，入道。829 年顺宗第七女浔阳公主，入道。829 年顺宗第十一女邵阳公主，入道。829 年顺宗第十女平恩公主，入道。后有宪宗第二女永喜公主，入道。宪宗第十五女永安公主，821 年许嫁回鹘保义可汗，因可汗死

---

① 〔唐〕李白：《玉真仙人词》，见〔清〕彭定求等编：《全唐诗》卷一百六十七《李白七》，中华书局，1960 年，第 1727 页。

未能成行，后入道。穆宗第七女义昌公主，入道。穆宗第八女安康公主入道，877 年召回宫中，脱离道籍。由此可见，皇室崇道风气之盛。

随着京师崇道风气的盛行，贵族与官僚舍宅为道观成为一时风气。如唐中宗女儿长宁公主，因随驸马在外为官，申请将自己在崇仁、道德二坊的 2 处宅舍，捐为景龙观和开元观；新都公主把崇业坊的府第改为道观，作为她儿子修道的场所，后又将延福坊的私宅改为玉芝观；睿宗之女蔡国公主捐舍通义坊私宅，为九华观。张籍《九华观看花》诗云："街西无数闲游处，不似九华仙观中。花里可怜池上景，几重墙壁贮春风。"① 天宝年间，高力士捐舍家宅为华封观，杨贵妃姐姐裴氏舍家宅建太真观。开元年间，李林甫将其购买的李令问的私宅部分划出，建为嘉猷观。除此以外，皇宫中讲道之风也日益隆盛，入道弟子愈来愈多。据说，唐宪宗元和年间，玉晨观道士田元素在大明宫讲道，"每一讲说，妃嫔已下相率而听者仅数千人。或舍名衣，或舍珍宝，愿为师弟升堂入室者，不可数焉"②。凡此，都足以说明京师长安崇道风气的兴盛。

长安以外，关中地区隐迹山林的修道者亦复不少。如张籍在一首诗中，描述华山隐居修道者："独住三峰下，年深学炼丹。一间松叶屋，数片石花冠。酒待山中饮，琴将洞口弹。开门移远竹，剪草出幽兰。荒壁通泉架，晴崖晒药坛。寄知骑省客，长向白云间。"③ 在另一首诗中，他记述太白山修道者："日观东峰幽客住，竹巾藤带亦逢迎。暗修黄篆无人见，深种胡麻共犬行。洞里仙家常独往，壶中灵药自为

① 〔唐〕张籍：《九华观看花》，见〔清〕彭定求等编：《全唐诗》卷三百八十六《张籍五》，中华书局，1960 年，第 4355 页。

② 《唐大明宫玉晨观故上清大洞三景弟子东岳青帝真人田法师玄室铭并序》，转引自樊光春：《长安道教与道观》，西安出版社，2002 年，第 74 页。

③ 〔唐〕张籍：《和庐常侍寄华山郑隐者》，见〔清〕彭定求等编：《全唐诗》卷三百八十四《张籍三》，中华书局，1960 年，第 4327 页。

名。春泉四面绕茅屋，日日唯闻杵臼声。"① 他们是关中山林修道者的缩影。

四、关中学术文化的新创始：以著述和编修为对象

汉唐以来，我国传统文化的一个显著特点是传承与创新。其中传承是主线，创新是在传承过程中的创新，传承是主体，创新是维持并发展传承的生命。汉代经学、魏晋玄学、南北朝佛教，包括历代史学，学术研究的重心无不在注释、集解、义疏等方向上着力补充和阐发。其核心是先有传承，后又创新，创新特别是批判性发展，基本上离不开传统对象自身，很少逸出或者超越传统文化的范畴。这样的传统大概是中华五千年文明能够一脉相承，未曾有中断的根源所在。隋唐结束了东汉末年以来数百年的长期分裂局面，国家于各项秩序整治和重建的同时，适逢盛世，国家或个人对历史时期以来文化传承和发展的相关内容也进行了较为系统的整理和总结。与以往不同的是，此次总结和整理，就最高统治者而言，他们在指导思想上并没有继承和选择以前诸大一统王朝的"——"原则（如秦王朝唯法是尚、汉王朝独尊儒术），而是以比较开放的心态兼容并蓄各种文明。这种文化精神为个人、国家乃至社会的自由发展和创造敞开了大门。在此背景下，以京师长安为中心，以承前启后的传统精神为指导，关中文化迎来了开放性思维和思想解放的又一个创新时代。在这一时期以文化著述为中心，创造了我国历史上多个文化发展史上的第一。

（1）官修前朝历史与二通著述的创始。我国具有悠久的修史传

---

① 〔唐〕张籍：《太白老人》，见〔清〕彭定求等编：《全唐诗》卷三百八十五《张籍四》，中华书局，1960 年，第 4338 页。

统，商周王朝以来，历朝都设立史官，以负责各王朝或政权的历史著录和编纂。唐代以前，历史编纂和著述有三个特点：一是史官都是个人或其家族来承担；二是历史编纂具有鲜明的独立性，不受皇室或者政治组织的管制和干预；三是历史编纂都是私人撰述，如《史记》《汉书》《后汉书》《三国志》等。在历史编纂过程中，由于史官或者史学家个人秉持的历史理念不同，个人理念和统治者的个人意愿经常发生矛盾，由此引发的权力干预不时发生，甚至酿成悲剧者也不乏其人。司马迁被处以宫刑，所撰《史记》"藏诸名山"，且不必说，就是北魏太武帝时的崔浩，因修国史而被夷三族，牵连坐死者 158 人，更是现代史家常举的例证。这一现象发展至隋文帝时期，因此而有废除史官的举措。到了唐王朝时期，为了强化国家意志在历史编纂中的作用，第一次设立史馆机构，用来修纂前朝历史。且不论其优劣与否，但就历史编纂史而言，这是唐王朝的一个创举，是长安和关中对中国历史编纂事业的重大贡献。

唐代史馆创建于唐太宗贞观初年。史载："张说致仕，诏在家修史。元纮因言：'国史记人君善恶、王政损益，褒贬所系，前圣尤重。今国大典，分散不一，且太宗别置史馆禁中，所以秘严之也。请勒说以书就馆，参会撰录。'"[1] 史馆初设在门下省，开元以后迁移于中书省，具体由宰相负责监修国史，下由诸多史官组成班子。由此开创了国家成立专门机构，组织专门人才，由宰相具体负责监修国史的制度。唐人刘知几说："暨皇家之建国也，乃别置史馆，通籍禁门。西京则与鸾渚为邻，东都则与凤池相接。而馆宇华丽，酒馔丰厚，得厕其流者，实一时之美事。"[2] 就是说，唐代的东西二京都设有史馆。史馆

---

① 〔宋〕欧阳修、〔宋〕宋祁：《新唐书》卷一百二十六《李元纮传》，中华书局，1975 年，第 4420 页。

② 〔唐〕刘知几：《史通》，〔清〕浦起龙通释，吕思勉评，李永圻、张耕华整理，上海古籍出版社，2008 年，第 226 页。

创设以后，房玄龄、许敬宗、魏徵、姚思廉、李延寿等众多史学家曾参与其中，先后修撰《晋书》《梁书》《陈书》《北齐书》《周书》《隋书》《南史》《北史》八部史书，开创了历代王朝撰修前代史书最多的纪录。

第一部系统的典章制度史著述《通典》诞生于长安。唐代是一个继往开来的时代，不惟在诸多制度上屡有建树，就是在史学著述上也屡有创新。京兆人杜佑（735—812）所撰《通典》，就是开创古代典章制度史先河的开山之作。杜佑生活于唐王朝后期，先是履职京外各地，唐德宗时先后任户部郎中、户部侍郎、尚书右丞，贞元十九年（803），拜检校司空、同平章事，亦即宰相。唐顺宗时期曾为检校司徒、度支盐铁使，对于典章制度多有关注。杜佑一生，非常喜欢读书，史书称"佑资嗜学，虽贵犹夜分读书"。当时有学者刘秩，撰写了一部"《政典》三十五篇，房琯称才过刘向"。杜佑以为其中缺略较多，遂用 36 年的时间，在此书基础上，进一步搜集历史文献，编订爬疏，撰写成通史性质的典章制度史著述《通典》二百篇[1]，从而开创了中国典章制度史编修的先河。该书内容上起唐虞三代，下迄唐玄宗天宝末年，内容涉及食货、选举、职官、礼、乐、兵、刑法、州郡、边防等九门，约 190 万字，第一次系统地记述了历史时期以来古代典章制度的沿革变迁，其中对唐代的记述尤为详细。昔司马迁撰写《史记》，上起黄帝，下迄汉武帝时代，开创了我国古代纪传体通史的先河。杜佑《通典》编撰的精神与此如出一辙，只是后者的内容集中在历代典章制度上，可谓开创了部门史包括典章制度通史的先例。后来，历朝典章制度史或志的撰述均受此影响，其历史渊源即在于此。

---

[1] 〔宋〕欧阳修、〔宋〕宋祁：《新唐书》卷一百六十六《杜佑传》，中华书局，1975 年，第 5089—5090 页。

现存第一部通论性地理图志《元和郡县图志》诞生于长安。中国古代地理志的撰写首创于《汉书》，但只是其中的一篇，列于诸"志"中，属于正史"纪表志传"体的一部分。随后的正史编修中多设有"地理志"篇，虽然其名目不尽相同。南朝时期，陈国吴郡人顾野王（519—581）撰《舆地记》，开创了独立于正史以外的地理总志编纂的先河。到了唐代，在继承这一做法以外，对地志的撰著，又有两个方面的创新：一是更加全面地附加了郡县等地理事物历史沿革的内容，使得历史地理的内容占据了志书的相当部分；二是于总志中以图为主，辅之以文字记述，图文结合，相得益彰，所以书名叫"图志"。图志源于图经，是东汉以后开始流行的一种地方志记述形式，魏晋时期广泛出现，因此图志不是唐人的创造，也不是关中文化的创造，但将这种形式和全国性地理总志相结合，形成一部全国性的地理图志，则是一种新的尝试，是对我国古代地理撰著的新贡献。

《元和郡县图志》的撰者李吉甫（758—814），祖籍赵郡（今河北赵县），虽然长期任职淮南等地，却于元和二年（807）和六年（811）两度为宰相，此书当撰写于其任职宰相期间，可以视作长安文化背景下的产物，是长安著述文化的组成部分。这是一部备载全国疆域政区、建置沿革、山川物产、户口变迁的地理总志，其创建较多，前人多有论述①，此不赘述。只是要说明的是，它虽然继承了前朝顾野王《舆地志》的精神，但较前者对后世的影响更大。宋代以降出现的《太平寰宇记》《元丰九域志》《舆地广记》《舆地纪胜》《大元一统志》《寰宇通志》《大明一统志》《大清一统志》等全国性地理总志，应该都不同程度地继承了《元和郡县图志》的编纂精神。其中，既有不同时期

---

① 史念海、曹尔琴：《李吉甫与〈元和郡县图志〉》，见史念海、曹尔琴：《方志刍议》，浙江人民出版社，1986年。

的撰述，也存在不定期编撰的问题，这样的问题，直到清代不同时期地方志的修纂比较明晰，大致才可以说初步实现了不完全的地方志修纂的制度化。说它不完全，主要是因为受统治者意志的干预和影响较多，有些朝代修志成风，有些朝代较弱，有些地方长官意识强，则修志频繁，有些意识差，则应付差之事实为常见。另外，修志也缺乏统一规范，各省区地志虽然总体上大同小异，但也是五花八门，难得有一些基础的规范。这样的情况，直到我国古代社会末期，全国范围地方志修撰的统一时间（如多少年一修）问题似乎还没有得到解决。直到当代，这一问题才得到彻底解决。虽然如此，《元和郡县图志》的修撰精神及影响却是极其深远的，这应该是学界普遍的共识。

（2）系统性大型类书的编纂。隋唐长安是知识分子汇聚的中心。不论是王朝治世的需要还是科举士子科考的需要，都须对历史时期相关著述进行汇编和总结，这是其时集中于长安的不少知识士人的一个基本认识。所以除上述儒学、佛教和道教、地理总志、史学编纂等的著述和总结外，大型类书在这一时期也应运而生。后世学者一般认为，唐代有四大类书，即《艺文类聚》《北堂书钞》《初学记》和白居易的书法《六帖》。[①]现在也有研究认为《北堂书钞》形成于隋代，应该是隋炀帝时期诞生于东都洛阳的成果。若此，除该著以外，其余三部编修的类书均成书于唐代长安，它们是关中著述文化的组成部分。这三部撰述中，《艺文类聚》一百卷，卷帙最为浩大。该书编撰于初唐时期，是欧阳询、令狐德棻、赵弘智、袁朗、裴矩、陈叔达等十数人奉诏所撰。该书先事后文，以类相从，汇为一编，内容分天、岁时、地、州、郡、山、水、符命、帝王、后妃、储宫、人、礼、乐、杂文、居处、灵异等四十六部，七百二十七个子目，辑录范围包括唐

[①]［日］内藤湖南：《中国史学史》，马彪译，上海古籍出版社，2017年，第133页。

代以前出现的经史子集类著述 1431 种。其目的是便于当世人查阅。今天来看，这部书在很大程度上满足了当时社会的需要，更重要的是其对于中国古代典籍进行了一次比较系统的选择、筛选和摘取。因为书中所引一些古籍在后来散佚，它在客观上便为保存隋王朝以前诸多古籍做出了重要贡献。《初学记》成书于唐玄宗时期，是集贤院学士徐坚等人奉唐玄宗旨意撰修，为皇室子弟学习作文的工具书。全书计三十卷。与《艺文类聚》相似，书中以类相从，分天、岁时、地、州郡、帝王、中宫、储宫、帝戚、职官、礼、乐、人等二十三部，部下又分列出三百一十三个子目。其价值亦如《艺文类聚》，主要是保存了一些唐代中期以前文史资料的片段，有助于后世整理、辑佚或纠正传至当代的资料的伪误。而白氏《六帖》篇幅较小，性质与以上二书相类，此不赘述。这三部类书编撰的动机都在于满足当时不同人群的需求，其核心是适应不同人群的需要而进行的编纂、选择和分类，其中贯彻的基本思想自然还是封建时代的正统思想和基本的意识形态观念。就学术研究本身而言，它们在当时似没有多少学术价值，但站在今天的角度言，却具有保存历史文献资料的意义。同时，这种工作开创了后世编纂大型类书的先河。与其说这是编纂文献的需要，不如说是当时政治和地方教育需求的产物。后来宋代编纂的大型类书《文苑英华》《太平御览》《册府元龟》，都与这样的历史传统有着不可分割的渊源，并且其中所贯彻的主观上或客观上保存古代所创造的精神文明的精神是一致的。而其承继、发扬和开创之功及其重要的历史地位也是不可磨灭的。

（3）官方组织整理和编撰大型经籍《群书四部录》的创始。我国素有整理古籍的传统，及至唐代，继魏晋南北朝乱世以来，国家统一，在继承先朝整理和编撰精神基础上，由官方组织人力对历史时期以来的历史文化典籍进行了数次整理和著录。特别是唐玄宗时期所撰

《群书四部录》二百卷，应该说是对历代典籍进行了最为系统的整理、总结，并且也是体例最为完善的创始性工作。以后历朝在此基础上继续添加，但因政治动乱，迭次损毁。对此《旧唐书》记述云：

汉兴学校，复创石渠。雄、向校雠于前，马、郑讨论于后，两京载籍，由是粲然。及汉末还都，焚溺过半。爰自魏、晋，迄于周、隋，而好事之君，慕古之士，亦未尝不以图籍为意也。然河北江南，未能混一，偏方购辑，卷帙未弘。而荀勖、李充、王俭、任昉、祖暅，皆达学多闻，历世整比，群分类聚，递相祖述。或为七录，或为四部，言其部类，多有所遗。及隋氏建邦，寰区一统，炀皇好学，喜聚逸书，而隋世简编，最为博洽。及大业之季，丧失者多。贞观中，令狐德棻、魏徵相次为秘书监，上言经籍亡逸，请行购募，并奏引学士校定，群书大备。

开元三年，左散骑常侍褚无量、马怀素侍宴，言及经籍。玄宗曰："内库皆是太宗、高宗先代旧书，常令宫人主掌，所有残缺，未遑补缉，篇卷错乱，难于检阅。卿试为朕整比之。"至七年，诏公卿士庶之家，所有异书，官借缮写。及四部书成，上令百官入乾元殿东廊观之，无不骇其广。九年十一月，殷践猷、王惬、韦述、余钦、毋煚、刘彦真、王湾、刘仲等重修成《群书四部录》二百卷，右散骑常侍元行冲奏上之。自后毋煚又略为四十卷，名为《古今书录》，大凡五万一千八百五十二卷。禄山之乱，两都覆没，乾元旧籍，亡散殆尽。肃宗、代宗崇重儒术，屡诏购募。文宗时，郑覃侍讲禁中，以经籍道丧，屡以为言。诏令秘阁搜访遗文，日令添写。开成初，四部书至五万六千四百七十六卷。及广明初，黄巢干纪，再陷两京，宫庙寺署，焚荡殆尽，曩时遗籍，尺简无存。及行在朝诸儒购辑，所传无几。昭宗即位，志弘文雅。秘书省奏曰："常省元掌四部御书十二库，共七万余卷。广明之乱，一时散失。后来省司购募，尚及二万余卷。及先朝再幸山南，尚存一万八千卷。窃知京城制置使孙惟晟收在本军，其御书秘阁见充教坊及诸军人占住。伏以典籍国之大经，秘府校雠之地，其书籍并望付当省校其残缺，渐令补辑。乐人乞移他所。"并从之。及迁都洛阳，又丧其半。平时载籍，世莫得闻。今录开元盛时四部诸书，以表艺文之盛。[①]

就是说，从开元三年（715）开始，玄宗授意左散骑常侍褚无量、马怀素等，按照经史子集四部分类整理古籍，至开元七年（719）整理完成。开元九年（721），殷践猷、王惬、韦述、余钦、毋煚等人对此前所整理古籍做了一个著录，名为《群书四部录》二百卷。此后曾参与编撰《群书四部录》的毋煚，在原书的基础上加以修订，题名为《古今书录》，编订卷次为五万一千八百五十二卷。这部著述，是唐代中期以前我国官方组织编写的最大型的四部分类目录学著述。

《群书四部录》按照甲乙丙丁四部，分别著录开元全盛时期所见经史子集诸书。"凡经录十二家，五百七十五部，六千二百四十一卷。史录十三家，八百四十部，一万七千九百四十六卷。子录十七家，七百五十三部，一万五千六百三十七卷。集录三家，八百九十二部，一万二千二十八卷。凡四部之录四十五家，都管三千六十部，五万一千八百五十二卷。成《书录》四十卷。其外有释氏经律论疏，道家经戒符箓，凡二千五百余部，九千五百余卷。亦具翻译名氏，序述指归，又勒成目录十卷，名曰《开元内外经录》。若夫先王秘传，

---

① 〔后晋〕刘昫等：《旧唐书》卷四十六《经籍上》，中华书局，1975 年，第 1961—1963 页。

列代奥文，自古之粹籍灵符，绝域之神经怪牒，尽载于此二书矣。"①明代的《永乐大典》、清代的《四库全书》，以及《四库全书总目》等目录学著述，就是继承这一精神的产物。五千年中华文化典籍汗牛充栋，之所以能够保存与传承，在于这样一代代整理精神的继承和发扬，其中，关中文化的创造性贡献是后来的继承者不可能绕得过去的。

（4）唐诗的渊薮与文学革命的源地。就知识阶层而言，唐代文学的地位远高于经学等传统学术②，而在文学发展中最值得称道的有二端：一是唐诗，二是古文运动。前者是唐代文化发展的标志，或者说品牌；后者开创了文学表达的革命。这两项标志性的文化发展内容都与长安抑或关中，具有密切的关系。一则由于科举考试的中心在长安，大多数著名诗人都与长安有着或多或少的关系；二则唐代著名的诗人多在长安具有任职的经历，或者做过逗留。长安推动了诗人的成长，牵动着诗人的梦想，使他们步入仕途的阶梯，也是他们展示诗词智慧和情感表达的地方。众多诗人汇聚长安为长安诗歌的繁荣奠定了基础，铸造了长安在唐代诗坛的中心地位，并因此将中国古典诗歌发展到最为辉煌的新时期。

学者阎琦说："作为唐政治中心的长安，同时也是唐代诗坛的中心。诗歌创作的风气和时尚，在这个中心生成，同时又由这个中心辐射向全国，进而影响全国范围内的创作风气。"③"长安是全国文士最集中的地方"，"长安是诗歌的传播中心"。据统计，"相对稳定，常年留居长安的文士不少于二三万人之数"。"可以毫不夸张地说，几乎所有的唐代诗人都到过长安，都在长安或久或暂地居留过；反过来也可

① 〔后晋〕刘昫等：《旧唐书》卷四十六《经籍上》，中华书局，1975年，第1965页。
② 钱穆：《朱子学提纲》，见钱穆：《朱子新学案》第1册，九州出版社，2011年，第7页。
③ 阎琦：《古都西安·唐诗与长安》，西安出版社，2003年，第29页。

以说，凡是到过长安的诗人，都有与长安相关的诗"。不但如此，"长安诗坛的理论倡导居风源之始，诗歌创作风气尤其如此。某一种诗风，一经作为中央诗坛的长安诗人发动，便会引起天下云合响应的效果；具体的某种诗歌审美趋向，在长安一有启动，也会牵动、影响乃至决定全国诗歌创作的动向"。[①] 正因为如此，特别是长安作为历史上周秦汉和隋唐统一王朝的首都，又是前秦、后秦、西魏、北周等割据政权的首都，关中作为这些王朝和政权的首善之区，历史文化遗迹众多，所以这里的山水景观、人文景观、民众生活、诗人交往、文人居处，无不经由诗人的笔而加以诗性化，真可谓无处不入诗。在诗人的笔下，长安甚至到处充满着诗情画意。

诗人眼中的长安城："百千家似围棋局，十二街如种菜畦。遥认微微入朝火，一条星宿五门西。"[②] "天街小雨润如酥，草色遥看近却无。最是一年春好处，绝胜烟柳满皇都。"[③] 乐游原，"向晚意不适，驱车登古原。夕阳无限好，只是近黄昏"[④]。香积寺，"不知香积寺，数里入云峰。古木无人径，深山何处钟。泉声咽危石，日色冷青松。薄暮空潭曲，安禅制毒龙"[⑤]。灞柳送别，"杨柳含烟灞岸春，年年攀折为行人。好风倘借低枝便，莫遣青丝扫路尘"[⑥]。终南山，"太乙近天都，连山接海隅。白云回望合，青霭入看无。分野中峰变，阴晴众壑殊。欲投人

---

① 阎琦：《古都西安·唐诗与长安》，西安出版社，2003 年，第 30、31、33、42 页。

② 〔唐〕白居易：《登观音台望城》，见〔清〕彭定求等编：《全唐诗》卷四百四十八《白居易二十五》，中华书局，1960 年，第 5041 页。

③ 〔唐〕韩愈：《早春呈水部张十八员外二首》，见〔清〕彭定求等编：《全唐诗》卷三百四十四《韩愈九》，中华书局，1960 年，第 3864 页。

④ 喻守真编注：《唐诗三百首详析》，中华书局，1957 年，第 279 页。

⑤ 〔唐〕王维：《过香积寺》，见〔清〕彭定求等编：《全唐诗》卷一百二十六《王维二》，中华书局，1960 年，第 1274 页。

⑥ 〔唐〕杨巨源：《赋得灞岸柳留辞郑员外》，见〔清〕彭定求等编：《全唐诗》卷三百三十三《杨巨源》，中华书局，1960 年，第 3736 页。

处宿，隔水问樵夫"①。至于渭川的田家生活，更见一幅流动的农村生活图景："斜阳照墟落，穷巷牛羊归。野老念牧童，倚杖候荆扉。雉雊麦苗秀，蚕眠桑叶稀。田夫荷锄至，相见语依依。即此羡闲逸，怅然吟式微。"②

　　如果说唐王朝被后人称作"诗国"，那么长安就是"诗国中的诗国"，而关中则是诗国的渊薮。这里是无数诗人创作的渊源，是山水画诗人心中理想的画布与景观；这里是无数得志诗人向往的乐园，更是无数失意诗人的哀伤之区。同是孟郊，科场失意时，"一夕九起嗟，梦短不到家。两度长安陌，空将泪见花"③。而得志时，"昔日龌龊不足夸，今朝放荡思无涯。春风得意马蹄疾，一日看尽长安花"④。这是何等的昂扬与得意！这样的两相对比，在无数应举士人中，又何止是几个人，又何止于一度两度呢？长安文化将人性的得意与失落演绎到了极致，实际上也将诗人眼中的政治与个人、理想和现实的矛盾与情感表现得淋漓尽致。这些与其说是唐诗的魅力，不如说是长安文化与社会的造化使然。长安是国都，但不是天国，更不是诗人意向中的理想天地；长安是人间的圣地，却也是无数诗人的炼狱。正是这种巨大的反差与矛盾，造就了长安诗词的伟大与情怀，进而成就了唐代诗词文化的关中巅峰。伟大的诗人杜甫正是其中的代表，他曾怀有"致君尧舜上，再使风俗淳"的政治理想，却在现实的政治黑暗与风云变幻中，

----

① 〔唐〕王维：《终南山》，见〔清〕彭定求等编：《全唐诗》卷一百二十六《王维二》，中华书局，1960年，第1277页。

② 〔唐〕王维：《渭川田家》，见〔清〕彭定求等编：《全唐诗》卷一百二十五《王维一》，中华书局，1960年，第1248页。

③ 〔唐〕孟郊：《再下第》，见〔清〕彭定求等编：《全唐诗》卷三百七十四《孟郊三》，中华书局，1960年，第4203页。

④ 〔唐〕孟郊：《登科后》，见〔清〕彭定求等编：《全唐诗》卷三百七十四《孟郊三》，中华书局，1960年，第4205页。

甚至是权贵的嬉戏玩弄中，一生中有较长时期为生活所迫而艰辛流离，所谓"骑驴三十载，旅食京华春。朝扣富儿门，暮随肥马尘。残杯与冷炙，到处潜悲辛"①，难怪他要发出"朱门酒肉臭，路有冻死骨"②的悲愤与感叹。

所谓文学革命的源地，是说这里是古文运动的重要发起地。古文运动是中古时代文学革命的大事，时间为唐宋时期，代表性人物有唐代的韩愈、柳宗元，宋代的欧阳修、王安石、曾巩、苏洵、苏轼、苏辙等人。古文运动的目的，是革除六朝以来文字表达中讲求声律、辞藻、排偶为特色的骈体风格，恢复先秦和两汉时期的散文文体。提倡"文以明道""文从字顺""务去陈言"的文风，这是对六朝以来盛行的骈体文体的革命。该运动在长安科举活动中开启其端，后经韩愈、柳宗元等倡导和推动，形成变革的力量，并持续发展至宋代，达到高峰。唐代科举考试的兴盛，正如陈寅恪所说，"肇于高宗之时，成于玄宗之代，而极于德宗之世"。唐德宗时期的文章盛况"可超越贞观开元之时代"，其代表性人物有韩愈、柳宗元、元稹、白居易。古文运动就发生在这一时期。之所以出现这一变化，主要是因为科举考试前，应考士子们有先投献文章于主司的风气，所投献的文章往往文备众体，以彰显其多方面的才能，进而赢得主司官的推荐。在这一过程中，因古文宜于作小说，小说中往往问题多样，所以古文小说也因此而发展起来。③他又引用《旧唐书·韩愈传》云："大历、贞元之间，文字多尚古学，效杨雄、董仲舒之述作，而独孤及、梁肃最称渊奥，

---

①〔唐〕杜甫：《奉赠韦左丞丈二十二韵》，见〔清〕彭定求等编：《全唐诗》卷二百一十六《杜甫一》，中华书局，1960年，第 2252 页。

②〔唐〕杜甫：《自京赴奉先县咏怀五百字》，见〔清〕彭定求等编：《全唐诗》卷二百一十六《杜甫一》，中华书局，1960年，第 2265 页。

③ 陈寅恪：《陈寅恪集·元白诗笺证稿》，生活·读书·新知三联书店，2009年，2版，第 2 页。

儒林推重。愈从其徒游，锐意钻仰，欲自振于一代。"就是说，古文运动并非韩愈等个人发起的一项运动，而是适应科举考试，于长安兴起的一股文风变革"暗流"演变的结果。韩愈、柳宗元、元稹、白居易等适逢这一时代，又起而推动，是其中的主要代表，包括那些投献的文士，甚至也多是古文运动的参与者。那么，韩愈之所以在古文运动诸健将中，特然孑立，"特具承先启后作一大运动领袖之气魄与人格，为其他文士所不能及"，与韩愈将掖后学，以造成"韩门弟子"后来的专意推动密切相关。①柳宗元几乎与韩愈同时而起，二人先后登科进士及第，其中韩愈是唐德宗贞元八年（792）进士，柳宗元是贞元九年（793）进士。韩愈唐宪宗时历任国子监博士、史馆编修、中书舍人，穆宗时历任国子监祭酒、兵部侍郎、京兆尹兼御史大夫。柳宗元曾任秘书省校书郎、集贤殿书院正字，永贞年间参与王叔文领导的"永贞革新"，"永贞革新"失败后被贬为永州司马。由于他们二人散文的成就和影响巨大，一时号称"韩柳"。总体来看，古文运动由长安而起，长安也造就了古文运动的发展，是唐宋文学革命的策源地。

---

① 陈寅恪：《陈寅恪集·金明馆丛稿初编》，生活·读书·新知三联书店，2009年，2版，第331—332页。

第六章　城乡日常：唐代关中的士风与民风

　　长安城是国家最高一级的科举考试场所，每年都会有全国各地的数千名考生，来到长安参加科举考试。加上在长安做官或者在各部门任职的人士，如前所述，常年逗留长安的文士有二三万人。这些文人构成长安社会一个很有特点的社会群体，他们之间的交往，因其特殊性而形成一个文人阶层或文人社会。文人社会的成员多为科考出身，能文能诗，又多具有游览胜迹或自然山川的喜好。同时，基于各种原因，文士的地方流动也经常发生。在此过程中，于都市繁华、政治激荡和生活日常的长期运行中，日渐形成长安士人社会特有的文化现象和习尚。虽然这些风习不一定是京师独有的现象，但却是关中文化的新气象、新风气。

一、士风、士习

　　（1）科举士子"投献""举送"风习。宋人赵彦卫《云麓漫钞》云："唐之举人，先藉当世显人，以姓名达之主司，然后以所业投献；踰数日又投，谓之温卷，如《幽怪录》、《传奇》等皆是也。盖此等文备众体，可以见史才、诗笔、议论。至进士则多以诗为贽，今有唐诗数百种行于世者是也。"[1]如前文所述，陈寅恪认为，"投献""举送"是唐代科

_____

[1] 〔宋〕赵彦卫：《云麓漫钞》卷八，傅根清点校，中华书局，1996年，第135页。

举考试背景下形成的一种风习。即应试举子，上至京师国子监，下至州县官学校，都要选拔推荐，其中有一定的名额限制（见前述科举部分）。京城国子监因其特殊地位，往往举送人数较多。为了得到主司的青睐和关注，有一定关系的学生事先通过当世显人，把自己的名号递报到主司那里，然后把自己所写作品投献给主司，以期表现自己的才华和能力，借以得到举荐。这种风气不独京师盛行，其他地方也一样，只是关中地方更加特别，更加重要，甚至是更为重视，所以风气自然不同于一般地方。如前文所述，关中同州、华州利市，每年届时人满为患者即是。京师长安为科考中心，国子监等人数众多，这一风气自然非常盛行，而关中为首善之区，同州、华州更是扬名天下。故其风习的影响，不惟一个京师，拟或京畿之地而已，实已影响于全国普天下的士人家庭，自然是可以推知的。这种风习在一定程度上败坏了科举考试的公正性与严肃性，为达官显贵之家及其姻亲等提供了便利条件。所以孟郊在一首诗中抱怨说："恶诗皆得官，好诗空抱山。抱山冷殀殀，终日悲颜颜。好诗更相嫉，剑戟生牙关。前贤死已久，犹在咀嚼间。以我残杪身，清峭养高闲。求闲未得闲，众诮瞋麒麒。"[1]这正是大批穷寒士人共同的心境。

（2）士人的"远相送"风习。大量士人因为科举考试而任职长安，形成一个人数众多的士人群体。每年的全国性考试吸引了无数举子前来应试，又有无数的下第士人默默地离开，而登科者又往往获得外任职务而离京，就是任职京师的官员、上人，也常常出于各种原因而流动，有的更是流落到遥远的地方，恐怕一生都很难再见面了。在这种现实情况下，士人之间的送别就显得分外隆重，甚至形成一种

---

① 〔唐〕孟郊：《懊恼》，见〔清〕彭定求等编：《全唐诗》卷三百七十五《孟郊四》，中华书局，1960年，第4209页。

风气。这一风气的突出特点，一是送行的距离很远，二是朋友之间往往有诗记事或以诗赠别。那个时期，出京城东门东行的大道，依次有两个驿站：一是长乐驿，在城东 7 里，是出长安城东行的第一驿，也是前往"潼关、武关和蒲津关的总道口，故公私送迎筵饯皆集于此，至为热闹"①。二是灞桥驿，亦称滋水驿，在长乐驿东 15 里。"其地为京师长安城东面交通之咽喉、军事之要冲，长安祖饯，情谊笃厚者，更至此驿"②。灞桥驿是长安东南出蓝田峣关和东出潼关的必由之路，士人送客东行，"长安祖饯，情谊笃厚者"，往往在此折柳相赠，依依惜别。故罗隐诗云："灞岸晴来送别频，相偎相倚不胜春。自家飞絮犹无定，争解垂丝绊路人。"③刘沧诗云："漠漠杨花灞岸飞，几回倾酒话东归。九衢春尽生乡梦，千里尘多满客衣。"④至于灞柳风雪，后经文人的传扬而发展成为"长安八景"之一。不论是长乐驿送别，还是灞桥驿送别，诸多诗人如柳宗元、刘禹锡、李商隐、白居易、祖咏、李白、长孙无忌、胡曾、杨巨源、李商隐、罗隐、刘沧、韦庄等，都留下了送行的诗篇。他们的活动，既成就了长安士人社会送别文化的新风尚，也让今人深切地感受到当时送行的特殊魅力，以及士人之间超越民间日常的深厚情谊。白居易《劝酒诗》云："何处难忘酒，青门送别多。敛襟收涕泪，簇马听笙歌。烟树灞陵岸，风尘长乐坡。此时无一盏，争奈去留何。"⑤可见，当时出长安城东行送别有三个主要地点，一是青门，二是长乐驿，三是灞桥驿。这三个地点对于生活于长安里

① 严耕望：《唐代交通图考》第 1 卷《京都关内区》，上海古籍出版社，2007 年，第 2 页。
② 严耕望：《唐代交通图考》第 1 卷《京都关内区》，上海古籍出版社，2007 年，第 4 页。
③〔唐〕罗隐：《柳》，见〔清〕彭定求等编：《全唐诗》卷六百五十七《罗隐三》，中华书局，1960 年，第 7553 页。
④〔唐〕刘沧：《送友人下第东归》，见〔清〕彭定求等编：《全唐诗》卷五百八十六，中华书局，1960 年，第 6801 页。
⑤ 周振甫主编：《唐诗宋词元曲全集·全唐诗》第 9 册，黄山书社，1999 年，第 3304 页。

坊的士人或官员而言，都是相当遥远的。有的人就是驱车到青门都要走十数里路程，况且还要到长乐驿和灞桥驿，更是相当远的路程。除东向送别外，出长安城向西去的人士，往往要到离城数十里的渭城送别，故王维有诗云："渭城朝雨浥轻尘，客舍青青柳色新。劝君更尽一杯酒，西出阳关无故人。"[①] 项斯则曰："古道自迢迢，咸阳离别桥。越人闻水处，秦树带霜朝。"[②] 至于杜甫的《兵车行》："车辚辚，马萧萧，行人弓箭各在腰。耶娘妻子走相送，尘埃不见咸阳桥。牵衣顿足拦道哭，哭声直上干云霄。"[③] 则是另一幅咸阳桥上生离死别的千古绝唱。它虽然没有士人之间的古道柔肠，却演绎了咸阳送别的意味深长。由此可见，唐长安士人社会的送别是非常重要的事情。与城内的私人家宅相比，长安城似乎就是主人的家，送出城才算是送出情，所以青门送别者很多，为此白居易专门写诗说："青青一树伤心色，曾入几人离恨中。为近都门多送别，长条折尽减春风。"[④] 而对于很多士人来说，这样的送别，尚不足以表达深厚而浓郁的情思，故要陪伴客人东行至城 7 里的长乐驿，或者 20 余里的灞桥驿，以及 30 里外的渭城客栈和那悠悠渭水上的咸阳桥。这是一种风尚、一种文化，与今天的送别相比，其间的差异可谓迥然有别了。

（3）游赏风习。唐长安城士人多，不论是一年一度的科举考试，还是士人日常活动，游赏是一种较为常见的生活方式，这大概是现代意义上的旅游活动的先声。当时游赏活动主要有三种情况：一是科举士人登科后的曲江饮宴、雁塔题名，二是岁时节日或者李节性观花性

---

① 喻守真编注：《唐诗三百首详析》，中华书局，1957 年，第 327 页。
② 〔唐〕项斯：《咸阳别李处士》，见〔清〕彭定求等编：《全唐诗》卷五百五十四，中华书局，1960 年，第 6414 页。
③ 〔清〕仇兆鳌注：《杜诗详注》上，中华书局，2015 年，第 99 页。
④ 〔唐〕白居易：《青门柳》，见〔清〕彭定求等编：《全唐诗》卷四百四十二《白居易十九》，中华书局，1960 年，第 4946 页。

质的游赏，三是日常生活中的游历风景区或者名胜古迹或者寺观等。

第一种情况已是大家熟知的常识，不必赘述。只是作为一种文化现象，不但在长安城形成风气，而且成为登科士人文化的特有习尚，屡屡为当世和后人称道。可以说，这是唐代长安城特有的科举文化现象，后世历代诸王朝虽然也举行科举考试，但似乎都没有如此具有特色和巨大影响的独特文化风习。

第二种情况分为两种：一是岁时民俗，如寒食节、清明节、上巳日、重阳节等，虽说是一般社会普遍的民俗活动，但寒食节、清明节、上巳日时节恰好是春天万物复苏的时间，借助这些民俗活动，士人们往往踏青郊游，将节日的功能进一步延伸和扩展，并使得郊游等游赏自然美景和人文景观的功能更为突出，所以《全唐诗》中也留下来大量关于这些岁时节日的诗歌。二是游赏牡丹花。大约到唐代中期以后，长安城中达官贵人和文人雅士观赏牡丹花日渐形成风气，虽说其是达官贵人和文人雅士附庸风雅生活的一部分，却也是长安文化的一种新气象、新风尚。唐人舒元舆《牡丹赋》"序"说："每暮春之月，遨游之士如狂焉。亦上国繁华之一事也。"[①] 唐人李肇《唐国史补》"京师尚牡丹"条说，"京城贵游，尚牡丹三十余年矣。每春暮车马若狂，以不耽玩为耻"[②]。白居易《牡丹芳》写当时观赏牡丹花的情形说："遂使王公与卿士，游花冠盖日相望。庳车软舆贵公主，香衫细马豪家郎。……共愁日照芳难驻，仍张帷幕垂阴凉。花开花落二十日，一城之人皆若狂。"[③] 这些都形象生动地反映了游赏牡丹若狂的盛景。此情此景，不禁使人想起 20 世纪 90 年代中期，西安市植物园、兴庆公园

① 周绍良主编：《全唐文新编》第 3 部第 4 册，吉林文史出版社，2000 年，第 8411 页。

② 〔唐〕李肇：《唐国史补》，上海古籍出版社，1979 年，第 45 页。

③ 周振甫主编：《唐诗宋词元曲全集·全唐诗》第 8 册，黄山书社，1999 年，第 3069—3070 页。

郁金香盛开时，全城人争相观赏的人山人海的情景。只是不同的是，唐代长安城能够观赏牡丹的主要是那些达官贵人和文人雅士，上文引述所谓"王公与卿士""贵公主""豪家郎"，所谓"一城之人皆若狂"，也仅是一城中的这些人"皆若狂"而已。

第三种情况，即日常生活中诗人的偏好便是游赏。其具体情形多种多样，有相约而游历者，有拜访而游历者，有相邀而"应酬式"游历者，还有独自陶冶性情而选择游历者，形形色色，不一而足。应该说，当时的长安诗人无不有游历的经历，因为这里是千年古都、人文奥区、山川形胜之地。而不少诗词的创作，不同程度还表现出鲜明的浪漫主义精神与情怀。相约游历者，如天宝年间，杜甫与薛据、岑参、储光羲、高适等，登游大雁塔，有《同诸公等慈恩寺塔》诗。又应岑参相邀，一同游历鄠县渼陂湖，故有"岑参兄弟皆好奇，携我远来游渼陂"之诗句。又有《陪郑广文游何将军山林》，至于《陪诸贵公子丈八沟携妓纳凉晚际遇雨》《崔驸马山亭宴集》之类，当是应酬类宴游的活动。另如张乔，有《游华山云际寺》《题郑侍御蓝田别业》《华山》《春日游曲江》等游赏之作。在《全唐诗》中，诸如此类的长安游赏诗很多，这里不必一一列举。可以说，它们共同体现了唐代长安士人社会的文化习尚，而如此众多的游赏诗人和诗人的游赏，则强化和促进了长安乃至关中士人游赏文化的发展。

（4）追求自由、与自然和谐相处的个性化生活：居所选择与新的文化风尚。汉唐时期京师长安实行里坊制度，城市居民、官舍都被严格地限定在一个个里坊之中。与汉代相比，唐代长安城市规划更加规范、齐整，整座城市像一方棋盘一样，里面由108坊组成。里坊早开晚闭，戒备森严。为了摆脱这样的限制和束缚，不少士人选择定居于城郊原野，过上了半隐居半世俗的生活。正应了儒家的处世信条"入则兼济天下，出则独善其身"，即在入仕和出世之间寻找融通和折中，以期能够两全其美。这实际上是一种很高的境界和追求，表现在居所的选择上，则是开始出现较为集中的城郊居住现象。李令福研究唐代长安城南的别业园林，称其为最早的人间天堂。说是人间天堂，可能对一部分人来说名副其实，而对另一部分人来说未必就是。像杜甫的杜陵别业和贾岛的"原东居"，可能就称不上是人间天堂了，大概只是一些简易的居所而已。不过，从士人的生活态度和文化追求来看，这样的居住选择反映了一种新的生活态度和对自由生活的追求。至少就唐长安城的里坊制度来看，这是对于其制约和限制的摆脱和突破。而从历史的渊源看，这应当是汉晋以来崇信道家文化、佛教文化和儒家文化的士人的多重信仰的延续和发展。据李令福统计，当时长安城南的别业园林有 40 余处，涉及的士人和官僚主要有张说、杜鸿渐、刘得仁、李忠臣、段觉、杜悰、李中丞、李客师、韦见素、贾岛、杜舍人、韦澳、韦卿、杜佑、李羽、杜黄裳、郭子仪、元载、崔宽、鲜于秋、岑参、韦安石、仇士良、何昌期、杜顺、韩愈、权载之、杜甫、韦应物、韦庄、郑潜旭、郑虔、裴度、白序、王诜、崔护、牛僧孺、杜固、员半千、韦坚、于頔。涉及的地区主要有樊川、杜曲、韦曲、杜陵原、少陵原、神禾原、鸿故园等。其中，个别士人还有不止一处园林别业，如杜佑就在杜城和"瓜洲"（潏水南岸）有两处别业，岑参在杜陵附近、鄠县高冠谷口有两处别业。[①]大约局限于城南地理范围的缘故，这里没有统计到宋之问的蓝田山庄和王维的辋川别业。辋川在今蓝田县西南 10 余公里处的辋川山谷，初唐诗人宋之问曾于此建蓝田山庄，故他《蓝田山庄》说："辋川朝伐木，蓝水暮浇田。独与秦山老，相欢春酒前。"[②]盛唐时期，诗人王维也将自己的居所建在

---

① 李令福：《西安学与中国古都学论集》，中国社会科学出版社，2020年，第138—139页。

② 〔唐〕宋之问：《蓝田山庄》，见〔清〕彭定求等编：《全唐诗》卷五十二《宋之问二》，中华书局，1960年，第635页。

辋川，号称"辋川别业"。他自云："余别业在辋川山谷。其游止有孟城坳、华子冈、文杏馆、斤竹岭、鹿柴、木兰柴、茱萸沜、宫槐陌、临湖亭、南垞、欹湖、柳浪、栾家濑、金屑泉、白石滩、北垞、竹里馆、辛夷坞、漆园、椒园等。"[①] 他在《辋川别业》中云："不到东山向一年，归来才及种春田。雨中草色绿堪染，水上桃花红欲然。优娄比丘经论学，伛偻丈人乡里贤。披衣倒屣且相见，相欢语笑衡门前。"[②] 王维笃信佛教，受禅宗影响较大，在此过着半隐居半官僚的生活。唐代长安城郊如此居住的现象，如果说是一个人或两个人，或许可以认为是一种例外，但这么多的士人、官僚选择这一居住方式，就不能够简单地以例外视之。应该说，这是一种新的都市文化现象，是以士人为中心的达官贵人生活态度的新变化，是京师长安一种新的居住文化取向和追求，是一种新兴的大都市文化风尚。这样的情形，在全国其他城市或地区大概是少有的。这种长安乃至关中文化的独特景观和风尚，代表了中国传统文化中文化人居住地选择精神的新变化与新追求，对后世具有重要的影响。

二、民风与习尚

《隋书·地理志》云："京兆王都所在，俗具五方，人物混淆，华戎杂错。去农从商，争朝夕之利，游手为事，竞锥刀之末。贵者崇奢靡，贱者薄仁义，豪强者纵横，贫窭者窘蹙。桴鼓屡警，盗贼不禁，此乃古今之所同焉。自京城至于外郡，得冯翊、扶风，是汉之三辅。

---

　　① 〔唐〕王维：《辋川集并序》，见〔清〕彭定求等编：《全唐诗》卷一百二十八《王维四》，中华书局，1960 年，第 1299 页。

　　② 〔唐〕王维：《辋川别业》，见〔清〕彭定求等编：《全唐诗》卷一百二十八《王维四》，中华书局，1960 年，第 1298 页。

其风大抵与京师不异。"① 这是唐人关于隋王朝时期关中风俗的观感和总结。核实而论，应该主要是京师长安城市风俗的反映。所谓"俗具五方，人物混淆，华戎杂错"，主要是长安城及其郊区的情况，自汉代以来因为京师所在，移民汇聚，至隋唐时期依然如此。而"华戎杂错"，主要说的是魏晋南北朝以来的情况。至于商业发展及其伴生的逐利现象，"贵者崇奢靡，贱者薄仁义，豪强者纵横"，"盗贼不禁"等，是自春秋战国以来，"天下熙熙皆为利来，天下攘攘皆为利往"的城市社会基本的信念和文化表征，是社会一般商品经济和物质利润追求的反映，在一定程度上是一种社会进步的表现。有人认为这是一种不好的社会现象，那是就社会秩序和社会治理而言的，而不是就历史发展和社会文明进步的总体趋势而言的片面认识。长安以外的京兆、冯翊、扶风之地，如果就城市而言，可能"其风大抵与京师不异"，这在全国范围都是如此，非独关中三辅地区如此。大约因为京师达官贵人、富商巨贾较多，这一风气更加突出，推及于附近地区，自然也会明显一些，但就社会的复杂程度和价值信念多样的本质而言，没有实质性的变化。但不能据此认为广大农村的习俗和风尚也与城市无异。客观地说，关中地区广大农村依然主要从事农业生产，自西周以来所谓"好稼穑，殖五谷"的传统观念和价值取向，依然没有实质性改变。而就唐代而言，这一时期的文献关于关中风俗的记述极少，只有杜佑所撰《通典·风俗》于此有一些说明，但也多就历史立论，所涉及现实风俗状况的表述一鳞半爪，且为一般性的感受而已。其中说：
（1）雍州风俗自汉代以来，以帝都长安为中心，三辅之地"五方错杂，风俗不一。汉朝京辅，称为难理。安定、彭原之北，汧阳、天水之西，接近胡、戎，多尚武节。自汉、魏、晋，羌氏屡扰，旋则

---

① 〔唐〕魏徵、令狐德棻：《隋书》卷二十九《地理志》，中华书局，1973 年，第 817 页。

苻、姚迭据，五凉更乱，三百余祀，战争方息。帝都所在，是曰浩穰。其余郡县，习俗如旧"①。在叙述历史的基础上，所涉及三辅地区（主要包括今关中地区）的风俗，是"五方错杂，风俗不一"，这既是历史也是当时的实际情况，而三辅地区所谓"浩穰"，意指各类人口汇聚的地方，这一点与汉代也没有实质性的区别。至于"其余郡县，习俗如旧"，是说关中地区诸郡县的风俗文化与历史时期（即周秦汉魏晋及北朝时期）以来的情况是一致的。（2）秦汉以后，关中地区"仕宦之途猥多，道释之教渐起，浮华浸盛，末业日滋"。到了唐代，"今自潼关之西，陇山之东，邠、坊之南，终南之北，才十余州地，已数十万家"；"今大率百人，方十人为农，无十人习战，其余皆务他业。以今准古，损益可知"②。所谓"浮华浸盛，末业日滋"，说的都是从事非农业生产人口的日益增长。发展至唐代，关中人口虽然达数十万家，但从事农业的人口却非常有限，100人中仅有10个人从事农业生产，就是说只有10%的人从事农业生产，另有不足10%的人为军兵，其余80%多的人员从事的是非农业的其他行业。又据唐沈亚之《盩厔县丞厅壁记》记载，盩厔县风俗，"市间杂业者多，于县人十九，趋农者十五，富民豪农颇输名买横，缓急以自蔽，匿民冒名欺偷，浮诈相樛"③。如果这些说法是真的，那么关中习俗较诸以前的差别就非常大了。但事实可能并不完全是这样，杜佑在这里描述的可能只是一种极端的情况，包括安史之乱及唐蕃战争期间的情况等，不应该是常态下关中社会的实际情况。以

---

①〔唐〕杜佑：《通典》（下）卷一百七十四《州郡四》，颜品忠等校点，岳麓书社，1995年，第2389页。

②〔唐〕杜佑：《通典》（下）卷一百七十四《州郡四》，颜品忠等校点，岳麓书社，1995年，第2391—2392页。

③〔清〕舒其绅等修，严长明等纂：《西安府志》卷二十《学校志》，成文出版社有限公司，1970年，第908页。

户口与赋税而言，杜佑称："旧制，百姓供公上，计定庸调及租，其税户虽兼出王公以下，比之二三十分唯一耳。自兵兴以后，经费不充，……其丁狡猾者，即多规避，或假名入仕，或托迹为僧，或占募军伍，或依倍豪族，兼诸色役，万端蠲除。"①这是"建中新令"（即两税法）实行以前的情况，长安为京师所在，关中豪族与达官贵人众多，这样的情况当然最为集中，隐漏户口更多，而以上所述各种名目规避赋税的情况当更加普遍和严重。这一点还可以从富商大贾的私业经营活动中得到佐证，如涉及关中水资源占有的情形，"永徽六年，雍州长史孙祥奏言：'往日郑、白渠溉田四万余顷，今为富商大贾竞造碾硙，堰遏费水，渠流梗涩，止溉一万许顷'。"②这种占据水资源以发展私人手工业生产的活动甚为普遍，其中雇佣劳动力当复不少。据此，因为各种原因关中农业劳动力的损耗自然颇多，但要说仅有 10% 的人从事农业，恐怕还是不大符合实际情况的。除非是京师长安这样的大都市，以农为本的关中乡村社会不可能仅有 10% 的人从事农业。虽然如此，透过这些主观估计，多少可以窥知关中风俗确实较以前有了很大的变化，这就是从事农业的人愈来愈少，吸纳非农业人口的行业或职业愈来愈多，这或许是当时关中社会的一种风气，也是社会风气发展的一个趋向。

---

① 〔唐〕杜佑：《通典》（上）卷七《食货七》，颜品忠等校点，岳麓书社，1995 年，第 82 页。

② 〔唐〕杜佑：《通典》（上）卷二《食货二》，颜品忠等校点，岳麓书社，1995 年，第 25 页。

第七章　废都遗韵：宋金元时期的旧京情怀与关中文化

唐僖宗中和元年（881），黄巢领导的农民军攻入长安，黄巢自称皇帝，建国号"大齐"。僖宗流亡蜀地，直到中和四年（884），黄巢农民军覆灭。第二年，即光启元年（885）三月，僖宗才从蜀地还京。自此，唐王朝又苟延残喘了22年的时间。这期间，战乱频仍，人口损失惨重，经济凋敝，关中社会陷入急剧的衰落之中。唐末诗人韦庄有一首《秦妇吟》诗，描述黄巢农民军进入长安及关中部分地方时的情况：

> 长安寂寂今何有。废市荒街麦苗秀。采樵斫尽杏园花，修寨诛残御沟柳。华轩绣毂皆销散，甲第朱门无一半。含元殿上狐兔行，花萼楼前荆棘满。昔时繁盛皆埋没，举目凄凉无故物。内库烧为锦绣灰，天街踏尽公卿骨。来时晓出城东陌，城外风烟如塞色。路旁时见游奕军，坡下寂无迎送客。霸陵东望人烟绝，树销骊山金翠灭。大道俱成棘子林，行人夜宿墙匡月。明朝晓至三峰路，百万人家无一户。破落田园但有蒿，催残竹树皆无主。路旁试问金天神，金天无语愁于人。庙前古柏有残桥，殿上金炉生暗尘。一从狂寇陷中国，天地晦冥风雨黑。[1]

---

① 周振甫主编：《唐诗宋词元曲全集·全唐诗》第13册，黄山书社，1999年，第5200页。

一向繁华锦绣的关中平原和盛世长安，瞬间变得面目全非，荒凉瘆人。又史书记载，中和二年（882）黄巢军再次进入长安城，因"怒坊市百姓迎王师，乃下令洗城，丈夫丁壮，杀戮殆尽，流血成渠"[①]。后来虽说官军收复了长安，黄巢义军也被镇压，但各地军阀相互攻伐，一时难休，关中经济很难得到恢复。至唐昭宗天复四年（904）初，朱全忠又挟持昭宗迁都洛阳，"车驾发长安，……毁长安宫室百司及民间庐舍，取其材，浮渭沿河而下，长安自此遂丘墟矣"。"驱徙士民，号哭满路"，"老幼襁属，月余不绝"。[②]此等场面，颇类似于东汉末年董卓挟汉献帝自洛阳西迁长安时的情形。这种人为的巨大破坏，彻底摧毁了几百年社会发展和文明积累的成果，是关中历史上又一次浩劫。

公元907年朱全忠取代唐哀帝建立后梁，自此，北方黄河流域先后依次更迭为后梁、后唐、后晋、后汉、后周五个地方政权，历史进入五代时期，其间为时约半个世纪。总体而言，从黄巢起义大军进入关中，到960年北宋建立，在这近80年的时间里，关中总体上处于急剧的衰落时期。这从北宋初年关中人口的大幅度减少可以得到一般性说明。据北宋初年所修《太平寰宇记》记载，北宋前期关中诸府州人口与唐开元年间户口分布如表7-1。

表 7-1　关中府州唐开元户数与北宋户数对比表

府州名	唐开元户数	北宋初年户数	与唐开元户数比
雍州	362909	主户 34450 客户 26276	16.8%
同州	56599	主户 22676 客户 4819 河东户 195	48.9%

①〔后晋〕刘昫等：《旧唐书》卷二百下《黄巢传》，中华书局，1975年，第5394页。
②〔宋〕司马光编著：《资治通鉴》卷二百六十四《唐纪八十》，中华书局，1956年，第8626页。

府州名	唐开元户数	北宋初年户数	与唐开元户数比
华州	30789	主户 10169 客户 6946	55.6%
凤翔府	44532	主户 26790 客户 13315	90.1%
耀州	载雍州	主户 19800 客户 6108	
乾州	载京兆府	主户 7369 客户 1756	
陇州	6805	主户 10971 客户 8606	200.9%
邠州	19461	主户 14112 客户 5785	102.2%
合计	521095	220143	42.2%

资料来源：〔宋〕乐史：《太平寰宇记》（二），王文楚点校，中华书局，2007 年。

从表 7-1 的户数变动计算可知，北宋初年，关中人户仅是唐开元年间人户数的 42.2%，尚不足开元年间的一半。地处关中中心部位的雍州、乾州和耀州三州的总户数，仅是唐开元时期总户数的 26.4%，尚不足三分之一，而雍州更少，仅有 16.8%。就是说，这里人口的损失最为严重，这一情况可能与唐末以来政治动乱的中心地区密切相关。关中东部的同州、华州各为 50% 左右。关中西部的凤翔府和北部的邠州几乎与开元时期持平，而地处最西偏的陇州却显现出异常的变化，人户较开元时期增长了 1 倍多。就地理状况而言，这一变化有两个明显的特点：（1）关中周边山地所在州人户损失少，平原地区人户损失的幅度非常大。陇州的人户数较开元时期增加了 1 倍多，邠州与开元时期人户持平，耀州人户基数也较大，甚至是乾州的近 3 倍，而华州也较同州高约 7 个百分点。这样的情况可能与乱世中人户向周边山地逃亡有关。（2）关中西部较关中中、东部地区人户损失的少，关中中、东部地区人户损失多，达到一半以上。而关中中部人户损失最为严重，损失率达 70% 之多。这一情况自然与致乱中心地的影响有关，更重要的影响因素则是唐长安城的废毁和破败，以及五代时期都城东移今开封城，以至于人户大幅度减少。另外，由于唐末、五代的政治状况，原本活跃的丝绸之路被迫中断，盛唐时期西域人户和西域文明的存在和影响几乎无存。关中文化的吸引力和凝聚力迅速减弱，国家中心地位迅速沦丧。

这种情况到了北宋中期才有所改变，主要表现有两点：一是关中人户的快速增长，总人户数已经超越唐开元时期的总人户数；二是平原区人户迅速补充上来。这一改观，表明常态下的经济社会秩序已经恢复并形成。据王存等所修《元丰九域志》记载，关中地区分属于永兴军路和秦凤路的一部分，关中中部为京兆府、京兆郡，分布有 14 个县，主户 158072 户，客户 65240 户，共 223312 户，每县平均 15950.9 户。耀州、华原郡，分布有 7 个县，主户 19802 户，客户 6108 户，共 25910 户，每县平均 3701.4 户。邠州、新平郡，分布有 4 个县，主户 53652 户，客户 6185 户，共 59837 户，每县平均 14959.3 户。东部为同州、冯翊郡，分布有 6 个县，主户 69044 户，客户 10556 户，共 79600 户，每县平均 13266.7 户。华州、华阴郡，分布有 5 个县，主户 68344 户，客户 11836 户，共 80180 户，每县平均 16036 户。西部为秦凤路所属，有凤翔府、扶风郡，分布有 10 个县，主户 127018 户，客户 44511 户，共 171529 户，每县平均 17152.9 户。陇州、汧阳郡，辖 4 个县，主户 15702 户，客户 9072 户，共 24774 户，每县平均 6193.5 户。[①] 以上关中地区合计人户为 665139 户。这个数

---

① 上述诸府、郡主客户数字，源自〔宋〕王存等撰《元丰九域志》（上）卷第三《陕西路》（中华书局，1984 年）。总户数与各县平均户数等数据为笔者计算所得。

字比表 7-1 所示唐开元年间的 521095 户多出 144044 户，比北宋初年的 220143 户多了 444996 户。这个数字是唐开元年间关中人户数的近 1.3 倍，是北宋初年人户数的 3 倍多。其中，仅京兆府、京兆郡所辖 14 县人户，就比北宋初年关中地区人户的总户数还多了 3169 户。而每县平均人户在 1 万户以上的府州，依次是凤翔府、华州、京兆府、邠州和同州，基本上呈正向分布，显示了常态社会秩序的恢复。总体而言，关中人口的增长速度是很快的，宋代初年人口分布很不平衡的不正常状况得到明显的改变。

这一局面维持了约 167 年，至宋高宗建炎元年（1127），女真族所建的金国军队南下，攻陷北宋京城汴京，第二年关中地区开始受到袭扰。自此至绍兴十二年（1142）"绍兴和议"后，宋、金两国划定疆界为止，其间约 15 年时间。在这 15 年里，关中地区社会动荡，战乱时有发生，百姓南下逃亡四川、湖北者不少，人口锐减，经济凋敝。"绍兴和议"以后，关中地区归金国统辖，直至 1234 年金政权为蒙古所灭亡，其间统治关中为时 92 年，也就是将近 1 个世纪，关中地区处于金国的统治之下。金国灭亡后，关中地区成为蒙古政权所建元朝的一部分，直至 1369 年明朝占领关中，为时 135 年。金、元两个王朝统治关中地区合计约 227 年，如果再加上宋朝末年动荡的 15 年，总共为时 242 年时间。这期间，关中地区的经济、社会地位迅速下降。到元朝时期，据《元史·地理志》记载，元朝建立 50 年（皇庆元年，1312 年）后，陕西省全域人口仅有 40 余万人，其中：奉元路辖 31 州县，平均人口 8700 人有奇；延安路辖 19 州县，平均人口 4981 人；兴元路辖 7 州县，平均人口 2768 人（这是至元二十七年，即 1290 年的数字）；凤翔府领 5 个县，平均人口 2980 人。就是说当时兴元路、凤翔府一带人口非常稀少，每州县仅平均不足 3000 人，延安路稍好一些，但州县平均人口也不足 5000 人。自古以来号称"天府之国"的关中，州县平均人口尚不足 9000 人。还有，这一时期关中地区所有路府州县都是"下等"①的级别，连一个中等级别的州县都没有。关中地区的衰落可以说是达到了历史时期以来的极致。

一、废都遗韵：宋元时期的长安著述与地方情怀

中国传统学术文化有两个特点：一是敬畏历史，崇尚帝王先贤；二是关注文化传承与总结。二者相辅相成，形成中华文明绵延不绝的历史渊源。近代以来，国人常所称道的世界古代文明中，唯有中华文明一脉相承，相沿不辍，正是由于此种文化传统的继承和发扬。这样的文化传统及其精神，造就学术文化创造和积累的两个特点：一是王朝更迭以后，对于前代文明的追忆、编撰与总结；二是总结历史经验和教训，以便新王朝能够前事不忘，后事之师。所以孟子说："世衰道微，邪说暴行有作，臣弑其君者有之，子弑其父者有之。孔子惧，作《春秋》。《春秋》，天子之事也。"② 司马迁引董仲舒语说："夫《春秋》，上明三王之道，下辨人事之纪，别嫌疑，明是非，定犹豫，善善恶恶，贤贤贱不肖，存亡国，继绝世，补敝起废，王道之大者也。……拨乱世反之正，莫近于《春秋》。"③ 随后，历代公私编修前代史书，前后相继，蔚为大观，以至于今人不时有浩如烟海之叹。又，班固说"礼失而求诸野"，孟子说"诗亡然后春秋作"，西周灭亡以后孔子删订六经，东汉末年赵岐辑录《三辅决录》，魏晋间无名氏撰《三辅黄图》，北魏郦道元撰《水经注》，北魏杨衒之撰《洛阳伽蓝

---

① 〔明〕宋濂等：《元史》卷六十《地理三》，中华书局，1976 年，第 1423—1425 页。
② 杨伯峻译注：《孟子译注》上，中华书局，1960 年，第 155 页。
③ 〔汉〕司马迁：《史记》卷一百三十《太史公自序》，中华书局，1982 年，2 版，第 3297 页。

记》等等，无不是在朝代更迭和政治致乱之后的历史与地理之作，大有事亡而学术始作的趋势与精神。宋元时期的关中，可谓繁华散尽，旧时常为人所称道的天府之国、沃壤千里，已经荡然无存。故 14 世纪 40 年代，文学家李好文来陕用事，至长安附近，有"数十里中，举目萧然，瓦砾蔽野，荒基坏堞，莫可得究"[①]之叹。在此背景下，关中引以为国人关注的，首先便是对于旧京及其历史遗迹的描述与探索，其精神盖与《三辅黄图》《洛阳伽蓝记》的撰述，略相一致，表现出强烈的敬畏历史的精神和传承文化的责任，字里行间浸透着对历史衰变的哀惋与对关中地方变迁的文化情怀。

宋元时期专门关注关中长安的著述有五部，分别是北宋宋敏求的《长安志》、张礼的《游城南记》，南宋程大昌的《雍录》，元代李好文的《长安志图》和骆天骧的《类编长安志》。应该说，在旧京历史记述、古迹研究和整理上，这一时期集中出现的五部著述在古代都城研究史上的成绩算是相当显著的，充分显示了长安古都文化深远而巨大的历史影响力。

五部著述中，以宋敏求所撰《长安志》为最早。据赵彦若于宋神宗熙宁九年（1076）二月五日为该著所撰的"序"知，此书修撰于熙宁九年以前。当时，宋敏求为集贤院学士、龙图阁直学士、史官，修撰有《唐武宗实录》《唐宣宗实录》《唐懿宗实录》《唐僖宗实录》《唐昭宗实录》[②]以及《东京记》《河南志》和《长安志》[③]等史地撰著多种。就其撰述唐诸朝实录看，《长安志》当是在这一背景之下，搜集以唐代长安为主的地志资料而编纂成书的。而从宋朝编撰地志较为风行的风气看，《长安志》并不是唯一关注地方志的著述，它的产生与当时

---

①〔元〕李好文：《长安志图》，辛德勇、郎洁点校，三秦出版社，2013 年，"序"第 7 页。

②〔元〕脱脱等：《宋史》卷二百三《艺文二》，中华书局，1985 年，第 5089 页。

③〔元〕脱脱等：《宋史》卷二百四《艺文三》，中华书局，1985 年，第 5159 页。

地志编撰的风气密切相关，也与宋敏求编撰唐代诸朝实录并搜集相关资料的方便不无关系。基于这点认识，可以说《长安志》并非其特别关注长安为中心的地方志，而是以唐代长安为主体并贯穿着鲜明的旧都情怀和敬畏历史精神的一部地方史志。《长安志》虽然目次中有"风俗"①，但所载内容均来自《汉书·地理志》和《隋书·地理志》，于宋代长安几乎没有任何记述和反映。这一点与《元和郡县图志》《太平寰宇记》等唐宋地理总志的相关做法类似，对于当世的风俗记述实际上并不多。这样的做法，开创了后世地方志抄引前代正史或地志中片言只语，而乏当代风俗记述的先例，是一种不大成功的传统。

南宋初年程大昌撰写的《雍录》，也是一部关于周秦汉隋唐五朝都城的著述。只是此书，正如黄永年所说，"很可能当年程大昌把平时的读书札记稍事整理便匆促问世，没有认真润色审改"，所以在记述上，"不像《长安志》等作有系统条理之记述"，"在编排上也太形零乱"。②那么，既然前有宋敏求所撰《长安志》，何以程大昌还要撰《雍录》？正如作者自己所言："宋氏专记关雍，而关雍之在《元和志》仅居百一，其详略自当不侔也。凡求关雍曲折者，宋之此《志》，引类相从，最为明悉，然而细细较之，亦不免时有驳复也。且如曲台既入未央，而又入诸三雍，是分一为二矣。长门宫在都城之外长门亭畔，而列诸长信宫内，则失其位置矣。诸如此类，岂可苟随无所可否也。况宫殿苑囿也者，又多空存其名，中不著事，则亦无可寻绎矣。予之此《录》，采用《宋志》为多，若其有凡最而无事实，则亦不敢辄削。今姑序列其总，如一宫一苑，第书其宫何在，某苑何属，错列以成一图，使人可以案方求地。而其中馆殿池簌，须因事可以发挥，

---

① 〔宋〕宋敏求：《长安志》卷一《风俗》，辛德勇、郎洁点校，三秦出版社，2013 年，第 125 页。

② 〔宋〕程大昌：《雍录》，黄永年点校，中华书局，2002 年，"前言"第 3 页。

则别主正史，而附旁言以究。其说虽有据，而直列古书本文，无可辨正，则亦不以入《录》，恐其赘也。"①就是说，《雍录》是针对《长安志》存在的问题而编写和立论的，是一部以纠错、补充和考证为主要内容的研究性质的著述。黄永年说，与以前地方志保存文献式的记述不同，《雍录》"是在此基础上进一步作考证解说"，"这都是开创时代风气的做法"②，正是就其研究性而言的。

上述两部著述前后相继，渊源有自，虽然不是诞生于长安，两位作者也都非长安人，但都做着与长安有关的事，尤其是历史上的事，这不能不说他们对于古代长安还是很有感情的。这正是古代长安的魅力所在，也是古代长安文化的影响力所致。

与这两部著述不同的是，其余三部著述皆诞生于长安，是长安文化自身的产物。其内容围绕长安古迹的游历、介绍及其时代环境，在一定程度上反映了当时的长安文化和关中文化。《游城南记》是张礼及其友人陈明微，于北宋哲宗元祐元年（1086）闰二月，游历长安城南唐代都邑旧址，所作的考察游记性质的著述。其内容虽如后人所说，是"凡门坊、寺观、园囿、村墟及前贤遗迹见于载籍者，叙录甚备"③，实际上反映的是唐代长安城南历史遗迹的宋代变迁，以及其在宋代的存在状况。对此内容的记述和探讨，表面上看是对历史遗迹与历史故事及其演变的描述与探讨，实质上却反映的是唐末以来旧京长安都邑文化衰败的情状，可以说是关中都邑文化衰落具体而微的真实写照。如作者登临大雁塔，"倚塔，下瞰曲江宫殿，乐游燕喜之地，皆为野草，不觉有黍离麦秀之感"④。又"览韩、郑郊居，至韦曲，扣

---

① 〔宋〕程大昌：《雍录》卷一《长安志》，黄永年点校，中华书局，2002年，第7页。
② 〔宋〕程大昌：《雍录》，黄永年点校，中华书局，2002年，"前言"第2页。
③ 〔清〕永瑢等：《四库全书总目》卷七一《地理类四》，中华书局，1965年，第629页。
④ 〔宋〕张礼撰，史念海、曹尔琴校注：《游城南记校注》，三秦出版社，2003年，第42页。

尧夫门，上逍遥公读书台，寻所谓何将军山林，而不可见。因思唐
人之居城南者，往往旧迹湮没，无所考求，岂胜遗恨哉！张《注》
曰：韩店，即韩昌黎城南杂题及送子符读书之地，今为里人杨氏所
有。……郑谷庄在坡之西，今为里人李氏所有。韦曲在韩、郑庄之北，
尧夫，进士韦师锡之字也，世为韦曲人，远祖橿，后周时居此，萧然
自适，与族人处元及安定梁旷为放逸之友。时人慕其闲素，号为逍遥
公。……尝读唐人诗集，岑嘉州有杜陵别业、终南别业，而石鳖谷、
高冠谷皆有其居，郎士元有吴村别业，段觉有杜村檽居，元微之亦有
终南别业，萧氏有蓝陵里，梁昇卿有安定庄。今皆湮没，漫不可寻。
盖不特何将军山林而已"①。这样的情状，不只是"今皆湮没，漫不可
寻"之萧条衰败现象，更是"旧迹湮没，无所考求，岂胜遗恨哉"的
叹惋。唐末至此约200年，长安的衰败真可谓天翻地覆，令人神伤。

　　这样的情况一直到250年后的14世纪40年代，依然差相仿佛，
所以元代文学家李好文以陕西诸道行御史台治书侍御史身份来陕用
事，路经长安附近，看到的情况如前文所引，依然是"数十里中，举
目萧然，瓦砾蔽野，荒基坏堞，莫可得究"。所以他在搜得前人《长
安故图》的基础上，"因与同志较其讹驳，更为补订，厘为七图。又
以汉之三辅及今奉元所治，古今沿革，废置不同，名胜古迹，不止乎
是；泾渠之利，泽被千世，是皆不可遗者，悉附入之，总为图二十有
二，名之曰《长安志图》，明所以图为志设也"②。此志图虽然因补《长
安志》"图"而作，但基于当时对古迹的定位、纠错、补充和研究，
依然体现了实地考察与文献结合相互印证的研究精神，其用心依然在
究古今之变和社会治理的根本意义上。

　　①〔宋〕张礼撰，史念海、曹尔琴校注：《游城南记校注》，三秦出版社，2003年，第111—
112页。
　　②〔元〕李好文：《长安志图》，辛德勇、郎洁点校，三秦出版社，2013年，"序"第8页。

骆天骧所撰《类编长安志》，就其编撰时间而言，要远在李好文编绘的《长安志图》以前。据黄永年研究，骆天骧，籍贯陕西长安，是世居长安的故家旧族。他约生于金宣宗末年（1223 年前后），卒于元大德四年（1300）以后。《长安志图》撰成于元成宗元贞二年（1296）前，此前他曾担任京兆路儒学教授。[①]这本著述是在宋敏求《长安志》基础上改编而成的，所以今人对它的评价总体上不高，如黄永年认为，与宋敏求《长安志》相较，"宋《志》堪称为学术性专著，此书只是近乎后世旅游指南的读物而已"，当然，黄永年也指出了他所认为的，该著述有"许多重大的优点，而非宋《志》，尤其是今本宋《志》之所能代替"，诸如补缺、文字校正，增补金、元颇有价值的史料，以及辑录古碑刻资料等。[②]这一评价总体上是中肯的。但《类编长安志》虽然是以类析出《长安志》的相关条目改编成书，却主要是就文物古迹及其涉及的相关故事立论的，所以他针对的主要问题：一是"秦迄今寥寥千五百载，兵火相焚荡，宫阙古迹，十亡其九。仅有存者，荒台废苑，坏址颓垣，禾黍离离，难以诘问，故老相传，名皆讹舛……虽有旧记各纪一时之事，其沿革互换之名各不同"。二是宋敏求所编《长安志》，是按照地理志比较规范的体例编写的，上述诸古迹及其相关"故事散布州县，难以检阅"。其用心主要在文物古迹上，而不在其他，所以将《长安志》中主要的一些条目析出，以类编辑，并"增添数百余事"，也就是补充了一些诗词或金元时期的相关情况。[③]特别是作者针对长安"古迹法书石刻甲天下"，而"遭巢寇之

---

① 〔元〕骆天骧：《类编长安志》，黄永年点校，中华书局，1990 年，"附录"第 327—328 页。

② 〔元〕骆天骧：《类编长安志》，黄永年点校，中华书局，1990 年，"附录"第 331—339 页。

③ 〔元〕骆天骧：《类编长安志》，黄永年点校，中华书局，1990 年，"骆天骧引"第 1—2 页。

乱，五季、宋、金，革火踵继，……古之事迹、名贤法书石刻焚毁十
亡八九"的情况，"垂六十年"之久，"不惮涉远披荆莽而追访，抄录
书撰人名暨所在"，并辑编《石刻》一卷①，可谓一生追求，用心良苦。
这种搜访和保存古代长安石刻文化的行为，典型地体现了废都时代长
安著述文化的一个特点，深切地反映了关中文化著述中，以旨在探索
和保存旧京文化传统的精神，以及传承古都文明的地方情怀。

通过这些志书的记述可以看出，废都时代的宋金元时期，关中长
安还是在一定程度上继承了唐代长安城南居住文化的精神，一些达官
贵人或名人隐士，依然选择这里作为其休闲定居的场所。元代以后，
园居现象逐渐减少，并且具有日渐消失的趋势。上述北宋时期，张礼
游历长安城南时，唐时"韩店，今为里人杨氏所有，郑谷庄今为里
人李氏所有"。唐代城南，时有以"亭馆林池为城南之最"的杜佑居
所，后来"归尚书郎胡拱辰。熙宁中，侍御史范巽之买此庄于胡，故
俗谓之御史庄。中有溪柳、崖轩、江阁、圃堂、林馆，故又渭之五
居"，又称"范公五居"或"范公庄"。②废延兴寺，宋时为"里人刘
氏所有，竹木森蔚，泉流清浅"。而"驸马都尉王诜林泉在延兴寺之
东，与朝奉郎白序为邻。王氏林泉久不治。白字圣均，庄有挥金堂、
顺年堂、疑梦室、醉吟庵、翠屏阁、寒泉亭、辛夷亭、桂岩亭，今为
王员外家所有"。③王驸马林泉，在骆天骧时成为"白云观"，"白侍郎
（白序）庄"，在金朝时为"石氏园亭。疏泉为方池曲槛，有四银亭、
八银亭"，骆天骧时为"故中书陕西四川宣抚使襄山杨公谥忠肃公祠

①〔元〕骆天骧：《类编长安志》卷之十《石刻》，黄永年点校，中华书局，1990年，第301页。
②〔宋〕张礼撰，史念海、曹尔琴校注：《游城南记校注》，三秦出版社，2003年，第128—129页。
③〔宋〕张礼撰，史念海、曹尔琴校注：《游城南记校注》，三秦出版社，2003年，第141—142页。

堂"①。下杜城，"宋谏议陈公别墅在此，有祠堂，谏议及三子康肃、文定、文惠之画像，各书所试诗赋题于板，示不忘本也，号曰桂林亭"。"杜城之东，故观察李士衡之庄，俗号为小南山，本唐尚书归登之业也"。②鸣犊镇"樊川花卉竹木。有金紫光禄大夫张太尉别墅，号曰小南山，泉脉交流，水动碾磨③。又有"氄家庵"，"茂林修竹，北倚松桧，高原中有飞泉瀑流，俗传旧黄四娘花园。金朝剋石烈千户庄"，骆天骧时"为道观"。④总而言之，北宋时期城南园林别业文化的影响力还很大，继承或重建此类居所依然具有一定的规模。金朝时期这里渐趋衰微，元代多已转化为道观或废为民居，园林别业已属凤毛麟角。长安都邑文化的影响力日趋衰微。

二、崛起与衰落：关学的创始和关中崇儒风尚 与风俗的变化

唐末五代以来，关中地区历经政治动乱，元气大伤，至北宋中期才得以恢复元气，并获得相对稳定的发展。就国家层面而言，北宋以来，以政府为主导的儒学复兴运动迅速兴起，故时人有"本朝以儒立国，而儒道之振独优于前代"⑤的认识。宋仁宗（1022—1063 年在位）

①〔元〕骆天骧：《类编长安志》卷之九《胜游》，黄永年点校，中华书局，1990 年，第280—281 页。

②〔元〕骆天骧：《类编长安志》卷之九《胜游》，黄永年点校，中华书局，1990 年，第274 页。

③〔元〕骆天骧：《类编长安志》卷之九《胜游》，黄永年点校，中华书局，1990 年，第291 页。

④〔元〕骆天骧：《类编长安志》卷之九《胜游》，黄永年点校，中华书局，1990 年，第280 页。

⑤〔宋〕陈亮：《陈亮集》卷一《上孝宗皇帝第三书》，邓广铭点校，河北教育出版社，2003 年，第 11 页。

时期命天下郡县设立学校，随后关中诸州县相继建立学校，以儒学培养人才。故《宋史》云："自仁宗命郡县建学，而熙宁以来，其法浸备，学校之设遍天下，而海内文治彬彬矣。"[1] 在此背景下，宋代关中府州县学相继设立。不过，从相关资料看，北宋时期关中府州县儒学教育并不健全，不少州县似没有建儒学学校，学校教育仅局限在有限的几个府县里。而另一种教育形式——书院——也属凤毛麟角，屈指可数。就京兆府府学而言，文献记载，宋仁宗景祐元年（1034），"许京兆府立学，赐《九经》，仍给田五顷"[2]。景祐二年（1035）侍郎范雍奏："昨知永兴军前资寄住官员颇多，子弟辈不务肯构，惟恣轻薄，盖由别无学校励业之所致。到任后，奏建府学，兼赐《九经》书，差官主掌，每日讲授。据本府分析，见有修业进士一百三十七人在学，关中风气稍变。权节度掌书记陈谕管勾。乞降敕命，令常遵守。"[3] 这两条文献说的是一个事，就是关中京兆府设立府学，时间当在景祐元年至二年内。由后一条材料知，从北宋建立至景祐初年 70 多年间，京兆府府城甚至没有兴办任何学校。其他各府县建学情况如下：临潼县学，咸平（998—1003）中知县赵恪在旧学基础上改建。泾阳县学，宋哲宗元祐五年（1090）建。高陵县学，哲宗绍圣元年（1094）知县朱革兴建。吴柔嘉《儒学碑记略》云："高陵，古之畿县，今其俗凋敝，民陋而朴。绍圣之初，天子以宪章继述为念，邑令朱公思欲奉承圣化，会运使张公按临斯邑，即以建学为请，……落成之初，邑民大悦。"醴泉县学，宋皇祐（1049—1054）间殿中丞薛周建。同官县

---

① 〔元〕脱脱等：《宋史》卷一百五十五《选举一》，中华书局，1985 年，第 3604 页。

② 〔宋〕李焘：《续资治通鉴长编》(5) 卷一百十四《仁宗》，中华书局，2004 年，第 2659 页。

③ 〔清〕舒其绅等修，严长明等纂：《西安府志》卷十九《学校志》，成文出版社有限公司，1970 年，第 871 页。

有县学，但具体情况不明。耀州州学，宋嘉祐（1056—1063）中建。[①]
凤翔府学，宋庆历（1041—1048）中建。岐山县学，宋雍熙（984—
987）间因唐时所建学校重修。扶风县学，宋皇祐元年（1049）知县
王崇元因唐旧址重修。[②] 就是说，有宋一代，见于文献记载的县、府
学仅有 9 个，并且除临潼和岐山两个县学存在时间稍早，大约在北宋
最初的 20—40 年内运行外，其余 7 个府县学均在 75 年以后运行。因
此，关中的学校教育在北宋前期并不景气，人们对儒学的学习并未形
成良好的风气。在这些学校相继建立以后，关中风气稍有改变，但学
校教育总体上尚谈不上兴盛。金元时期 200 余年，有学者称为"道学"
的"黑暗时期"[③]，虽然总体上说有点夸张，但却在一定程度上反映的
是一些事实。尤其对于金政权统治时期而言，可谓名副其实，而对于
元朝而言，则不完全符合事实。元朝时期，京兆府（后改奉元路，即
今西安市）、临潼、高陵、鄠县、泾阳、三原、盩厔、岐山、宝鸡、
扶风、郿县等地县学多已运行[④]，较宋代甚至有所增长。而另一种形式
的儒学教育场所 —— 书院，自宋代以来虽然有所建立，但数额有限，
见于文献记载者有：元代京兆府的鲁斋书院、正学书院，元代后期兴
建于栎阳（今属临潼区）的居善书院，元代延祐（1314—1320）初年
建于高陵县的渭上书院，相传元代杨奂隐居鄠县南山下的"教授之

　　①〔清〕舒其绅等修，严长明等纂：《西安府志》卷二十《学校志》，成文出版社有限公
司，1970 年。
　　②〔清〕达灵阿修，〔清〕周方炯、高登科纂：《乾隆凤翔府志》卷之六《学校》，见凤凰
出版社编选：《中国地方志集成·陕西府县志辑》（23），凤凰出版社，2007 年，第 222—
231 页。
　　③〔新加坡〕王昌伟：《中国历史上的关中士人：907—1911》，刘晨译，浙江大学出版社，
2017 年，第 61 页。
　　④〔清〕舒其绅等修，严长明等纂：《西安府志》卷二十《学校志》，成文出版社有限公
司，1970 年；〔清〕达灵阿修，〔清〕周方炯、高登科纂：《乾隆凤翔府志》卷之六《学校》，
见凤凰出版社编选：《中国地方志集成·陕西府县志辑》（23），凤凰出版社，2007 年。

所"——"清风阁读书堂",元延祐七年（1320）三原兴建学古书院,凤翔有岐阳书院。总体来看,经历了金统治的"黑暗时期",元代关中的学校教育和书院教育在宋代基础上有所发展,但这些现象并不等于其学风普遍良好。这一点从当时横渠祠的荒凉情状可以得到说明。元人文礼恺《横渠祠碑记》云:"延祐四年冬十有二月朔,阳陵李中从正捧紫薇檄赴郿文学椽,道横渠,进谒故宋张宪公祠下奠荐。礼毕,徘徊瞻顾,内则鼠穴雀穿,榱栋霖毁,浸危神位;外则豕圈蛇数,蔓葛丛棘,墙壁悉倾,叹息良久。乃诣县,谂主簿刘公楫,请重葺,以副具瞻。"[1]张横渠,即张载,为一代儒学大师,关学学派的创始人,所在郿县横渠镇的祠庙,竟如此破败荒残,当地遵从儒学的情况可见一斑。

北宋大儒张载所创建的关学,就是在这样的文化氛围中产生的,其学派的继承人就是在这样的学风下延续和发展的。所谓关学,即关中理学[2],"是北宋著名哲学家张载创立的道学学说及其学派,是宋元明清时代在关中地域传承张载关学和程朱、陆王思想的理学,即关中思想文化之精华"[3]。从这两个定义看,关学创始于北宋时期,作为一种主要传承于关中地域的新儒学文化现象,实际上有前后期的变化。前期是以张载所创"理学"或者说"道学"为中心,逐渐形成学派;后期即张载以后,虽然以张载道学为主,却也传布理学其他学派的学说。本论所述的宋金元时期,集中传布的是张载关学的学说与精神,关学自此奠定了它作为全国理学四大宗派之一的地位。作为宋明理学

---

① 〔清〕达灵阿修,〔清〕周方炯、高登科纂:《乾隆凤翔府志》卷之十《艺文》中卷,见凤凰出版社编选:《中国地方志集成·陕西府县志辑》（23）,凤凰出版社,2007年,第435页。

② 〔明〕冯从吾:《关学编》（附续编）,陈俊民、徐兴海点校,中华书局,1987年,"自序"第2页。

③ 陈俊民:《张载关学的历史重构》,中华书局,2020年,第168页。

的开山宗派之一，关学能够与其他几大理学宗派并立，影响于中国历史文化思潮及其社会教化近千年，这在关中文化发展史上是罕见的。

张载祖籍河南大梁（今河南开封市），宋仁宗朝因父亲客死四川涪州（今重庆涪陵区）官任上，"诸孤皆幼，不克归，以侨寓为凤翔郿县横渠镇人"①。就是说，张载自寓居关中郿县横渠镇以后，遂成为郿县人。对于其籍贯，以前的关中人似乎有所回避，故冯从吾《关学编》直言其为"郿人"②，就是今天的关中学人，也很少说他的祖上是河南人。其实这一点倒不必回避，张载成为郿县人以后尚年轻，其自为一家的"关学"就是在郿县完成的（见下文）。因此，关学是地地道道的关中文化的产物，它代表了这一时期关中主流文化发展的高峰。

学术界关于张载创立关学及其学术思想的研究颇多，这里不必赘述。需要说明和强调的是，张载创立关学的文化背景，与北宋前期较为普遍的政治文化思潮密切相关。余英时就此归结为"回向三代"，就是说，北宋前期政治治理上有一种思潮，就是向往国家治理和社会日常，回到历史上儒家理想化的"三代"社会。当时这方面的谈论颇多，包括原始儒学、周礼教化和井田制度，都成为一时儒学热议的话题。③政治走向、社会治理和民众教化，以及从学术上反思儒学、重振儒学，成为时代的议题。在此背景下，张载以研究传统儒学为主旨，在充分研究《易经》、孔孟学说、《中庸》、《周礼》等先秦儒学的基础上，率先确立了"气"一元论的世界观，并围绕孔孟学说

---

① 〔清〕黄宗羲原著，〔清〕全祖望补修：《宋元学案》卷十七《横渠学案上》，陈金生、梁运华点校，中华书局，1986年，第662页。

② 〔明〕冯从吾：《关学编》（附续编）卷一《张横渠先生》，陈俊民、徐兴海点校，中华书局，1987年，第1页。

③ 余英时：《朱熹的历史世界：宋代士大夫政治文化的研究》，生活·读书·新知三联书店，2013年，第185—197页。

和《周礼》的核心思想与精神，树立起以"育人"与社会教化为主旨的所谓道学大旗，从自身做起，践行实践，开创并掀起了新的修身、齐家、治国等一套上下统一的政治和社会教化活动。故明儒冯从吾说他"学者有问，多告以知礼成性、变化气质之道，学必如圣人而后已。……故其学以《易》为宗，以《中庸》为体，以《礼》为的，以孔孟为法，穷神化，一天人，立大本，斥异学，自孟子以来未之有也"。又说他"患近世丧祭无法，丧仪隆三年，期以下，恬未有衰麻之变；祀先之礼，用流俗节序，祭以亵不严。于是免修古礼，为薄俗倡，期功而下，为制服，轻重如仪实；始行四时之荐，曲尽诚洁。教童子以洒扫应对，给侍长者；女子未嫁者，必使观于祭祀，纳酒浆，以养逊弟，而就成德。……闻者始或疑笑，终乃信而从之，相效复古者甚众，关中风俗为之大变"①。黄宗羲说"于是关中风俗一变而至于古"②。可见，这完全是一种以先秦儒家观念中的"圣人"为榜样，以《周礼》精神为旨归，践行社会教化的价值理念，改造自己，改造他人，并最后实现全体人民及其所组成社会的改造。其学问的本质，是以先秦儒学所标榜的"古礼""古制"以化成天下，改造社会，最终成就其理想追求的"三代"社会目标。张载所谓"为天地立心，为生民立命，为往圣继绝学，为万世开太平"，核心意义及其价值就在于此。

基于这一道学理想，在实践活动中，张载率先促使儒学的宗教化发展，崇拜和祭祀圣人先贤自不必说，这是汉代以来的传统。儒学宗教化的主要表现：一是借鉴或引入了道教与佛教中的"修炼"和"功

---

① 〔明〕冯从吾：《关学编》（附续编）卷一《张横渠先生》，陈俊民、徐兴海点校，中华书局，1987年，第2—3页。

② 〔清〕黄宗羲原著，〔清〕全祖望补修：《宋元学案》卷十七《横渠学案上》，陈金生、梁运华点校，中华书局，1986年，第664页。

夫"等手段，借以达到自身蜕变和成为圣贤的目标。上文提到的"免修古礼""期功而下，为制服，轻重如仪实""曲尽诚洁""洒扫应对，给侍长者"，虽是对于一般社会的要求，但其中所表现的精神是以"修""养"和"功夫"等宗教形式，实现个体及全体社会成员的圣贤化转变。如果说佛教徒可以通过各种途径实现"成佛"，道教徒可以通过修道而成仙、成道，那么儒家学说的信奉者，就可以通过这些手段成"圣"成"仁"。二是"以《礼》为的"（《学案》言，以《礼》为体，以孔孟为极），回复传统礼仪，并奉为"经"，要求自己，教授他人，极力遵循。所以，他左右有《西铭》《东铭》，"学古力行，笃志好礼"；于人则笃信"民吾同胞，物吾与也""尊高年，所以长其长；慈孤弱，所以幼其幼""存心养性为匪懈"。[①] 以此教人，以形成崇儒、隆礼和教化的模式，大有普度众生之意。其弟子如吕大均，"潜心玩理，望圣贤克期可到，日用躬行，必取先王法度以为宗范。居父丧，衰麻、敛、奠、比、虞、祔，一襄之于礼"[②]。这些理念与行为，与佛、道二家的目标和过程颇为相似。后来人之所以称儒学为儒教，可能与此有关，果若是，那么关中儒学的宗教化过程当开始于张载。

张载关学形成于陕西关中，最初对于关中社会的影响也最大。据相关资料，他生于宋真宗天禧四年（1020），卒于宋神宗熙宁十年（1077）十二月，享年 58 岁。宋仁宗嘉祐二年（1057）中进士第。熙宁三年（1070）以前，尚没有形成自己的思想体系，其思想多是宋初儒学的基本理念，甚至与二程的思想基本一致。考中进士以后的十数年间，先后仕宦于祁州、丹州和京师开封，担任过司法参军、云崖县

---

① 〔清〕黄宗羲原著，〔清〕全祖望补修：《宋元学案》卷十七《横渠学案上》，陈金生、梁运华点校，中华书局，1986 年，第 665 页。

② 〔明〕冯从吾：《关学编》（附续编）卷一《和叔吕先生》，陈俊民、徐兴海点校，中华书局，1987 年，第 9 页。

令、渭州军事判官公事、崇文院校书。熙宁三年（1070）因为在京师不得志，遂归故里郿县横渠镇，发奋读书。故其门人范育言，"子张子校书崇文，未伸其志，退而寓于太白之阴，横渠之阳，潜心天地，参圣学之源，七年而道益明，德益尊，著《正蒙书》数万言而未出也"①。自此至熙宁十年（1077）春，他再次被召入京师"同知太常礼院"，遂于当年十二月回归途中逝世。实际上他在关中老家生活6年时间，其间"潜心天地，参圣学之源"，"道益明，德益尊"，形成自己独立的思想体系，所以有学者称这一时期是其"思想的成熟期"②。也就是说，这6年时间实际上是他影响于关中学人及化育关中当地最重要的时期。后人所谓"相效复古者甚众，关中风俗为之大变"，或"于是关中风俗一变而至于古"，当是从这一时期开始的。

据《关学编》记载，其门人弟子，有他的弟弟张戬，蓝田县人吕大忠、吕大防、吕大均、吕大临，武功县人苏昞、游师雄，三水县人范育，华阴县人侯仲良，先后师从张载、二程，各为一时杰出人物。他们或仕宦全国各地，或用事于朝廷，于各自工作、生活中传播和践行张载学说。作为关中士人，除在关中以外诸地传扬张载关学外，于关中本地的治理和教化也多有建树。张戬曾任关中普润（今陕西麟游县）县令，监凤翔府司竹监（在当时盩厔、鄠县境）。又曾代理蒲城县令，"蒲城剧邑，民悍使气，不畏法令，斗讼寇盗，倍蓰它邑。先是，令长以峻法治之，奸愈不胜。先生悉宽条禁，有讼至庭，必以礼敦喻，使无犯法；间召父老，使之教督子弟服学省过；作记善簿，民有小善，悉以籍之。月吉，以俸钱为酒食，召邑之高年聚于县廨以劳之，使其子孙侍，因劝以孝弟之道。不数月，邑人化之，狱讼为衰"。

---

① 〔宋〕张载:《张载集》，章锡琛点校，中华书局，1978年，第4页。
② 杨立华:《宋明理学十五讲》，北京大学出版社，2015年，第123页。

吕大均，曾知事三原、泾阳，皆未赴就职，而是"家居讲道，以教育人才，变化风俗"。并与兄长吕大忠、吕大防及弟弟吕大临，"为《乡约》以敦俗"，"自是关中风俗为之一变"。张载曾感叹说："秦俗之化，和叔有力。"范育，举进士，曾为泾阳县令，又曾知事韩城、凤翔，笃信师说，教化有成。金统治时期有高陵人杨天德，元统治时期有乾州奉天县人杨奂，长安人宋规，高陵人杨恭懿（杨天德之子），奉元（今陕西西安市）人萧㪺、同恕、韩择，关中人吕思诚，蒲城人侯均，泾阳人第五居仁、程瑄，三原人李子敬，皆一时儒学名家，或仕进，或教授乡里，传道授业，化风化俗。如杨奂，"元初，隐居讲道授徒，抵鄠县柳塘，门生百余人。创紫阳阁（即清风阁）"，"关中号称多士，一时名未有出先生右者"。宋规，"与紫阳及遗山、鹿菴、九山数儒论道洛西，弟子受业者甚众"。杨恭懿与元朝大儒许衡友善，相互问学，故有"三辅士大夫知由礼制自致其亲者，皆本之先生"之说。萧㪺，曾为"府史，语当道不合，即引退，读书终南山，力学三十年不求进"。"学者及门受业者甚众，乡里孚化"。"关辅之士，翕然宗之，称为一代醇儒"。吕思诚为其弟子，曾官华州，"劝农兴学，俱有成效"。同恕，"家世业儒，同居二百口，无间言"。曾教授鲁斋书院，"先后来学者殆千数"；"自京师还，家居十有三年，中外缙绅望之若景星麟凤"。侯均，"积学四十年，群经百氏，无不淹贯"，"名振关中，学者宗之"。第五居仁，"博通经史。躬率子弟，致力农亩，而学徒满门"，"乡里高其行义，率多化服"。程瑄为第五居仁的弟子，当时，三原县人李子敬在三原县创建学古书院，延请他在该书院讲学，"远近从游者百余人"。① 宋元时期关中儒学的发展与活跃，使得关中地区成为陕

---

① 以上参见〔明〕冯从吾：《关学编》（附续编）卷一，陈俊民、徐兴海点校，中华书局，1987 年，第 5—25 页。

西科举进士最为集中分布之地。据学者统计，北宋时期陕西出产进士54 人，除一人不大明确住籍外，所余 53 人都是关中人。元代陕西共出产进士 17 人，其中 13 人分布于关中地区。① 由此可见，关中在全省儒学教育中的核心地位，也在很大程度上反映了关学教育和传播的重要价值。

从宋元时期关中儒学教育出产的人物及其活动看，张载创立关学以后，关中儒学的发展秉承了关学及宋代道学的新精神，不断传扬并在实际的生活中得以贯彻，人才辈出，儒学活动较为兴盛。其中，除金朝统治时期仅有一人颇具声名以外，宋元两代还是很值得称道的。有学者所谓关中的金元时期是"黑暗时期"的认识，实际上并不符合历史事实，充其量可以说金朝时期的关中多少具有这样的特征而已。上述人物及其活动，不但以其自身及其活动，展现了关中儒学文化或者说理学文化的地位与影响，而且通过他们的日常"化育"，关中风俗大变。就新儒学而言，基本上实现了引导和支配一般社会精神的"文化复兴"，总体上实现了基本社会信仰和风俗习惯的转变，并由此奠定了中古社会后期关中社会伦理道德和社会规范的基础。

20 世纪 80 年代"文化热"讨论中，有人讲，宋以后"表面上儒家思想居于统治地位，骨子里则不仅下层社会崇信菩萨神仙远过于对孔夫子的尊敬，就是仕宦人家，一般也都既要参加文庙的祀典，对至圣先师孔子拜兴如仪，更乐于上佛寺道观，在佛菩萨神仙塑像前烧香磕头祈福。总的来说，控制当时整个社会精神世界的，是菩萨神仙，而不是周公孔子孟子"②。这种认识有些简单化和主观化，具有明显的

---

① 张晓虹：《文化区域的分异与整合：陕西历史文化地理研究》，上海书店出版社，2004 年，第 126、133 页。

② 谭其骧：《中国文化的时代差异和地区差异》，见谭其骧：《长水集》（续编），人民出版社，2011 年，第 184—185 页。

经验主义痕迹，是将佛道信仰、儒学伦理规范和民间信仰对立起来的不完全正确的认识。事实上，中国传统文化自汉代以来一直有一个传统，就是多元性，儒家所规定的基本伦理规范和道德规范，是国家治理的基本内核和一般社会的基本规范，但它并不排斥个人或家庭对于佛教、道教包括民间其他信仰的松散性信奉，它们相互作用，共同维系着生民的生产和生活秩序。对于一般社会信众而言，"在佛菩萨神仙塑像前烧香磕头祈福"，多是"祈福"层面的愿望性诉求，不是礼仪制度层面的必要诉求，它是民众生活中精神需求的补充，不是必然的行为规范，而礼仪制度多是必然的常规性社会行为，是文化的主要部分。到了宋代以后，随着理学（道学）的日益社会化，一般社会于理学价值观和文化形式的行为表现更加突出。这就像我们祖先去世后的葬礼，礼仪多是儒家的一套，但并不排斥请僧人、道士念经"超度"，也不排斥属于民间信仰的其他超度方式（如巫师等）的并行使用，至于就缙绅阶级或一般有钱人家而言，诸如此类的超度往往是多多益善。此类情况在关中基层社会的日常生活中是颇为常见的，不能因此只取其一或只见其一，就轻易地判定支配其精神的是哪一种，特别是作为基本伦理和礼仪形式规范的儒学，相关制度和现象经常被视为理所当然的，往往多不被相关文献记述或说明，更容易导致某些单纯依赖文献记载而产生错误的认识。

以上所述关中关学学派的传播和教化活动表明，宋代以降，新儒家在既有社会规范的基础上，根据新儒家的伦理道德规范，依据《周礼》及孔孟等学说，对关中礼俗和社会行为规范，甚至生活理念和行为方式进行了一次较为系统的改造和确立，尽管其间存在着地区不平衡的问题，却在总体上奠定了明清时期关中社会规范的基础。这正是宋元理学，特别是关学创立及其社会教化和实践的价值所在。

三、全真道的关中创始与关中全真道
在黄河流域地带的中心地位

金元时期，北方黄河流域地区继南北朝时期的社会大变革以后，又一次经历了巨大的社会变迁。在政治统治上，女真族和蒙古族所建立的金元王朝相继统治这一地区，不论是宋、金政权之间的战争，还是蒙、金或宋、蒙政权之间的争战，都给当地社会经济和文化生活造成巨大的冲击，一般社会心理也在这一激烈的社会变动中经历着震荡和调适。全真道便是在这一社会背景下形成的。全真道的开创者是金统治时期陕西京兆府咸阳县大魏村（今属陕西咸阳市秦都区双照街道）人王重阳。关于他的事迹，《金莲正宗记》《七真年谱》《终南山祖庭仙真内传》《甘水仙源录》《金莲正宗仙源像传》有详细的著录。[①] 今人与此相关的研究也比较多，此处不再就其事迹和创立全真道的过程加以论述，仅就该教的一些特点及其祖庭所在的关中地区的中心地位加以说明。

（1）全真道是有别于宋代以前传统道教的新道教。新道教产生的文化背景与思维趋向与新儒家类似，都是基于对传统儒、道发展背离原始儒、道精神的反思而发起的。新道教思维在时间上晚于新儒家，应该是受新儒家（或理学）思维及重建思想的影响，是重新反思和重建道教的产物。故王重阳弟子李道谦说：

> 夫道家之学，以祖述黄老而宪章庄列者也。后之学者去圣愈远，所谓微妙玄通大本大宗，阖衍博大之理，枝分派别，莫得其

---

① 高丽杨集校：《全真史传五种集校》，中华书局，2020 年。

传，盖已数千余岁。于今矣，道不终否，待时而行。我重阳祖师挺天人之姿，奋乎百世之下，乃于金正隆乙卯夏，遇真仙于终南山甘河镇，饮之神水，付以真诀。自是尽断诸缘，同尘万有，即养浩于刘蒋、南时等处者三年，故得心符至道。东游海滨，度高弟弟子丹阳、长真、长生、长春、玉阳、太古诸君，递相阐化。于是高人达士应运而出，大则京都，小而郡邑，建立名宫杰观，比比皆是，遂使真风遐布于世间，圣泽丕负于海内，开辟以来，而道门弘阐未有如斯时之盛。呜呼，其重阳祖师暨门下诸君，有功于玄教者为不浅矣。①

如同前文所述，与宋代新儒学"回向三代"精神相一致，全真道作为一种新道教，也是基于"后之学者去圣愈远"，"莫得其传，盖已数千余岁"的反思，被其同时代人认为，是重回道统（归"真"）的复兴意识的产物。有人甚至将王重阳与儒学（金时已经称"儒教"）创立者孔子的传人子思、佛教禅宗一派的始祖菩提达摩相提并论，认为"道教通五千言之至理，不言而传，不行而至，若太上老子无为真常之道者，重阳子王真人也，其教名之曰全真"②。元人王恽所撰《奉圣州永昌观碑》亦说："自汉以降，处士素隐，方士诞夸，飞升炼化之术，祭醮禳禁之科，皆属之道家，稽之于古，事亦多矣，徇末以遗本，凌迟至于宣和极矣。弊极则变，于是全真之教兴焉。"这虽是基于物极必反理念的常规性解释，却也肯定了全真道"变"的事实。陈垣结合王恽在《奉圣州永昌观碑》里的另一个看法，认为"全真之初兴，

---

① 〔元〕李道谦：《甘水仙源录序》，见高丽杨集校：《全真史传五种集校》，中华书局，2020 年，第 157 页。

② 〔金〕金源璹：《终南山神仙重阳真人全真教祖碑》，见高丽杨集校：《全真史传五种集校》卷之一《甘水仙源录》"碑文"，中华书局，2020 年，第 161 页。

不过'苟全性命于乱世，不求闻达于诸侯'之一隐修会而已。……若必以为道教，亦道教中之改革派耳"。强调其开始兴起时的"隐修会"渊源和性质，或者说，在一定程度上它继承了早期道家"隐士"派一脉而来，是道教中的改革派，也肯定了它不同于传统道教并改革传统道教的特质。在此基础上，陈垣借鉴王恽的意见，将全真道初兴界定为北宋"逸民"的"隐修会"组织。①这样的认识表面上看似有一定道理，实际上却只是看到了它形式的一面，而没有关注其思想的渊源和社会性特质。

（2）全真道元初思想的基础是关学，是关学及其返古思维与早期道教原旨理念相结合的产物。其"新"主要表现为两点：一是在形式和内容上，追求返归道教元典《道德经》《庄子》《列子》等早期道家经典，并将儒家经典《孝经》也作为其理论基础；二是在内容和实践层面，将道家思想与新儒家思想（即关学思想）相结合，融儒、道于一家，以教化和济世为指归，提倡一种别样的生活方式。故其弟子称："我玄门之七真，身虽游乎方外，道实满于人间。当国朝革命之际，其救世及物之功不为不腆。故封龙李翰长敬斋云：'七真之救世也，真叶上帝之心也。上帝之爱民也，真藉七真之教也。'"②清人编《四库全书总目》云：

> 自老子言清净，佛言寂灭，神仙家言养生术，而张鲁等教人以符箓祈祷之事，四者各别。至金源初，咸阳人王嚞弃家学道，状若狂疾。正隆中自称遇仙人于甘河镇，饮神水，疾愈，遂自

---

① 陈垣：《南宋初河北新道教考》卷一《全真篇上》，见陈垣：《明季滇黔佛教考》（外宗教史论著八种）下，河北教育出版社，2000年，第576页。

② 〔元〕李道谦：《七真年谱》，见高丽杨集校：《全真史传五种集校》，中华书局，2020年，第77页。

号重阳子。大定中聚徒宁海州，立三教平等会，以《孝经》《心经》《老子》教人讽诵，而自名其教曰《全真》。元兴之后，其教益盛。……厥后，三教归一之说浸淫而及于儒者，明代讲学之家，矜为秘密，实则嘉之绪余耳。[1]

王嚞，即王重阳，全真道创始人。这里的《心经》，从逻辑上讲，应该是佛教的《心经》，亦称《摩诃般若波罗蜜多心经》，这样才能与"三教"相对应。但实际上王重阳当时更注重的是儒家，如果说当时有教授《心经》的话，应该是宋人真德秀所撰《心经》，它是儒家的著述，主要编集的是"圣贤论心格言，而以诸家议论为之注"[2]。《四库全书》所言可能是后来的事情，不是全真道初创时期的情况。至于《孝经》，乃是北宋新儒家推尊的重要经典，也是关学与《周礼》一起，在习学和生活实践中最为奉行的伦理规范。王重阳自身应是关学学宗下成长起来的儒学人才。文献记载，他出身咸阳世家右族，"弱冠修进士业，系京兆学籍，善于属文，才思敏捷，尝解试一路之士"[3]。"才名拔俗"，"蚤通经史，晚习弓马"，伪齐阜昌（1130—1137）年间，曾"献赋春官，迕意而黜"。金天眷元年（1138），即王重阳27岁时，"复试武举，遂中甲科"。直到48岁乃"喟然叹曰：'孔子四十而不惑，孟子四十而不动心，吾今已过之矣，尚且吞腥啄腐，纡紫怀金，不亦太愚之甚乎？'遂辞官解印，黜妻屏子，拂衣尘外"。[4] 按此，他是关中关学环境下培养的文武全才式人物，曾于京兆府学习儒学，"献赋"

---

① 〔清〕永瑢等：《四库全书总目》卷一四七《甘水仙源录》，中华书局，1965年，第1262页。

② 〔清〕永瑢等：《四库全书总目》卷九二《心经》，中华书局，1965年，第785页。

③ 〔元〕李道谦：《七真年谱》，见高丽杨集校：《全真史传五种集校》，中华书局，2020年，第61页。

④ 《金莲正宗记》卷之二，见高丽杨集校：《全真史传五种集校》，中华书局，2020年，第17页。

伪齐政权，试科武举，得中甲科，并已经做过 20 年的金朝官员。至
48 岁时，所言孔子、孟子和"蚤通经史"，亦都内证其儒学出身的事
实。就其于金政权下参与考试、做官等活动看，说他创立的全真道是
"逸民"性质的"隐修会"组织，显然是不大符合逻辑的，也是不符
合情理的。

　　其实，早期全真道徒众中，除王重阳为儒学出身以外，其余关中
籍弟子，也多为儒学出身的入道者。如秦州甘泉县玉蟾真人和公、京
兆终南县灵阳真人李公、京兆栎阳人严处常、京兆终南蒋家村人姚
玹、陕右坊州人曹瑱、京兆右族来灵玉、陇州陇安县右族赵九渊、陕
右坊州人柳开悟，就都是儒学出身而遁入道门的。[①]至于说"（柳开
悟）与曹瑱、来灵玉、刘真一、李大乘、雷大通、李大茎、赵九渊辈
俱在丹阳门下，时人称之曰玄门十解元"[②]，其中有几个人是非关中籍
道人，但如此多的儒学出身的弟子会集于此，在很大程度上，彰显了
儒学在全真道弟子中的突出地位和影响。基于这一点，结合全真道
创始时间的晚出，可以判定：全真道是王重阳等人接受关学返古思
维，并以此思维为基础，而反思和重建道教的产物。全真道最初是融
儒、道于一家，后来也将佛教禅宗融入其中，形成一个全新的道教组
织——全真道。

　　（3）全真道的祖庭在关中，亦通过关中将全真道传播至北方各地，
关中是北方黄河流域为主体的全真道传播的中心。首先，王重阳入道
的机缘地在关中：一是正隆四年（1159）六月于终南县甘河镇会遇二
仙人，被授口诀；二是第二年中秋日，于醴泉县再遇真仙，被传密语

---

　　①〔元〕李道谦：《终南山祖庭仙真内传》，见高丽杨集校：《全真史传五种集校》，中华书
局，2020 年，第 86—105 页。

　　②〔元〕李道谦：《终南山祖庭仙真内传》，见高丽杨集校：《全真史传五种集校》，中华书
局，2020 年，第 105 页。

五篇；三是第三年（金世宗大定元年，1161）在终南县南时村挖"活死人"墓，誓言"吾将来使四海教风为一家耳"；四是大定三年（1163）52岁时迁居"刘蒋村""结茅"，并与玉蟾真人和公、灵阳真人李公同居此茅庐。全真道祖庭重阳万寿宫（今陕西西安市鄠邑区祖庵镇）就是在此基础上建立的。[①]因此，关中是全真道的发源地。全真道发源于此，固然具有一定的偶然因素，比如说王重阳的"觉悟"与转变、偶遇"仙人"等，但这样的机缘之所以出现，一定程度上还是反映了关中地区具有一定的"仙道"基础，这也是值得注意的一个因素。

其次，早期全真道的主要弟子多有关中祖庭修道的经历，且关中弟子数量可观。全真道创始人王重阳，在金世宗大定七年至九年（1167—1169），先后到山东宁海州、登州、莱州等地度化"全真七子"为弟子。这七人分别是：长春真人丘处机，山东登州人；长真真人谭处端，山东宁海州人；丹阳真人马钰，山东宁海州人；玉阳真人王处一，山东宁海州人；广宁真人郝大通，山东宁海州人；清静散人孙仙姑，山东宁海州人；长生真人刘处玄，山东莱州人。九年十月王重阳率领其中的四个弟子（马丹阳、谭长真、丘长春、刘长生）西归关中，途经河南汴梁（今河南开封市），第二年正月王重阳在汴梁去世。后马丹阳等四人西入关中，拜见玉蟾真人和公和灵阳真人李公，又会见了王重阳弟子史处厚、刘通微、严处常等。随后居住于刘蒋村祖庵，迁葬祖师遗骨于刘蒋村祖庵，居丧守坟。这期间，广宁真人郝大通于大定十一年（1171）来到关中，十三年（1173）东出大庆关东归。十五年（1175）清静散人孙仙姑至关中，"致祭祖庭"，随后出关定居洛阳。从十四年（1174）始，留丹阳真人马钰居住祖庭，主持并传授

---

①〔元〕李道谦：《七真年谱》，见高丽杨集校：《全真史传五种集校》，中华书局，2020年，第65—66页。

弟子以外，长真、长生分别出关至洛阳，长春西出至磻溪传教。[①] 这一时期，陕西关中东至洛阳、汴梁和山东胶东半岛、莱州半岛等地，全真道活动比较活跃。全真七子虽然都不是关中人，但其中 6 人先后进入关中，在此活动或修道若干年。至于玉蟾真人和公、灵阳真人李公，以及王重阳在关中的弟子史处厚、刘通微、严处常等，也都长期生活于关中，所以说关中作为全真道祖庭所在，高道弟子云集，影响最为广大。

李道谦所编《终南山祖庭仙真内传》凡立传 37 人，其中陕西关中籍 14 人，如果再加上关中以外陕西籍 4 人，以及关中周边如秦州甘泉 1 人、平凉府华亭 1 人，可以说关中及其附近籍人士有 20 人之多，比较充分地反映了陕西关中地区全真道的集中和流行。除此而外，这 37 人均出身终南山祖庭，出道以后，不少人前往北方各地传道授业，"演化度人"，将全真道进一步传播到各地。如陕西坊州人曹瓄，出道后于"燕、蓟，演化度人"。登州人刘真一，"游平、滦之境"，"度门众数千余辈，创宫观大小仅三百区。北方道风洪畅，先生阐扬之力居多"。蒲城人苏铉，出道后至山东登州、莱州一带，燕京、蓟州之地传道，"从游者众"，其他诸"仙真"前往各地者尚多，详情参见《终南山祖庭仙真内传》[②]，此不赘述。就是说，自终南山祖庭出道的众多全真道教徒，行游于北方各地，将全真道传播至黄河流域及海河流域不少地方。祖庵镇重阳宫是全真道的祖庭所在，是北方全真道的"圣都"，关中在北方全真道的传播区域内，始终居于不可更易的中心地位。

---

① 〔元〕李道谦：《七真年谱》，见高丽杨集校：《全真史传五种集校》，中华书局，2020 年。
② 〔元〕李道谦：《终南山祖庭仙真内传》，见高丽杨集校：《全真史传五种集校》，中华书局，2020 年。

第八章 夕阳西下：明清时期关中文化的 沉重与更生

"关中圣贤区，芳尘今已谢。"①明清时期的关中，正可谓夕阳西下了。伴随着专制主义中央集权王朝体制的迤逦发展，帝国晚期社会前行的步履日趋沉重和艰难。关中作为当时西北的一隅之地，地理位置上长期远离国家政治、经济和文化发展的中心，在帝国南北轴线经济、文化发展的总体态势中，与东部和江南地区经济、文化发展的总体水平的差距愈来愈大。在长期抱守较为单一的农耕文化和理学化育的社会实践中，关中文化精神总体上趋于老态和保守。其中除因"边地"而兴起的商业文化，成为值得称道的一线曙光之外，精神文化在总体上缺乏创新，地方社会日常生活中更加注重持守传统，更加注重服从理学条规，更加注重奉行理学的价值观。要说社会有所谓普遍的"理性"，那也主要体现在这一框架下和这一方向上的日益着力和作为。以此，民众的宗教信仰、民间信仰和礼教信仰及其仪式，愈来愈趋向复杂化和烦琐化，人们所背负的精神包袱日益多样，日趋沉重。而一般社会的普遍意识不但不自觉，反而是盲目地高扬和大力推进，以至于文化的异化和被异化愈来愈严重。虽然说在封建社会晚期，这种文化趋势在中国许多地方具有一定的普遍性，但关中地区因其"四塞之地"的封闭性，长期持守单一农耕文明的稳定性和保守性，愈发显得突出和典型。

---

① 〔明〕康海：《明状元康对山先生全集》卷一七，清康熙古邰贻穀堂重梓本。

一、关学与关中社会：日益戒律化和烦琐化的礼教文化

（一）关中理学的兴衰与科举风习的转变

明代关中大儒冯从吾说：

> 我关中自古称理学之邦，文、武、周公不可尚已，有宋横渠张先生崛起郿邑，倡明斯学，皋比勇撤，圣道中天。……迨我皇明，益隆斯道，化理熙洽，真儒辈出。皋兰创起，厥力尤艰，璞玉浑金，精光含敛，令人有有余不尽之思。凤翔以经术教授乡里，真有先进遗风。小泉不籀文字，超悟于行伍之中，亦足奇矣。司徒步趋文清，允称高弟。在中、显思履绳蹈矩，之死靡他。至于康僖，上承庭训，下启光禄，而光禄与宗伯司马金石相宜，钧天并奏，一时学者歙然向风，而关中之学益大显明于天下。若夫集诸儒之大成而直接横渠之传，则宗伯尤为独步者也。宗伯门人几遍海内，而梓里惟工部为速肖。元善笃信文成，而毁誉得失，屹不能夺，其真能"致良知"可知。侍御直节精忠，有光斯道。博士甘贫好学，无愧蓝田。呜呼，盛矣！①

按照冯从吾的说法，关中理学文化底蕴丰厚，自北宋张载崛起郿县以来，关中儒学发展为宋代理学的重要一派，当时地位极高。明王朝时期，朝廷更加重视理学，并以之治世化民，关学在前朝基础上进一步发展，不但"真儒辈出"，而且"关中之学益大显明于天下"。如

---

① 〔明〕冯从吾：《关学编》（附续编），陈俊民、徐兴海点校，中华书局，1987年，"自序"第1—2页。

果就今天的关中概念而言，排除其中非关中籍理学家，如"皋兰"（兰州段坚）、"小泉"（山丹卫人周蕙），那么，仅关中地区出产的重要理学家，就有"凤翔"张杰、"司徒"张鼎（咸宁人）、"在中"李锦（咸宁人）、"显思"薛敬之（渭南人）、"康僖"王承裕（三原人）、"光禄"马理（三原人）、"宗伯"吕柟（高陵人）、"工部"吕潜（泾阳人）、"侍御"杨爵（富平人）和"博士"王之士（蓝田人）。当然，《关学编》及《关学续编》所记述的关学传人和理学家远较这里所说的代表性人物多，这里没有必要一一列举出来。这种情况表明，明代以关中为中心的关学发展比北宋时代还要兴盛。《关学续编》作者王心敬言及关中东部同州并涉及西安府的情况时说："盖明之一代，崇尚《性理》一书，宗法有宋濂、洛、关、闽五子。同州则风气之醇本甲三辅，兼浸被马二岑先生风泽；暨万历、天启间，西南二百里则冯少墟先生提倡正学者数十年；邻邑则蒲城单元洲先生以性命气节之学鼓舞同志。故一时同、蒲诸邑，流风广被，人士往往向往理学，惟恐或后，有宋道学之盛，不能过也。"① 可见，其时当地学术风气是很浓厚的。总体而言，明代关中理学的发展是颇为兴盛的，其中超越地方影响并及于南北诸多地方的理学家也在在不少，且为当世颇可称道。在此风气之下，关中学术文化的成就无疑在西北地区独占鳌头，位居首位。

就科举出身的进士而言，有学者据《明清进士题名碑录索引》，检索出明代陕西出产进士843人，该数额位居全国各省第11位。其中，关中地区（除商州直隶州外）出产进士671人，约占全省进士人数的79.6%。而关中地区中东部的咸宁、三原、泾阳、长安、渭南、朝邑、韩城7县，共出产326人，占到整个关中地区进士人数的一半

① 〔清〕王心敬编：《关学续编》卷一，见〔明〕冯从吾：《关学编》（附续编），陈俊民、徐兴海点校，中华书局，1987年，第90页。

左右。西安、同州二府总出产 557 人，约占整个关中地区的 83%。与此相应，理学著述也在西北地区最多。① 明代关中士人信仰科举考试与理学习学是相统一的，不少理学家都是科举进士出身。《关学编》所载重要理学家，如凤翔张杰、咸宁张鼎、秦州张锐、三原王承裕、高陵吕柟、三原马理、朝邑韩邦奇、渭南南大吉、富平杨爵等，皆进士或相当于进士出身。有些没有成就进士者，亦往往多次科考，如咸宁李锦，"数上春宫，竟不第"；渭南薛敬之，"应试省闱至十有二次，竟不售"。如此者亦复不少。

延及清代，关中理学逐渐衰落，社会学习风气也为之一变，这就是理学与科举考试分为二途，各不相谐。清代初年，尚有影响海内的理学大家，如西安府盩厔县人李颙，学者称"二曲先生"，与河南孙奇峰、浙江黄宗羲并称明末清初"海内三大名儒"②。李二曲在关中道学中的地位，有论述云："盖关中道学之传，自前明冯少墟先生后，寥寥绝响，先生起自孤寒，特振宗风。"③ 其门下弟子及私淑弟子亦复不少。后有弟子王心敬，时人称"丰川先生"，鄠县人，为李二曲先生"入室高弟"，师从二曲先生学习理学十年，"学既成，以母老归家侍养。日理经史，折中自宋关、闽、濂、洛以至河、会、姚、泾之学，咸师其长，而融液于《大学》'明德'、'亲民'、'至止善'之宗。自信以为此道必合天德、王道于一贯，乃本末不遗；用功之要则敬义夹持，知行并进，方不堕于一偏"。④ 嘉庆时人周元鼎说："呜呼，今之

① 张晓虹：《文化区域的分异与整合：陕西历史文化地理研究》，上海书店出版社，2004年，第 138—139 页。

② 〔清〕王心敬编：《关学续编》卷一，见〔明〕冯从吾：《关学编》（附续编），陈俊民、徐兴海点校，中华书局，1987年，第 86 页。

③ 〔清〕王心敬编：《关学续编》卷一，见〔明〕冯从吾：《关学编》（附续编），陈俊民、徐兴海点校，中华书局，1987年，第 87 页。

④ 〔清〕周元鼎：《丰川王先生传》，见〔清〕王心敬：《关学续编》卷一，见〔明〕冯从吾：《关学编》（附续编），陈俊民、徐兴海点校，中华书局，1987年，第 95 页。

学者歧理学与举业为二，势不得不专举业而遗理学。自丰川先生后，
吾关中之学其绝响矣，是不能不望于豪杰之士。"① 就是说，王心敬是
继承宋代以来理学，并其师李二曲理学精神的代表性人物，也是清代
关中理学的殿军。自王心敬以后，关中理学似再没有出现颇具影响的
理学家。同时，这里指出，到了清代，学者多视理学与科举仕进为两
事，重视科举远过于重视理学，所以关中理学迅速衰落。正是这样的
原因，在关中理学日渐衰落的清代，以儒学为指归的科举事业，却在
持续稳定的发展。并且士人向学的目标和追求，已经完全转向了单一
"功名"的科举考试成为风尚，而不再是明代关中理学家所持守的"毋
徒举业以要利禄，毋徒任重弗克有终""惟以古圣贤进德修业为事"②
的理学风尚了。这一时期，不但各级儒学都以此为目标来培养人才，
而且以前颇具个性的各类书院，也都已经官学化，并成为培养科举人
才的场所，学习和学术风气全然改变。据研究，有清一代，陕西省共
出产进士 1017 名，名次位居全国第 12 位，与明代差相仿佛。其中关
中地区共有进士 777 名，约占全省进士的 76.4%，也较明代略有降低，
但依然是陕西省出产进士人数最多的地区。与此相应，这里也是出产
学术著述最多的地区。③ 清代关中地区依然是西北地区学术文化最发
达的地区，是科举人才分布最集中的地区。

（二）理学教化与礼教信仰的宗教化趋向

关学，包括宋代以降理学的发展，有三个特点：一是学理上追求

---

① 〔清〕周元鼎：《关学续编后序》，见〔清〕王心敬编：《关学续编》卷一，见〔明〕冯从
吾：《关学编》（附续编），陈俊民、徐兴海点校，中华书局，1987 年，第 96 页。

② 〔明〕冯从吾：《关学编》（附续编）卷四《泾野吕先生》，陈俊民、徐兴海点校，中华
书局，1987 年，第 41 页。

③ 张晓虹：《文化区域的分异与整合：陕西历史文化地理研究》，上海书店出版社，2004
年，第 146—147 页。

"回复"周公、孔孟元初儒学的传统与精神；二是信仰"人人可以为圣人"，并以此目标来塑造自己，以成就"圣人"的理想追求；三是重整并树立传统伦理为核心的伦理规范，以之教化世人，教化社会，以实现理想中的"尧舜之道"与"孝""礼"型社会。张载所谓"为天地立心，为生民立命，为往圣继绝学，为万世开太平"的本意应该就在这里。学理上的追求涉及众多理学大家和学人，这里不必述说。就地方文化信念、社会实践及其引发的社会风俗变迁而言，后两种观念和行为在其中发挥了实质性的作用。

就明代关学传人而言，理学教化包括两个基本方面：一是理学家或学人的自我化育和自身的文化塑造；二是化育弟子、门人并及于一般社会。所谓自我化育和自身的文化塑造，就是严格恪守古圣贤及孔孟之道的信条，并将这些理念贯彻于个人的日常行为中。所以个人的修持，首先体现在对于孔孟之道的坚信，并坚信"圣人可学""人人可以为圣人"，通过艰苦力学和对于孔孟之道的崇拜、体悟，以及恪尽职守的奉行，实现自身成为圣人的目标。这与佛教徒成佛的愿望，道教徒成道成仙的愿望是一致的。从形式上讲，它们都属于坚信信条，并通过个人学习、修炼而达到一种理想"人格"或者"神格"的范式。而在性质上是属于人伦改造与生活方式的选择和导引性质的宗教。故德国哲人马克斯·韦伯说："儒教同佛教一样，仅仅是伦理（道，相当于印度的法）。但是，与佛教截然不同的是：儒教适应世界及其秩序和习俗，归根结底不过是一部对受过教育的世俗人的政治准则与社会礼仪规则的大法典。"[1] 与佛、道两种宗教不同的是，作为新儒家的理学学人或理学家，在成就自己或教授弟子的同时，可以甚至是积极地参与"治国平天下"的社会治理。他们通过个人做官（包括

---

①［德］马克斯·韦伯：《儒教与道教》（最新修订版），王容芬译，广西师范大学出版社，2008年，第191页。

作为儒学教授）并参与社会治理，将理学的一套信念、信条传播和推行于社会的教化当中，以重新确立和维系他们认为儒家理想的社会秩序。德国思想家阿尔伯特·史怀哲说："在十七世纪的中国精神生活中出现了一场类似于欧洲文艺复兴时期的人文主义的运动。人们越来越试图重新回到孔子学说的本来面目上。"[①] 这里虽然是就乾嘉考据学的儒家文献研究而言，但可以借用来说明北宋以来理学的普遍兴起及其社会传习运动。实际上，宋明理学及其社会的传习与实践，可以被看作中国精神生活中出现的一场类似于欧洲文艺复兴时期的人文主义的运动，从那时起，"人们越来越试图重新回到孔子学说的本来面目上"，并以之改造社会，试图使中国回归到人们理想中的"三代"社会，并在原始孔孟学说化育下，重建理想的社会伦理秩序。在关中地区，关学在这一方面可谓不遗余力，所以自北宋至清代，有那么多的理学家及其传人，前后相继，历时千年，以宗教般的热情和虔诚，努力作为，化风易俗，从而使关中社会被牢牢地控制在"孝道"和礼教的无形网络之中。日本学者那珂通世在 19 世纪 80 年代末期认为："秦汉以下二千余年，历朝政俗殆皆一样，文化停滞，不复进动，徒反复朝家之废兴而已。……国民之情态固定不变，无进无退，恰如在模型之中"[②]。这种认为 2000 多年来中国社会的发展是停滞的观点虽然不正确，但如果就相对稳定的农耕社会及其社会秩序所表现的基本形态看，其认识还是在一定程度上看到了其中存在的问题。这样的问题，具体反映在明清时期的关中社会上，实际上也是一样的，甚至更为典型。应该说，这样的束缚已经走向理学家所期望的反面，并且在很大

---

① ［德］阿尔伯特·史怀哲：《中国思想史》，常暄译，社会科学文献出版社，2009 年，第 180 页。

② 转引自［美］傅佛果：《内藤湖南：政治与汉学（1866—1934）》，陶德民、何英莺译，江苏人民出版社，2016 年，第 86 页。

程度上成为社会正常发展的制约因素。

关中理学教化的结果，主要表现在以下三个方面：一是理学家的"孝""礼"范型与精神趋向。二是基层社会普遍奉行"至孝""尊礼"观念，并将之贯彻于日常生活的点点滴滴之中。在此过程中，仪式化及宗教化趋向日趋发展，异化趋向日趋显著。三是女性"节烈"观的奉行和实践日益走向极端化，人的异化和自奴化现象日趋突出。所以"礼教"文化被社会裹挟着前行，逐渐走向背离人性与理性的黑暗深渊。明清时期关中理学家（包括关学）及其传人自身都有两种角色：一是理学文化的承载者，二是理学文化的传播者。不论是前者还是后者，首先都是理学的信奉者、习学者和实践者。也正因为如此，他们的行事本身就是树立一个个"榜样"或者"模范"，并因此而树立理学教化的旗帜，影响乡里，化及社会。其中有两种类型：一类是参与国家和地方治理或教育的官员；一类是不入仕或者从官员身份退归的理学家。两者的共同点是，都持守理学的基本信条和孔孟之道的基本精神。所不同的是，前者一般表现为对于国家和社会方面的责任：忠国、爱民、守法、除恶、救济；后者包括履职或退隐的理学出身官员，严格持守礼仪、孝养、养性，接济乡里，救困扶危。至于以"圣贤自期"的理学家，更注重个人的修炼、功夫和教授弟子等。下面举几个例子，以见一斑。

凤翔张杰（1420—1472），号墨斋，人称"墨斋先生"。一生信仰性善论，以为："天地生人，无不与之以善，圣贤教人，亦无不欲其同归于善。是知善者，人所自有而自为之。先觉之觉后觉，如呼寐者而使之寤耳。""人自有善"犹如佛教"心中有佛"，后者可以通过顿悟或者别人超度并修持获得，前者则需要通过"先觉"以"觉后觉"。这一信念在一定程度上影响了他后期选择"力学明道""进学致知"，并教授弟子的传道生涯。表现在现实生活中，以"养亲"为至上的"孝道"。他曾经做官在外，父母亲去世，丧事以礼，后有司劝他继续做官，他说："吾少也力学以明道，禄仕以养亲，今吾亲终矣，而学无所得，尚欲仕乎？"①就是说，"力学以明道""禄仕以养亲"是他的人生目标，父母去世了，"养亲"的目标没有了，也就不必"禄仕"了，所余唯有"力学以明道"。因此，他没有再选择进入仕途，而是"进学致知"，教授弟子，觉悟后生。可以说学道、传道，至孝养亲，就是他的理学观，也是他的人生观。

高陵吕柟（1479—1542），自号泾野，学者尊称"泾野先生"。一生学行，时人评价云："盖先生之学，以立志为先，慎独为要，忠信为本，格致为功，而一准之以礼。重躬行，不事口耳。平居端严恪毅，接人则和易可亲，至义理所执，则铿然虓烈，置死生利害弗顾也。"信奉"圣人可学而至""举业圣学为一"的理念，更进一步认为，"干禄念轻，救世意重"。所以教授诸生，"虽举业拳拳，不离圣贤之学"。在干禄问题上，重"救世"而轻"干禄"，外任履职和在各地书院教授弟子任上，都能够忠实地履行这些理念。时人称其在任，"政举化行，俗用丕变"，其理学则自"关中之学自横渠张子后，惟先生为集大成"。②

三原马理（1474—1556），号谿田，人称"谿田先生"。一生以"曾子'三省'、颜子'四勿'为约，进退容止，力追古道。……一时学者即以为今之横渠也"。以"身可绌，道不可绌"为信念，时人有"爱道甚于爱官"之论。力学好古，"特好古仪礼，时自习其节度。至冠婚、丧祭礼，则取司马温公、朱文公与《大明集礼》折中用之。处父丧与

①〔明〕冯从吾：《关学编》（附续编）卷三《墨斋张先生》，陈俊民、徐兴海点校，中华书局，1987年，第29页。
②〔明〕冯从吾：《关学编》（附续编）卷四《泾野吕先生》，陈俊民、徐兴海点校，中华书局，1987年，第41—46页。

嫡生母之丧，关中传以为训"。①

如果说这三位理学家可以作为明代关中理学学人代表的话，那么他们的思想和作为就是榜样，实际上也是一个符号或旗帜，是关中儒家社会普遍效法的模板。事实上，当时关学的不少传人都具有这一功能。这三位理学家不但以自身的作为，成就了理学的自我化育与塑造，而且因为他们的理学造诣影响了一大批弟子、同道的传承、传播和共同砥砺，共同推动着理学的社会化传布。而对基层社会的教化并因此而促使关中社会风俗发生深刻的变化，则主要体现在"孝""礼"文化的引领上。上述马理，集古代礼仪及宋明冠婚礼、丧葬礼于一体，"折中用之"，就是对此加以整理并系统化，并通过自己父母亲的丧葬礼仪实例，以影响社会，故有"关中传以为训"之说。至于"悉尊礼仪"，在理学家那里几乎都是沿革恪守，如张杰"丧葬悉以礼"，屏除乡里旧俗"多用浮屠法"。另如咸宁人李锦，"事亲色养备至，执丧尽礼，力绌异端。至今省会士大夫不作浮屠事，实自先生始"②。

在礼仪形式或者仪式上，理学家们十分讲究，甚至趋于极端化或烦琐化。张杰的父亲去世以后，他"徒跣奔归"。渭南薛敬之，"二尊人相继殁，徒跣奔葬。时大雪盈尺，兼酒浅泥泞，亦不知避。后遂病足，值冬月辄发。母嗜韭，母殁，终身不忍食韭"③。高陵吕柟，尝教授西安府"开元寺"，听说父亲病疾，"即徒步归"，不忍乘马。父亲去世后，"庐墓侧，旦夕焚香号泣，门人感之，皆随先生居"。就是在

---

①〔明〕冯从吾：《关学编》（附续编）卷四《豀田马先生》，陈俊民、徐兴海点校，中华书局，1987年，第47页。

②〔明〕冯从吾：《关学编》（附续编）卷三《介菴李先生》，陈俊民、徐兴海点校，中华书局，1987年，第34页。

③〔明〕冯从吾：《关学编》（附续编）卷三《思菴薛先生》，陈俊民、徐兴海点校，中华书局，1987年，第36页。

翰林院期间，"父母书问至，必再拜使者受之，退而跪读"。①这种礼仪在形式上的刻意追求和极端化发展，固然能够更为深切地体现个人或者群体对于"孝""礼"的深切执行，但在今天看来，却不失为缺乏理性，甚至是背离"孝""礼"元真精神的异化现象，实际上也就发展为五四新文化运动时人们所谓的"伪道学"的一部分。应该说，任何事物都有其本质的意义，且不说它自身的合理与否，一旦在内容上日趋烦琐化、冗赘化和在形式上极端化甚至是宗教化，实际上都是在日渐背离事物自身的本真精神、价值和意义。明清时期关中理学以"礼教"和"孝道"为中心的社会教化和风气转变，不论是在内容还是形式上，都不同程度地走向其反面，成为消极地影响社会正常运行和发展的"恶"的因素。因为，这一时期是我国封建专制帝国发展的晚期，以"礼教""孝道"为中心的理学教化，在"回向三代"和礼法《周礼》及两汉作法的同时，往往进一步集历史时期"礼法""孝道"之大成，在经系统整理和规范以后，以用行于社会，从而使得两大系统在操作层面，从官方层面的圣人先贤祭祀、文庙祭祀，到民间的日常礼仪、丧葬婚俗等等，在内容和形式上都日趋烦琐、复杂，并且在官方导引和一般社会的"上行下效"式推动下愈演愈烈。官方、个人及社会所背负的主流文化精神负担愈来愈沉重。在这样的自觉与不自觉中，人群被异化，文化被异化，社会被异化，这正是后人称之为"吃人"的原因。

官方主流文化所倡导的"节烈"观与关中日益发展的"烈女"现象，是理学极端化发展的结果，也是关中主流社会风气变迁的一个重要原因和表现。这种情况自宋代以来日渐流布，"节烈"妇女也愈来愈多，

---

① 〔明〕冯从吾：《关学编》（附续编）卷四《泾野吕先生》，陈俊民、徐兴海点校，中华书局，1987年，第41—43页。

至明清时期达到鼎盛。如果说这一现象是一种在汉文化区普遍存在的现象的话，那么关中地区的普遍程度并不让于他地。以西安府为例，仅明代常态情况下旌表及与此相关的"列女"人物就有 560 多人①，其中尚不包括明代末年战乱期间的数据。后者因为发生在战乱期间，有相当多的集体自杀事件，也有一家女人的集体自杀事件，算是特殊环境下的产物，虽然也深刻地反映了她们所持有的贞节观念与作为，但不作为日常事件计入其中。这 560 余人分布于西安府咸宁、长安、临潼、高陵、蓝田、渭南、泾阳、三原、富平、同官、耀州、醴泉、咸阳、兴平、鄠县、盩厔十六州县，其中渭南、泾阳、三原、富平、临潼分布人数最为集中，都在 40 人以上。可见，理学"节烈"观以及以"节孝""贞节""尊礼""孝养"为核心的社会教化思想，已经普遍深入基层社会的各个角落，并且成为支配一般社会阶层的强固的文化信念。这些妇女，包括未成婚的年轻女子，多在十七八岁至 30 余岁之间，尤以 20 至 30 岁之间为多。在这些观念的支配下，坚守孀居数十年，抚养遗孤，奉养老人，曲尽孝道，一方面体现了传统儒家文化美德的伦理道德理想，另一方面却也使得个体生命完全丧失了符合人性的对于正常生活的追求。她们是理学文化极端化发展的牺牲品。一般性守寡孀居比较普遍，且不必说，有相当一部分烈女，在"从一而终"观念支配下，从容选择自杀"殉葬"，完全是一种宗教化的"殉道"行为。至于为了体现"至孝"而"割股和药"，因男女"授受不亲"而在自然灾害面前妇女不可接受"公公"救助而死，以及为了避免"再嫁"干扰而"断发""黥面""刺目"，等等，都是理学社会化教化"恶"的典型表现。明清时期关中社会于这方面的例子很多，详情可参见各府州县志中的"列女"篇，这里不再一一赘述。就地区分

---

① 据清舒其绅等修、严长明等纂《西安府志》卷三十八、卷三十九《列女传》整理统计。

布的广泛性而言，关中东部的同州府、西部的凤翔府，以及北部的乾州、邠州直隶州等，情况与西安府约略相当，程度容有差异，但性质都是一样的。因此，这些普遍而大量的血淋淋的事实表明：明清时期，关中理学文化已经深刻地支配着关中社会的生存理念、生活理念和人生的价值选择。鲁迅曾说："中国根柢全在道教，此说近颇广行。以此读史，有多种问题可以迎刃而解。"[1] 著名学者许地山说："我们简直可以说支配中国一般人底理想与生活底乃是道教底思想；儒不过是占伦理底一小部分而已。"[2] 谭其骧认为，宋代以降，"控制当时整个社会精神世界的，是菩萨神仙，而不是周公孔子孟子"[3]。如果从关中地区明清时期的实际情况看，这些认识都是各执一端的片面认识，是不完全符合当时关中社会的实际情况的。而陈寅恪所谓："二千年来华夏民族所受儒家学说之影响，最深最巨者，实在制度、法律、公私生活之方面，而关于学说思想之方面，或转有不如佛道二教者。"[4] 其强调儒家学说的影响，主要在制度、法律和公私生活方面，则与明清时期关中文化的基本精神是相一致的。

---

① 鲁迅：《致许寿裳》，见鲁迅：《鲁迅书信集》，人民文学出版社，1976 年，第 18 页。

② 许地山：《道家思想与道教》，见许地山：《道教史》，上海古籍出版社，1999 年，"附录"，第 141 页。

③ 谭其骧：《中国文化的时代差异和地区差异》，见谭其骧：《长水集》（续编），人民出版社，2011 年，第 185 页。

④ 陈寅恪：《冯友兰中国哲学史下册审查报告》，见陈寅恪：《陈寅恪集·金明馆丛稿二编》，生活·读书·新知三联书店，2009 年，第 283 页。

二、被支配的魂灵：宗教与民间信仰支配下的
沉重与"自觉"

（一）万物有灵观念与日益增长的神灵崇拜

万物有灵是世界范围内原始初民生活中普遍存在的一种观念，深刻地影响着先民的日常生活。前文已述，我国秦汉时期，关中以秦雍城为中心已经形成被学者称为多种神灵崇拜的"宗教圣地"。随后，任凭政治风云变幻，诸多王朝更迭，甚至是民族迁入迁出，生活在关中地区以汉人为主体的人群，始终不同程度地持有这一观念，信奉各种神灵对于生民生活的无形干预。到明清时期，伴随着古老帝国的日趋"老化"和专制统治的日益加强，民间信仰和各种宗教信仰，虽非都有相应的组织，但多种多样的信仰和崇祀越发地深入人心，整个社会陷入一种与帝国晚期政治风气相对应的精神沉重状况。

（1）官方主导的制度性崇祀。宗教乃至民间祭祀继承历史时期以来的制度化发展，到明清时期多已完成较为规范的制度化管理和建设，表现在地方政府层面，设有专门的机构、官员或祭祀制度。一般情况下，各府州县都设有"僧会司""道会司"机构，设置"僧会一员""道会一员"或若干，以管理本县佛教、道教及其相关的祭祀活动。如三原县，有"僧会司，在县治北西观音寺，洪武十五年开设。道会司，在县治北龙阳宫，洪武十五年开设"，分别设"僧会一员"和"道会一员"。①另外，崇奉和祭祀各种神灵，自古以来在国家和地方都是大事。这种传统一直不同程度地延续下来，直到明清时期，由地方政

---

① 〔明〕张信编纂：《嘉靖三原县志》卷之一《公署》、卷之二《官制》，见凤凰出版社编选：《中国地方志集成·陕西府县志辑》（8），凤凰出版社，2007年。

府管理和主持地方祭祀已经制度化。故地志云："祀典，乃国家大事，为民祈福也。坛壝崇卑、广袤与夫神厨等屋祭物祭品、致祭时月，俱有定制。守土者当致谨而奉行也。"① 虽然表面上看是"为民祈福"，实际上也是万物有灵信仰的延续。当时，官方主导的崇祀主要有社稷祭祀、风云雷雨山川祭祀、邑厉祭祀、城隍祭祀，分布于城乡社会的里，也多立社进行相关的祭祀活动。根据国家典制，其坛壝制式和祭祀仪式都有明确的规定，这在关中地区是比较普遍的现象。《嘉靖三原县志》对此有详细的记述，兹据此简要说明如下。

社稷坛：在县治西北。社稷坛制昉自北宋，北宋真宗大中祥符四年（1011）颁行天下坛制，社稷坛广 1 丈 5 尺，高 1 尺 5 寸。元代因袭该制度，并在坛南侧种植"栗木为表"。明代洪武初年，社坛和稷坛分离，各为一坛，洪武八年（1375）遵从制度合二为一。坛北向，东西南北各 2 丈 5 尺，高 1 尺 4 寸 4 分，出陛四，陛 3 阶，坛下 9 丈 5 尺，东西南各 5 尺，缭以周垣，四门。由北门入，石高 2 尺 5 寸，

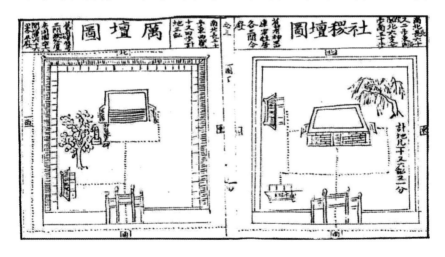

　　①〔明〕张信编纂：《嘉靖三原县志》卷之三《坛壝》，见凤凰出版社编选：《中国地方志集成·陕西府县志辑》（8），凤凰出版社，2007 年。

4 寸 5 分。一题曰县社之神，居左；一题曰县稷之神，居右。旁边设有神厨斋居等屋。每年春、秋仲月上戊日，有司前期二日斋戒，用 2 豕 2 羊 1 祝 2 帛，进行祭祀。这里展示的两幅祭坛图，采自明代嘉靖《渭南县志》，据此可以明了那时祭坛的形态。

邑厉坛：在县治北，洪武三年（1370）创制，以祭祀本县境内发生的没有后人祭祀的死魂亡灵（无祀鬼神）。制度规定：每年春三月的第二天、秋七月十五日、冬十月一日"晡时"（正午 12 点）祭祀，祭奠仪式、祭礼、祭品都有详细的要求。

风云雷雨山川坛：在县治南。元代时在社稷坛东西，分为二坛，洪武八年（1375）遵从制度合二为一。坛南向，广与社稷坛同。木主三：一题曰风雨（当为"云"之讹）雷雨之神，居中；一题曰本县境内山川之神，居右；一题曰本县城隍之神，居左。"外缭以垣，周荫佳木，神厨斋居等，亦如社稷之制。"制度规定：每年二月上旬有司前期二日斋戒，用 2 豕 2 羊 1 祝 6 帛，进行祭祀。

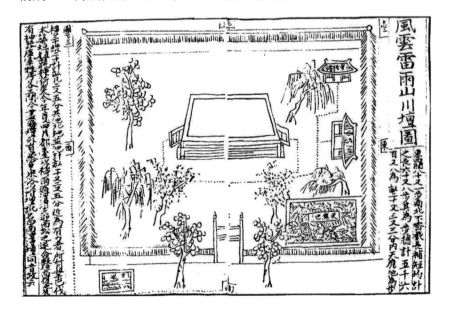

里社：洪武八年（1375）制定制度，每里立一个"社"，命耆老每年春、秋仲月，用1羊1豕及酒果，致祭于"五土之神、五谷之神"。

乡厉：洪武八年（1375）制定制度，每里立一个"无祀鬼神坛"，称之为"乡厉"。每年命耆老于春、秋仲月，用1羊1豕，进行致祭。[①]

可以看出，洪武八年（1375），国家于制度层面对地方城乡里社的"祀典"，进行了一次全面的整理和规范。关中诸府州县按照这一规范的精神，基本上都进行了比较规范的建置。且不说历史时期以来的传统，此次官方整治所传递的精神，自然是无形的神灵在影响着现实社会中的官民生活。这种导引性精神，毫无疑问是在无意中强化和推动了民间社会较为广泛和多样化的神灵崇拜的进一步发展。所以，此类情况发展至清代，社会崇信的广泛性和多样性趋势愈演愈烈，以至于出现大量的"淫祀"现象，连一些开明的官员也都难以容忍。可见，民间信仰已经突破了"祀典"所谓"为民祈福"的精神和愿望，日渐走向本已荒唐的反面，更加地荒唐。这种精神大概与封建帝国晚期的昏暗与颓废是一致的。

（2）民间信仰的多样化和深度背离。明清时期关中地区的民间信仰，在受官方"祀典"精神影响的同时，自身也在适应"日益增长"的神秘化需求，向"自觉"的方向和深度扩展。所以到了清代，不为地方政府所包容的祭祀行为愈来愈多。张晓虹谈及清代至民国时期关中地区民间信仰的"发达"时，引用民国《续修陕西省通志稿》所载几个地方的资料：关中中部的三原县，"一乡数里间，或无学舍，而淫祠遍村堡"。东北一带的蒲城县，"各乡二、三月间，多敛钱祀社，或一村或数村，旗帜飞扬，金鼓喧腾，殆如狂。然最属淫祀，莫如南

---

① 以上参见〔明〕张信编纂：《嘉靖三原县志》卷之三《坛壝》，见凤凰出版社编选：《中国地方志集成·陕西府县志辑》（8），凤凰出版社，2007年。

北二赛：南赛在五更村，祀东岳，北赛在延兴，祀尧山圣母。届时梨园纷集，车马填塞，一切淫糜，足抵中人数十家之户。盖其风尚然也"。关中西部的凤翔府，"各乡聚落虽即穴处山居，靡不建环堵之宫，以为祀神之所。每届夏麦纳场，秋禾登陇，大凡乡社演唱歌台，即三五家村亦必辟污菜，结绵蕞，舞傀儡，延影戏，谓是为祀田祖，劳农功。殆有报赛意也"。① 后者的情况，与今礼泉县西张堡镇东寨村农历六月六日的赛会很相似。据老人讲，民国以来，该村每年六月六日举行赛会，请皮影戏唱几天。其实，笔者上小学的时候（20 世纪 70 年代），村里还唱过两年，笔者还看过这样的戏。只是由于当时处在破"四旧"时期，后来这样的赛会就没有再举行了。由此可见，关中民间赛神类信仰的根深蒂固和相延持久。当然，这里所列举的材料，仅是关中众多州县中的几个县地的典型材料而已。实际上，关中地区很多县地的情况与此大同小异，没有实质性的区别。正因为如此，不少地志称此为"淫祀"，甚至有些地方官员上奏朝廷，极力要求朝廷禁止"淫祀"。但其结果并不理想，往往是一阵风过后，这样的习俗依旧存在和发展。这种情况表明：地方信仰的崇信和祭祀日渐走向深度的异化，"人为物役"的现象已经发展成为一种社会"自觉"，成为弥漫于日常社会各个阶层的普遍现象。应该说，神灵和仪式控制了社会，人们虔诚地沉浸于其中而不自知，并且还要为此而摇旗呐喊，以至于癫狂。

除此之外，巫术、巫风、神仙、鬼神崇拜，树神、门神、灶爷、龙王、山神、火神、风神、雹神、财神、土地神等，各种各样的神秘崇拜，可以说是无奇不有。直到现在，还有相当一部分人沉浸于"大

---

① 张晓虹：《文化区域的分异与整合：陕西历史文化地理研究》，上海书店出版社，2004年，第 305 页。

仙""大神"的美梦中。这就是当时乃至此后一个相当长的时期里，关中民众较为普遍的精神世界。虽然如此，却不能据此认为民间信仰就是支配关中社会民众精神唯一的或者是主要的文化信仰。事实上，此类民间信仰虽然是日常生活中不可或缺的一类信仰，但它只是众多信仰中的一部分，关中人的信仰是多重的、多样的，此类信仰的主要目的是祈福、消灾、求子、治病等，其性质是民众信念意义上的护佑性功能信仰。既然是功能性信仰，就仅仅是民众日常生活中主要信仰的补充，它和信仰主体之间具有松散的联系，而不是必然的强制性联系。在这种联系中，信仰主体虽然在形式上遵从民俗或"规矩"的强制性（如交纳相关费用等）控制，但主体在意识上却具有选择性参与的权利。这也就是此类民间信仰的特殊性和特点。一般情况下，它不排斥儒学的各类祭祀，也不排斥道教的各类崇拜与活动，换句话说，主体的精神不被绝对控制，实际上这些信仰也不能完全控制主体。在关中人的信仰体系里，多种崇信和信仰，既具有一定的性质与类别区分，又往往相互贯通和融合，既浑然一体，又有一定的界限，相即相离，相离而又相即，以此形式广泛地存在，并强烈地影响着社会日常的民众生活，日复一日，年复一年，周而复始。

（3）族墓、祠堂：祖先崇拜的普遍性与形式化。祖先崇拜的观念与历史在我国古代社会由来已久。到明清时期，随着国家层面"崇德报功"观念的推广和传播，上至古代圣帝先王，下至有一定地方政绩的府州县官员，从国家"祀典"制度到民间自发地修建祠堂、祠坛，崇祀和祭奠活动愈来愈多，愈来愈浓重。这种现象在明清关中诸府州县志中有大量记载，此处不再一一列举。这种文化观念的普遍化发展，至一般社会层面，就是宗族意识的强化和集体认同的愈来愈强固。表现在形式上：在生人生活层面，同一宗族的辈分强化和同宗族个人的排位次序的明确化。它主要以男性为对象，以取名中的某一个字来加以秩序化，如祖辈为"振"字辈，所有这一辈人名称中就都有一个"振"字，下一辈为"华"字辈，那么下一辈所有男性名称中就都有"华"字，依次序按大小予以区分，以此类推，即便亲疏关系出"五服"后，依然遵从这一秩序而少有变更。在逝去者层面，也是按照人世间的宗族秩序来安排，于是宗族祠堂和宗族墓地建设得以普遍化发展。如果到关中的民间走访一下乡村的宗族民俗，大凡明清以来延续下来的传统村落，不论是单姓村落，还是若干姓氏组成的多姓氏村落，据老人回忆，一般都有"祖坟"或者"老坟"的记忆。就文献记载而言，明朝武功状元康海家族就是一个例子。康海的始祖名叫康政，祖籍河南省固始县，宋末元初，"时遭天下大乱，乃与固始人西来关中"，"居武功长宁［镇］，子孙至于今世家武功"。其儿子康庭瑞时，时值元代，曾读书长宁镇"西门原上，有弟子数百人"，"明性理之学"，关中学人尊称"西原先生"，后曾任兴化学官。其祖墓在"长宁镇西门平原"，所以他的6个儿子先后葬在长宁镇西门外平原祖茔。他的第三个儿子的长子康珪迁居武功县城，死后葬县北卜家原，随后县北卜家原遂成为县城康氏家族的一处墓地，先后葬埋其子孙及四叔父子孙若干辈人。到他的一支第五代传人康健时，已为永乐时期。永乐三年（1405），康健死后葬在县南纸坊原，这里又发展为县城康氏第二处墓地，先后埋葬子孙若干辈人，直到康海于嘉靖十九年（1540）十二月十四日去世，并与第二年葬于"城南纸坊祖茔"[①]，时间已经过去了135年。延续至清代，这一现象继续发展。如近现代著名学者泾阳人吴宓曾作《吴宓自编年谱》，述其家乡在今泾阳县鲁桥镇安吴堡，其中专门绘制有其祖上墓地地图一幅，见下图所示之《吴安堡近郊图》[②]。据此，可以看见它在村落和宗族文化中的地位。该墓园、墓地

---

① 金宁芬：《家乘》《康海年谱》，见金宁芬：《康海研究》，崇文书局，2004年。

② 吴宓：《吴宓自编年谱》，吴学昭整理，生活·读书·新知三联书店，1995年，第7页。

不仅具有一定的规划，而且有仪卫兽、石像生等建筑和摆设。1961 年吴宓回到家乡探亲，后曾著文言说："自经辛亥尽流亡，吴氏几人在故乡？毁室卖砖摧树尽，田庐邱墓早沦荒。""留存风景外宾娱，喜见祖茔划特区。狮马羊型供摄影，杉松柏树禁樵苏。"① 这样的墓园形式，固然在明清时期关中富商巨贾家族中较为常见，但在一般地主或者富裕家庭的

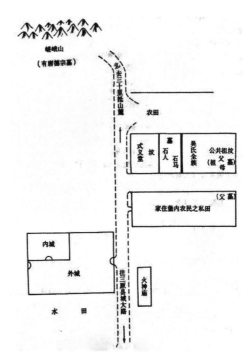

大家族中，亦复不少。笔者小时候也曾见部分中等地主家庭墓地中的石马、石羊，虽然规模不同，性质却极其相近。这样的文化与风气，与东汉以来北方黄河流域葬俗所崇尚的奢靡之风一脉相承，甚至在墓表形式的营造上也多类似。② 传统宗族墓葬文化及其精神，不但在此得以鲜明的体现，而且千余年间几乎没有实质性的改变。如果就乡村文化景观而言，宗族墓地无疑是关中传统乡村聚落景观不可分割的组成部分，是那个时代乡里文化的重要标志之一。

另有一个富商巨贾家族的墓园更加令人震撼，这就是清代同州府大荔县富商李氏家族墓园。李氏家族墓园在距今大荔县城约 12 公里的八鱼村，面积约 300 亩，其中分布有 22 座墓葬。墓葬一般由墓道、墓门、院落、厅堂、耳室和墓室组成，多为一院一厅三室的庭院式结

---

① 吴宓：《吴宓自编年谱》，吴学昭整理，生活·读书·新知三联书店，1995 年，第 13 页。
② 刘景纯：《〈水经注〉祠庙研究》，载《中国历史地理论丛》2000 年第 4 辑。

构。墓室多为青石和
青砖砌修而成。上图
是一墓室的门厅，墓
葬构件上大多刻画有
装饰图案，已发掘的
部分墓葬有书法、石
雕绘画 400 余幅，雕
刻艺术精美绝伦，堪

称清代石雕艺术的博物馆。该墓园现经考古部门发掘和地方政府建设
为古墓博物馆。

　　李氏家族的早期历史目前还不大清楚，从相关资料看，这个家族
是明清时期陕商中的重要一支，经清代数百年的发展，成为富甲一
方的商业巨族。其商业店肆分布于黄河流域、长江流域诸多著名城
镇。同治初年陕西回民起义爆发，大荔县八鱼村的村民四处逃亡，墓
园遭到巨大破坏。就明清时期陕西商帮的强大和活跃程度看，该墓地
可以说是当时陕西商帮家族墓地的代表之一，集中体现了关中宗族文
化以及丧葬文化的意识、观念和精神。特别是墓葬营建所反映的事死
如事生观念，以及极尽奢华的追求和营造，代表了明清时代关中社会
最为普遍的生死理念和丧葬文化的最高水平。因此，聚族而居，聚族
而葬，葬如其生，无论是达官贵人、富商巨贾，还是一般城乡宗族和
家族社会，基本上都秉持这样的观念。不论是富贵还是贫穷，虽然墓
园、墓地的规模、规格、形制有所不同，墓园、墓地在营造上也显现
出巨大的贫富差异，但在宗族意识、宗族认同、宗族观念强化上都具
有一致性。

　　虽然中国古代的生死观念发展过程中也有过思想史层面的多次讨
论或辩难，甚至在实践层面，不同时代、不同阶层，甚至是不同个人

之间也存在有程度不同的信念差异，但却始终没有从本质上改变这一古老的生死观念，以至于长期以来，不论社会风云如何变幻，历史朝代如何更迭，人们依然顽固地坚持事死如事生的做法。常言道："江南的才子，北方的将，陕西黄土埋皇上。"关中作为周秦汉唐等历代帝王诸多陵墓的集中分布区，无数墓园、陵墓及其看护、祭祀制度的发展，虽然说和一般社会迥然有别，不可同日而语，但对于传播墓葬文化和坟茔景观的营造不能说没有关系。1908 年 4 月初芬兰人马达汉从凤翔经岐山、乾州和咸阳，于 4 月 14 日抵达西安。他记述说："最后一天的行程是最有意思的一天。道路大部分时间在上百座陵墓中间穿过。在这些古代陵墓中安葬着唐朝和汉朝的帝王、王后及其大臣、太监和殉葬者。道路在咸阳过渭河"①。这仅仅说的是汉唐帝王陵墓，事实上，明清时期，上至地方藩王（如明西安秦王府）、富商巨贾的奢华墓园，下至官僚仕宦和一般民人的宗族墓地，无不与日益增长的城乡聚落交相辉映，似繁星点点，散布于关中大地上，特别是与历史时期延续下来的帝王陵墓一起，形成一道关中丧葬民俗文化连绵不辍的灰暗景观。人在天地间，人在人鬼间，当一具具祖先的尸体被有序地安排在宗族墓地的时候，当祭祀的祭品与一叠叠纸钱，在烟火中化为青烟腾升的瞬间，无论是"礼道"还是"孝道"，似乎于此完成了终极的一幕，但在实际生活层面并没有结束。而无尽的梦想和希望似乎也在这青烟袅袅中，化作祖先神灵福佑的慰藉。祖宗不能忘却，宗族血缘凝聚性和认同在这一过程中得以加强，宗族集体不断壮大和发展。关中宗族文化精神的一面于此得以典型性的体现。

与祖先崇拜和宗族墓地景观营造同时的是宗族祠堂的兴建和宗族

---

① ［芬兰］马达汉：《马达汉中国西部考察调研报告合集》，阿拉腾奥其尔、王家骥译，新疆人民出版社，2009 年，第 57 页。

族谱的修纂。祠堂是乡村较大宗族奉祀先祖灵位的场所，也是宗族商议族内日常重要事务的地方。不过，宗族祠堂并非所有大家族都有修建，有些地位很高并且十分富有的大家族，也不一定修筑有宗族祠堂。如泾阳吴宓家族，据记述，"吴氏无宗祠。各家皆于二厅之左隅，设'天地四方诸神位'龛；又于二厅之右隅，设'历代祖宗之神主'龛。每年除夕、元旦及三节（清明、端午、中秋）或值某先人重要忌辰，则十家各派一晚辈男子，至其他九家之内厅二龛前，拈香拜祭。……其后吾家迁居西安及三原，则每逢朔望，必于晨起拈香拜祭（一）土地，（二）龙王，（三）灶神"①。"吴氏无宗祠"，说明吴氏以外的一些家族是有宗祠的。虽然如此，吴氏家族内部，依然以不同的形式和方式，执行着宗祠的部分形式与职能，这在吴宓上述记述中说得很清楚。至于族谱，在关中地区分为两种：一种是常规性编修族谱，如明代武功状元康海家族就修有《康氏族谱》②。一种是"挂谱"，通俗地也叫族谱，它是一种较常规族谱简单的形式。它将历代列祖列宗以图表或者画像的形式，按照辈分、次序排位，并就其后人加以次序化，然后与宗族祭祀、续谱等结合在一起，每逢岁时年节等重要时期，族人加以祭祀。"挂谱"在明清时期的关中地区比较流行。

（二）佛教、道教崇拜的世俗化及其与民间信仰行香的混同风气

明清时期关中地区佛、道二教信仰日益世俗化，这在很大程度上是学界的共识。在关中地区这一现象也比较突出。虽然，各府州县往往建置有"僧会司"和"道会司"，但专门的佛寺僧人和道教徒已经比较少了。经常出入佛寺、道观的，是大量来自民间的世俗香客和信

---

① 吴宓：《吴宓自编年谱》，吴学昭整理，生活·读书·新知三联书店，1995年，第14页。
② 金宁芬：《家乘》，见金宁芬：《康海研究》，崇文书局，2004年。

众，他们以祈福、驱病和求得佛祖以及道家供奉的各种神仙的保佑为目的，其活动多以每年的岁时庙会期间集中进行，或因个体家庭的具体情况和需要，不等地分布于日常生活活动中。在这一过程中，民间信仰的各种神灵，甚至与佛、道教"偶像崇拜"，混同在一起，形成世俗文化的多种信仰、多重崇拜和迷信盛行的普遍风气。所以，明清时期修纂的关中诸府州县志，基本上都有"祠祀"条目，以记述当地佛寺、道观和民间信仰的崇祀场所。前述官方制度性的祭祀坛壝，自不必说，就是佛教、道教和民间信仰的各种祠寺，在各县地的数量亦相当可观。一般县域内往往都有数十座祠寺，而不少州县，仅县城及其附近就有十几座甚至二三十座此类建筑。这种现象在北方黄土高原地区如此，在关中地区同样如此①。以明代醴泉县为例，据崇祯《醴泉县志》记载，醴泉县境内祠寺的分布如表 8-1。

表 8-1　崇祯时期醴泉县寺观祭祠分布表

保安寺，县北门内	镇门寺，今改为文明寺，县新城南门内
华严寺，县东 30 里	应梦寺，县东南 15 里义门村
安乐寺，县东南 20 里安乐村	龙泉寺，县北 10 里泔北镇南岸
广济寺，县东北 20 里赵村	澄心寺，县东北 20 里吴村
兴福寺，县东北 15 里瑶都村	妙觉寺，县北 50 里
香积寺，县东 50 里薄太后村	应喜寺，县东 10 里王店村
崇教寺，县西南 20 里张梁村	北豆卢寺，县北 40 里
净业寺，县南 20 里大册村	双佛寺，县东 25 里双佛村
安庆寺，县南 15 里土见村	石佛寺二，一在县东北 20 里新寨村，一在县东南 20 里上寨村
兴教寺，县东北 35 里店头村	上柴寺，县北 50 里上柴村
铜泉寺，县北 40 里石泉村	泔北镇寺，县北 10 里泔北村

---

① 刘景纯：《城镇景观与文化：清代黄土高原地区城镇文化的地理学考察》，中国社会科学出版社，2008 年，第 100—122 页。

续表

智胜寺，县东 30 里白村	灵喜寺，县东 15 里张李村
尊胜寺，县西南 15 里张则村	新畤寺，县南 10 里新畤坊村
圆通寺，县南 20 里三姓村	昆卢寺，县东 20 里
宝宁寺，县东北 30 里上古村	观音堂三，一在县南 4 里寨里村，一在县东北 30 里昭陵左，一在五峰山
晏村旧寺，县东南 20 里村之东北	晏村新寺，村西南
便子村寺，县东南 50 里	寺东村寺，县东 40 里
北庄寺，县东 25 里	河头新寺，县东北 50 里泾河递道渡北岸
圪达寺，县东 40 里北屯	凹底寺，县东 20 里
南豆卢寺，县北 40 里	故县村寺，县北 15 里
白衣寺二，一在县西 2 里泥河岸北，一在新城内南街后巷	大宁村寺，县东南 20 里
徽度村寺，县东 40 里	桑家寺，县东 25 里
月窑寺，县东 20 里	北圪达寺，县东北 40 里
贺家寺，县东 25 里	盐村寺，县东 20 里
佛村寺，县东 5 里	石坡父寺，县东 10 里
小东村寺，县东北 20 里	兴国寺，县东 50 里南屯
舍卫寺，县东 40 里老军营	船头寺，县东北 50 里
百家村寺，县东北 40 里	叱干村寺，县东北 40 里
新寨寺，县东 20 里	兰若寺，保定里寺上（村）
无量殿，县东南 17 里	迎仙宫，在旧县
洞真观，在雒村	紫府观，在圪突村
李遊村庵	小东庵
文庙，在儒学东	起圣祠，旧在文庙东，后徙文庙后
名宦祠，文庙戟门外之东	乡贤祠，文庙戟门外之西
城隍庙，在县治西	唐太宗庙，旧县西门外 1 里，今县东 30 里，万历年间移建县南门外
唐肃宗庙，县北 30 里武将山下	天齐宫祠，县东北 80 里
豆卢神祠，县东北 70 里	东岳庙四，一在县东郭外 1 里，请祷辄应，一在县南小陈村，一在县北泔北镇，一在县东

三官庙二，一在县新城内丁字街之南城之下，一在县东南吴村	孤魂庙二，俱在县新城内，东街一，西街一
要册庙三，一在县市北，一在县正北 20 里，一在县北 30 里	关王庙十一，分布于新城东街、县东北老军营、县东王相村、段家河、陈旗寨、县西南纪村、县南大韩村、旧县村、县东将军村、县东南南宁村、县南史德村
元君庙四，一在县北 1 里，一在县南，一在县东，一在县东北	显圣庙六，分别在县东南、县东杨范村、县东南范寨、萧东、庙上、曹村
龙王庙四，一在县北 40 里良马村，三在陈村、范寨、东庄	真武庙三，分别在旧县东、镇门寺前、岚丹
龙堂，县东北 15 里	三义庙，县东北 10 里王店
玉皇庙有五，分别在县西门外、张神村、傅官寨、瑶都、史德村	圣母庙六，分别在范村、坡底、西张堡、盐村、陶堡村、小应村
火神庙，县东 30 里西张堡	药王庙八
白马庙，县北龙泉里	社稷坛，县西北 1 里
风云雷雨山川坛，城南	邑厉坛，城东北
甘罗庙，县东北 20 里马家河	

资料来源：〔明〕苟好善纂修：《醴泉县志》卷之一《建置志》、卷之二《祠祀志》，崇祯十一年刻本。

说明：该志所载已经废弃寺观、祭祠均不入此表。

正如该志所云："凡庙有祀典及称正神，操福善祸淫之权，而为邑尊奉者，得列《祠祀志》。其二氏寺观皆民间焚修謟事之所，不可与祠祀，故载《建置》。"[1] 表 8-1 所载《祠祀志》中的庙堂多以制度性祭坛、祀祠和民间信仰为主，因为祀主在民间观念里是"操福善祸淫之权"的神灵，所以被一县民众尊奉并膜拜。至于佛教、道教的寺观，因主要是百姓有疑难事情或疑难杂病情况下的祈求和膜拜，所以不在祠祀之列。而在日常情况下，主要是一些香客的功能性膜拜。由此可见，佛教、道教在民间社会的地位总体上比较低，而民间信仰的地位

---

①〔明〕苟好善纂修：《醴泉县志》卷之一《建置志》，崇祯十一年刻本。

则比较高。就是说，在佛、道教世俗化的同时，民间信仰的影响力似乎更大一些。就整个寺观和民间祠祀景观来看，一个不大的醴泉县，由县邑尊奉的祠祀就有 66 处之多，而散布于城乡各处的寺观（尤以佛教寺院为多）另有 68 处，二者相加共有 134 处寺观和民间祠祀景观，真可谓寺观、祠祀景观分布甚为广泛了。

（三）伊斯兰教、天主教信仰的引入与传播

伊斯兰教本产生于中亚、西亚一带，主要是元代初年伴随着蒙古人的西征相继传入我国西北地区的。至元九年（1272）忽必烈的第三个儿子忙哥剌被封为安西王，第二年又被益封为秦王。其驻地有二，一是京兆府所在的长安，一是原州"开城府"（今宁夏固原市南 20 公里开成安西王府所在）。至元十七年（1280）忙哥剌病死，由儿子阿难答袭封为安西王，依旧驻足两地，所谓"王府冬居京兆，夏徙六盘山，岁以为常"[①]。阿难答后来改信伊斯兰教，其下属军队、民人相继一批批归入伊斯兰教，关中的伊斯兰教信徒应该主要是在这一时期日渐发展起来的。这一基本事实已是学界的共识。但关于元明两代关中伊斯兰教信徒及其分布的具体情况，因为资料缺乏，却难以获得较为明确的认识。有学者认为，现存西安化觉巷清真寺（亦称东大寺）建于南宋时期，大学习巷的西大寺是元世祖中统四年（1263）创建的，而元世祖至元十六年（1279）于小皮院还建有一个清真寺，现在已经不存在了。[②]按此，元代初年，京兆府就已经有颇具规模的回民定居了。伴随着时间的推移，西安城内伊斯兰教信众日益增多，但却主要集中于西安城的西北一隅。明代初年，因为蒙古诸部南下袭扰，朱元

---

① 〔明〕宋濂等：《元史》卷一百六十三《赵炳传》，中华书局，1976 年，第 3837 页。
② 沈福伟：《中西文化交流史》，上海人民出版社，1985 年，第 284 页。

璋下令将宁夏府居民迁入关中，这批居民中可能有相当一部分是穆斯林。明人张瀚说，嘉靖、隆庆年间，华州以北，渭水侧畔，沙苑之中，"无寸草人烟，仅有小村，皆回回种类"①。据史念海研究，明代万历时期，关中麟游县、永寿县、三水县（今陕西旬邑县）、淳化县、白水县、蒲城县都有回族居民的分布②，只是由于这方面的详细资料比较缺乏，有关关中地区的整体情况难得有进一步的确证。直至清代，关中地区渭河流域沿线的不少村落，已是伊斯兰教信徒的聚居地了。据同治元年（1862）陕西回民起义相关资料，当时陕西回民主要定居于西安府、同州府和凤翔府渭河南北诸县地。左宗棠上奏称，回民起义前陕西回民有七八十万③。马长寿说："原在陕西省西安、同州、凤翔三府和乾、邠、鄜三州共二十多个州县里，住有回民七八十万到一百万，占全省人口的三分之一。"④可见关中地区回民分布是比较普遍的，其居住也较为集中，以至于有些县地人口被认为全是回民。如《岐山县乡土志》云："岐地当同治以前，人类惟有回民。"⑤这样，由于元明清时代以来信奉伊斯兰教的回族人口日益增多，关中地区的伊斯兰教信众也比较普遍。回民以坊为单位居住，清代渭河流域号称回民有"八百坊"，各坊往往修建有清真寺，于是清真寺就成为关中地区一个突出的民族文化景观了。按照清人的意象，回民"皆无生产，坐车卖药，仰食他旁县"⑥。其生活方式多与汉人不

---

① 〔明〕张瀚：《松窗梦语》卷二《西游记》，盛冬铃点校，中华书局，1985年，第44页。

② 史念海：《论陕西省的历史民族地理》，见史念海：《河山集》九集，陕西师范大学出版社，2006年，第667页。

③ 〔清〕左宗棠：《复陈拟办事宜并办理营务城防各员请奖折》，见〔清〕左宗棠：《左宗棠全集》卷四十四《奏稿五》，岳麓书社，2014年，第495页。

④ 马长寿主编：《同治年间陕西回民起义历史调查记录》（《陕西文史资料》第26辑），陕西人民出版社，1993年，第1—2页。

⑤ 《岐山县乡土志》卷三《人类》，成文出版社有限公司，1969年，第49页。

⑥ 〔清〕毛奇龄：《后鉴录》卷四，康熙年间刻西河合集本。

同，其中虽然不乏从事农业生产者，但有相当一部分人是从事商业生产和买卖的。在清代，著名的皮毛生产地泾阳县、大荔县及其所辖羌白镇，就都是回民集中分布并从事皮毛生产和贸易的重要城镇。

同治年间的陕西回民起义以后，除西安城集中汇聚和零星散落于各地城乡的少数回民外，伊斯兰教信众就主要集中于西安一隅了。

天主教也是外来宗教，元代初年伴随着蒙古人的西征较为广泛地传布于我国西北地带，包括今陕北地区、内蒙古河套地区。明代末年，在西方传教士的传布和推动下，开始在陕西关中地区有一些信众，天主教文化开始在关中地区传播，并产生相应的信仰者、教堂和祈祷仪式。光绪年间编修的《兴平县乡土志》记述说："明末西人南怀仁、利玛窦、汤若望等假算术传教中国，……人因附入焉。于是本境乃有天主教。"[1] 这就是说兴平县的天主教是在明代末年出现的。清代嘉庆、道光时期以前，该县仅有天主堂一二所，后来因为高陵县设有天主教"总堂"，关中天主教传布速度加快，又新增了四五座教堂，自此兴平县有七座教堂。[2] 据研究，明代末年的天启年间以后，来陕的耶稣会士有金尼阁、汤若望、曾德昭、傅汎际、方德望、杜奥定等，陕西三原籍名人王徵与他们多有来往，并出资帮助他们在西安兴建教堂，直到清代康熙四十年（1701），关中天主教传播迎来第一波热潮。随后的康熙末年至道光年间，100余年的时间里，清政府禁止基督教（包括天主教）传播，虽然秘密传教活动没有完全停止，但却属于沉寂时期。陕西回民起义以后，关中地区原住回民多逃往西北甘肃、宁夏以及境外，天主教兴盛起来。特别是清末"五口通商"以

---

① 〔清〕张元际纂修：《兴平县乡土志》卷四《宗教》，成文出版社有限公司，1969年，第74页。

② 〔清〕张元际纂修：《兴平县乡土志》卷四《宗教》，成文出版社有限公司，1969年，第75页。

后，允许外国人进入内地经商，传教士相继进入内地传播天主教、耶稣教，关中天主教、耶稣教再次活跃起来，形成历史上的第二次传播热潮。① 在此背景下，关中各县地相继出现福音堂和礼拜堂以及教民活动。如光绪十五年（1889）瑞典传教士孙牧师等数人，在兴平县城内建福音堂。又有"鄂女教"在桑家镇建福音堂，传播耶稣教，所以本县耶稣教也有所发展。② 扶风县，光绪年间记载，"惟近年来入天主教者约千二三百人，入福音教者约二十人"③。岐山县，清末有"天主教约二千五百余人，耶稣教约三十余人"④。蓝田县，境内有耶稣教、天主教，县城有福音堂、礼拜堂，教民男女大小 200 人，主要分布于西乡。该县天主教是高陵县通筑坊总教的分教，教民 100 余人，主要分布于东乡。⑤ 武功县，县城北关有耶稣教教堂一处，瑞典国女教士 2 人，教民 158 名。北营里、普集镇、水渠、桥旗寨、谭家寨、桃园堡各有教堂一处，都是天主教，教民 1764 人。⑥ 富平县，"天主教堂三处：一党林里，一齐村，一连城堡。教民三百八十三户，男女大小一千三百七十五名口；耶稣教堂四处：一治城东街，一太平庄，一安乐村，一庄里镇。教民一百一十五户，男女大小四百四十六名口。入教者，山东等处客民居多"⑦。朝邑县，"尽住河东郝家庄、王家庄

---

① 王雪：《基督教与陕西》，中国社会科学出版社，2007 年。

② 〔清〕张元际纂修：《兴平县乡土志》卷四《宗教》，成文出版社有限公司，1969 年，第 74 页。

③ 〔清〕谭绍裘：《扶风县乡土志》卷二《宗教》，成文出版社有限公司，1969 年，第 89 页。

④ 《岐山县乡土志》卷三《宗教》，成文出版社有限公司，1969 年，第 52 页。

⑤ 《蓝田县乡土志》下册，见陕西省图书馆编：《陕西省图书馆藏稀见方志丛刊》第 4 册，北京图书馆出版社，2006 年，第 462—463 页。

⑥ 《武功县乡土志》，见陕西省图书馆编：《陕西省图书馆藏稀见方志丛刊》第 5 册，北京图书馆出版社，2006 年，第 635 页。

⑦ 《富平乡土志》，见陕西省图书馆编：《陕西省图书馆藏稀见方志丛刊》第 9 册，北京图书馆出版社，2006 年，第 344 页。

等处教民，共二十余口"①。郃阳县，"城内南街有耶稣教堂一区，入教者凡三十六户，都九十一人"②。而在西安府城，明代天启七年（1627）至崇祯三年（1630）间法国籍传教士金尼阁在糖坊街创建天主堂。清康熙四十五年（1706）意大利传教士马代弟在城西南隅修建"南堂"。但雍正、乾隆时期禁止天主教传播，教堂活动停止。直到晚清时期，天主教可以在内地传播后，这些教堂再次活跃起来。综合以上基本信息，明末清初，天主教、耶稣教在关中地区以高陵为总堂，有比较广泛的开展，但在各县发展的规模总体上都不大，大则一二千人，小则数百人甚至数十人，经历了雍正以后相当长时间的沉寂以后，在清朝末年又开始活跃起来，但依然规模有限。但作为一种新的外来文化现象，毕竟在诸多州县都有不同程度的活动，并且不少州县多不同程度地建有福音堂或天主教堂，以此构成关中宗教文化风气变迁新的一页。

三、被卷入的崇尚：商业文化的新觉与更生

我国商业文明的发展其实很早，早在春秋战国时期就已经诞生了很多著名的大商人和手工业经营者。司马迁说："天下熙熙，皆为利来；天下攘攘，皆为利往。"又言："夫用贫求富，农不如工，工不如商，刺绣文不如倚市门"。③说的都是日常社会实践中人们的工商业行为及

---

① 《朝邑乡土志》，见陕西省图书馆编：《陕西省图书馆藏稀见方志丛刊》第 9 册，北京图书馆出版社，2006 年，第 478 页。

② 《郃阳县乡土志》，见陕西省图书馆编：《陕西省图书馆藏稀见方志丛刊》第 10 册，北京图书馆出版社，2006 年，第 88 页。

③ 〔汉〕司马迁：《史记》卷一百二十九《货殖列传》，中华书局，1982 年，2 版，第 3274 页。

其信念。可见在那时，一般社会已经具有崇信商业的价值及其在生民生活中重要地位的信念。秦汉王朝以降，出于政治及其社会管理的需要，历代王朝多奉行"重农抑商"的基本政策，极力维护农业在整个国民经济中的统治地位。受此政策和主流观念的长期影响，作为社会居民基本构成的士、农、工、商四民中，农民所占比例一般都在80%左右，而士、工、商三个行业的从业者，加在一起仅占20%左右，所以我国古代社会一直被认为是一个以农为本的社会，或者叫传统农业社会。但在此社会结构基本稳定且总体平稳运行的基础上，2000多年来工商业实际上并没有真正地被抑制，而只是在一个有限的控制范围内始终运行着。在社会日常中表现为：一是一定数量的长途贩运商，持续存在和发展；二是宋代以降，地方草市（集市）日渐发展成为城乡社会基本的商贸市场；三是城市商业逐步扩大和发展。到了明清时期，伴随着商品经济的发展，以地方性商业群体崛起为特征，地方职业商人群体相继产生，这就是近数十年来比较多的引起人们关注的商帮的发展。明清时期陕西商帮与徽商和晋商齐名，商业影响遍及大江南北、长城内外，可谓盛极一时。在商帮兴起的同时，商业组织——会馆的出现，如清代西安城中就分布有两广会馆、湖广会馆、全浙会馆、绍兴会馆、中州会馆、八旗奉直会馆、安徽会馆、山东会馆、江苏会馆、福建会馆、四川会馆、甘肃会馆、三晋会馆、江西会馆。①而与地方商业会馆相对应的是行业会馆，如船帮会馆、骡帮会馆、马帮会馆等。不论是地方商业会馆还是行业会馆，都是地方商人及其商业经营适应市场发展，以实现自身商业利润最大化需要的产物，也是各地商人为行商方便，并保护自身利益和安全的需要，而自发建立的民间组织。这是明清时期商业发展的显著标志。

---

① 《咸宁长安两县续志》卷七《词祀考》，成文出版社有限公司，1969年，第421页。

作为一种风气，以关中地区为中心的陕西商帮的兴起，大约发生于明代前期。兴起的主要原因，是当时特殊的人文环境所带来的商业机遇。具体地说，就是明代陕西沿边四个军事防御区的形成，以及其长期稳定的军事消费市场的存在。这四个军事防御区，就是通常所说的陕西四镇，即延绥镇、宁夏镇、甘肃镇和固原镇。这里驻扎有大量的军队，是单纯的军事区域。在陕西四镇以北、以西是蒙古诸部以及"西番"诸部。在此地缘背景下，明代政府先后实行食盐开中、粮饷供给、茶马互市等制度或政策，关中地区商人因为这样的地缘关系，私人商业迅速发展起来，并在长期发展过程中形成陕西商帮。关中地处西北边地与中原内地，特别是商品经济比较发达的东南地区的连接点上，是绾毂东南经济发达区以通向西北之中枢。就东南地区进入关中而言，东路沿函谷关向西，经潼关卫以达关中，这是历史时期以来的传统大道；东南一路，即东南各地西北上，经武关、蓝田进入关中的道路，也是春秋战国以来就开辟的传统大道；西面连接四川盆地以通长江中上游地区的道路，有古陈仓道（后世称连云栈道）。而关中通往西北沿边地区的道路，自东而西依次有：一是洛河古道，即东路商旅进入潼关或者经过大庆关西来，然后顺着洛河故道向西北，通往延安和延绥镇。二是西安北通延绥镇的道路。这条道路的起点可以是西安，可以是三原、泾阳两座县城，以此向北经延安、延绥镇。三是西安（或三原、泾阳）至咸阳、醴泉、乾县、永寿、邠县以达宁夏固原，然后抵达宁夏镇的道路。这条道路，至平凉后可以向西经兰州以通向甘肃镇。四是经西安、咸阳、凤翔府，西北入固原或西入平凉以向西的道路。所有这些道路都以关中为中心，连接南北和关东地区。这样的地缘关系，为关中商人的发展提供了良好的地理条件。故明人说："（陕西）山河四塞，昔称天府，西安为会城。地多驴马牛羊旃裘筋骨。自昔多贾，西入陇、蜀，东走齐、鲁，往来交易，莫不得其所欲。至今西北贾多秦人，然皆聚于汧、雍以东，至河、华沃野千里间，而三原为最。……关中之地，当九州三分之一，而人众不过什一，量其富厚，什居其二。间阎贫窭，甚于他省，而生理殷繁，则贾人所聚也。"① 于是在政府因为政治关系而形成的商业政策和民族贸易政策的影响下，关中商人，特别是诸商路沿线的关中商人获得了难得的商业机遇。这样的机遇给具有一定商业意愿的民众提供了重新选择职业（商业）的机会。由此，关中商人纷纷而起，形成著名的陕西商帮。

作为一种重要的地域性商业现象，陕西商帮兴起和发展的历史，20 世纪 50 年代以来不断得到学界的关注，其代表性的著述，有傅衣凌于 20 世纪 50 年代以前发表的《明代陕西商人》②、田培栋于 90 年代撰写的《陕西商帮》③ 和李刚于 90 年代出版的《陕西商帮史》④。这样一种集中关注明代陕西商人群体的研究，在陕西历史上还是第一次，可见陕西商人群体的崛起及影响力在明代全国范围内的商业活动中是非常突出的。

作为一种经济现象和文化现象，陕西商帮虽然经历了明末清初的社会治乱和改朝换代的巨大影响，曾一度衰落。但在清王朝建立并重新建立和恢复基本的社会和经济秩序之后，又重新继起并持续发展。与明朝不同的是，清王朝时期，一方面北方的蒙古诸部在政治上归顺清王朝，汉蒙一家，实现了统一与和平；另一方面，今新疆在乾隆二十五年（1760）最终纳入清王朝的版图，并于光绪十年（1884）建立省制。在此政治环境下，以北方蒙古族与西北青海、新疆为主体的诸边疆民族与内地商业贸易的大门大开，西北地区的内陆商业贸易和

---

① 〔明〕张瀚：《松窗梦语》卷四《商贾纪》，盛冬铃点校，中华书局，1985 年，第 82 页。
② 见傅衣凌：《明清时代商人及商业资本》，中华书局，2007 年。
③ 田培栋：《陕西商帮》，中华书局（香港）有限公司，1995 年。
④ 李刚：《陕西商帮史》，西北大学出版社，1997 年。

商品贩运经济非常活跃。这样的有利条件促使原本就有良好基础的西北边地贸易进一步扩大，甚至继续向北、向西发展，以至于中俄边境贸易也相当活跃。这就为陕西商人提供了广阔的发展空间。所以，清王朝时期陕西商人（尤以关中商人为主）广泛活跃于我国南北各地，尤其是西北广大地区的各级各类商业中心，成为非常活跃的一支商业力量。

（1）关中商业风气的最初产生，总体上是一种特殊政策唤醒的职业选择，关中商人群体一开始往往是被政策导引或时势（风潮）卷入其中的。照常理，商业作为一种求富和谋生行业的意义，如前所说，早在1000多年前的司马迁时代就已经很清楚了，所谓"天下熙熙，皆为利来；天下攘攘，皆为利往""用贫求富，农不如工，工不如商，刺绣文不如倚市门"。但1000多年以来为什么一直没有发展为像明代那样众多的商业性地域集团（商帮）？根本的原因是历代政府的专制统治和控制，以至于商业只能被限制在以地方城镇、集市为中心的有限范围且多以农商兼营为特征，借以满足民众最为基本的日常生活需要。特别是政府对于最能赚钱的盐、铁等行业，实行专卖政策，而在意识形态层面又长期实行"重农抑商"政策，并在文化观念上强化"贱商"意识，以造成全社会对商人的下视和鄙弃。这就从内外两个方面抑制了长途贩运商和商人集团的发展。当然，这并不妨碍政府根据具体需要而利用商人牟利且不辞辛苦的一面。明政府出于北方边防和安抚西北少数民族的需要所实行的食盐开中和茶马贸易政策，正是利用商人的这一点。关中商人的崛起，正是被这些政策所唤醒，并且是被这些政策所引发的商业洪流而卷入的。之所以被卷入，固然有一些基本的条件，但优越的地缘条件是一个重要的原因。也正因为如此，明代崛起的不少关中商人，多来源于关中北上边地，或东西传统大路等诸商路沿线的州县，如三原县、泾阳县、富平县、耀州、咸阳、渭南县、大荔县、朝邑县、韩城县等，其主要经营的是盐业、粮食，后来逐步发展到布业、茶业、皮货业，以及其他因为南北地域性生产差异而形成的不同商品或物资需求等的贩运，关中商业风气日渐形成，影响日益增长。

三原、泾阳二县，是关中北上延绥镇，西向固原镇、宁夏镇、甘肃镇一带的中转中心，所出输粮和盐引商人最多。故明人称："陕以西称壮县，曰泾阳、三原，而三原为最。沃野百里，多盐筴高赀贾人。阛阓骈坒，果布之凑，鲜车怒马者，相望太仓，若蜀（输）给四方镇饷，岁再三发軔，若四方任辇车牛，实绾毂其口，盖三秦大都会也。"① 这里是四方岁输"镇饷"之口，"多盐筴高赀贾人"。代表性商人，如三原梁氏家族，本山西人，一世祖梁福自山西迁居陕西三原，经营农业和小手工业，逐渐起家。至五世祖梁汉父子开始，"以粮换引""输粟甘凉""守支两淮"，奔波于陕西与两淮地区，逐渐发迹，富冠乡里。至六世梁一山时期，"三十年之间，自输粟甘凉，以至守支两淮，所致赀里中人莫能右"②。张昶，"事亲色养兼备，初筴盐河东，以父疾弃商攻医"③。孙豹，"世为大贾，业盐筴"④。石象，人称河浒公，"以商起家，今君商，君商三原、会宁间，已用盐筴起赀淮上。俗争奢侈，而君折节为俭，居常布衣蔬食，不啻一窭人"⑤。王雄，"往来淮扬、江浙三十余年"，中纳盐粮⑥。王子信，"输塞中盐，

————————

①〔明〕李维桢：《温恭毅公创建龙桥碑记》，见〔明〕李维桢：《关中温氏献征集》，民国二十五年铅印本。

②〔明〕温纯：《温恭毅公文集》卷十一《明寿官仁庄梁公配王氏继李氏墓志铭》，清文渊阁四库全书本。

③《陕西通志》卷六十二《人物八》，见中国西北文献丛书编辑委员会编：《中国西北文献丛书·西北稀见方志文献》第4卷，兰州古籍书店，1990年，第43页。

④〔清〕李元度：《国朝先正事略：清代一一〇八人传记》下，易孟醇点校，岳麓书社，1991年，第1063页。

⑤〔明〕温纯：《温恭毅公文集》卷十一《明耆宾石公墓志铭》，清文渊阁四库全书本。

⑥〔明〕王恕：《王端毅公文集》"拾遗"，明嘉靖三十一年三原乔世宁刻本。

货殖、饶裕"①。

泾阳县，也是关中"壮县"，盐粮商人较多，如张泽、张巍父子，"代父为贾，计无如用盐策，便输粟塞下而大，鬻盐于淮南北、浙东西，赀数巨万"②。许朝臣，"贾西宁，垂二十年"，其异母弟许朝阳，"西宁贾输刍粟，率中盐策维扬，朝阳客死维扬"③。刘文明，"以盐策贾塞上广陵间，不数岁，赢得过当"④。师仲芳，世居三原县新城，自号南庄。"公客淮扬，久观万货，大约用盐起，二子相递为客与家，客与家诸方略一一听公指授。至公老而居积不啻巨万"。⑤至于富平县人李朝观，祖籍山西，金元时期，祖上避乱，移居陕西富平，明嘉靖年间，传至"月峰公李朝观"，输粟塞上，发展成为大商人。李因笃云："李氏自长一公以来，行义修举，以财雄里中，而月峰公起为边商，输粟延安之柳树涧上，主兵常谷、客兵常谷数千万石，食安边、安塞军数万人，通引淮扬。给冠带，自按部御史而下，率礼待之。月峰公任侠好施，善骑射，凡往来荒徼之中，挽强弓，乘骏马，不逞之徒，望风避匿，他商旅或假其号以自免。……至盛五公乃复振，益治边商之事，而是时输粟之令渐颓，以输粟者为外商，输金者为内商。内商重而外商轻，而仓庾荡然，盗贼窃发不时矣。"⑥李氏家族几代人输粮于边，发展成为富商大贾，他们数代人的商业活动，见证了输粮

---

① 〔明〕王恕:《王端毅公文集》"拾遗"，明嘉靖三十一年三原乔世宁刻本。

② 〔明〕李维桢:《大泌山房集》卷九十七《张仲公杨儒人墓志铭》，明万历三十九年刻本。

③ 〔明〕李维桢:《大泌山房集》卷九十《泾阳南田老人许公墓志铭》，明万历三十九年刻本。

④ 〔明〕李维桢:《大泌山房集》卷一百七《赠户部主事刘公强安人墓表》，明万历三十九年刻本。

⑤ 〔明〕来俨然:《自愉堂集·墓志》卷二《明寿官南庄师公墓志铭》，见四库全书存目丛书编纂委员会:《四库全书存目丛书·集部》第 177 册，齐鲁书社，1997 年，第 357 页。

⑥ 〔清〕李因笃:《受祺堂文集》卷四《先府君孝贞先生行实》，道光七年刊本。

于边的盛衰历程。咸阳人张臻，"贾盐至公，益昌其业，与兄弟泰、凤西走河东，东至辽阳，北至甘凉之墟，浮淮海而南，率以盐贾，成化中乃携其家下扬州居焉"①。员维新，"贾淮扬治盐策，扬俗侈，……不数载货又起万余"②。王一鹤，"初贾时，君以名贷子钱，市布邑及吴越，……久之，用盐策淮扬，资益大起"③。其弟王一鸿，"已稍赢，则又转而鬻贩江淮间为盐商，家遂大起"④。其他各县亦还有一些同类性质的商人，只是没有这两县集中，此不赘述。总体而言，这些商人都是食盐开中政策的产物，是当时历史机遇造就的。俗话讲，时势造英雄，关中盐粮商人的崛起及发展，正是这样的时势造就的。围绕边地而经营盐粮商业的风气一旦形成，就会产生多方面的影响，如明代后期，民间违法私盐商贩的兴起和发展，正是其巨大影响而造成的结果。崇祯《乾州志》记载："缘平凉一带，泾州、灵台之间，多深山险谷，又多仡勇健儿，日以私贩为生涯，每次不下数百余人，手持长戈利刃，有敢问者辄屠之，于是捕役遥望不敢近。"⑤此类长途贩运商，常以驴马等牲口贩运私盐，"赶喝驴马，多者不下百十头匹"，仅兴元、凤翔等州府，每年官府捕获的私盐就多在数万斤左右。⑥可见，这一时期关中违法的私盐商贩，也有以黑道性质的集团形式出现者，活动甚至较为频繁。正反两个方面的集团化发展，显示了关中社会商业风气的复杂化性征，彰显了在巨大商业利润驱使下关中社会文化心理的躁动。

---

① 〔明〕王九思：《渼陂集》卷十五《明故七品散官张公墓志铭》，明崇祯刻嘉靖补修本。
② 〔明〕温纯：《温恭毅公文集》卷十一《明员伯子墓志铭》，清文渊阁四库全书本。
③ 〔明〕温纯：《温恭毅公文集》卷十《明寿官王公暨配墓志铭》，清文渊阁四库全书本。
④ 〔明〕温纯：《温恭毅公文集》卷十一《明寿官峨东王君墓志铭》，清文渊阁四库全书本。
⑤ 《乾州志》卷上《盐茶》，见美国哈佛大学哈佛燕京图书馆编：《美国哈佛大学哈佛燕京图书馆藏中文善本汇刊》第15册，商务印书馆，2003年，第154页。
⑥ 史继刚：《中国古代私盐的产生和发展》，载《盐业史研究》2003年第4期，第8—13页。

　　茶马贸易本来是明代羁縻西北少数民族的一项基本政策，也是官方通过官茶换取马匹，以加强西北沿边军用马匹和骑兵防御的重要来源。贸易场所先在秦州（今甘肃天水市），后迁移至今青海西宁市。但成化六年（1470），题准陕西"其民间所采茶，除税官外，余皆许给文凭，于陕西腹里货卖，有私越黄河及河洮岷边境通番易马者，究问如律"[①]。十八年（1482），为解决陕西粮荒，政府允许私人向朝廷纳粮，以获得在陕西腹里地区和边关禁地贩卖茶叶的许可。这样茶商就纷然而起，故文献记载："陕西官民所趋利者，莫过于茶，乞暂宽其禁，于巩昌、西安二府各许中茶四十万斤，临洮、平凉、凤翔三府各许中茶二十万斤。其临、巩二府至西宁卖者，每斤纳杂粮八升，至河州者，每斤六升。西安、平凉、凤翔三府赴西宁卖者，每斤杂粮一斗，赴河州者，每斤八斗。各府给与文凭，赴巡茶御史挂号，听于产茶处收买。"[②]特别是弘治三年（1490）实行招商中纳边茶，"报中给引，……以十为率，六分听其货卖，四分验收入官"[③]。政府允许茶商有六成的茶叶用来自由销售，自然吸引和催生了茶商的发展。故明人说，"今之茶什五为奸商驵侩私通贸易"[④]。杨一清甚至认为，明代中叶，山西和陕西富商是西北地区经营茶叶的中坚力量[⑤]。这里的陕西富商包括关中商人，尤其是关中凤翔府和西安府一带的茶商。明清时期三原、泾阳发展为西北地区重要的茶叶检做中心，与这一渊源有着难

　　①《明宪宗实录》卷七八，成化六年夏四月甲寅，"中央研究院"历史语言研究所，1962年，第1511页。

　　②《明宪宗实录》卷二二五，成化十八年三月乙亥，"中央研究院"历史语言研究所，1962年，第3861—3862页。

　　③〔明〕申时行：《明会典》卷三十七《茶课》，中华书局，1989年，第266页。

　　④〔明〕谢肇淛：《五杂组》（一）卷四，郭熙途校点，辽宁教育出版社，2001年，第80页。

　　⑤〔明〕杨一清：《为恢复茶马旧制第二疏》，见〔明〕陈子龙等选辑：《明经世文编》第2册，中华书局，1962年，第1078页。

以割舍的关系。

至于布商的兴起和发展，也与西北边地的军旅需求直接相关。明代西北四镇驻军每年需要数量巨大的棉花、棉布，其中有一部分来自陕西本地征收，大部分来自黄河中下游和长江中下游诸省份。明代中后期，长城沿线与蒙古诸部互市中，政府规定，"止许以布货食物相售"，布匹是很重要的互市物品之一，如"梭布，马每匹梭布四十匹，有青布者，有无青布者，共二等"①。这些梭布亦如茶马贸易中的茶，进一步促进了西北市场对于棉布的需求。万历年间，陕北长城沿线汉蒙之间的马市贸易，每年交易布匹数量达百万之多，其中除少量官方征收以外，更多的是要依靠商人的长途贩运和购销。而这些长途贩运，不少是由关中布商来实现的。故明人张瀚云："虽秦、晋、燕、周大贾，不远数千里而求罗绮缯币者，必走浙之东也。宁、绍、温、台并海而南，跨引汀、漳，估客往来，人获其利。"②叶梦珠说，陕西三原、泾阳等地，"富商巨贾，操重赀而来市者，白银动以数万计，多或数十万两，少亦以万计，以故牙行奉布商如王侯，而争布商如对垒"③。

以上陕商兴起及其营商风气表明，明代陕西商人群体的兴起，并不是一般意义上所说的，是人口过剩的压力和农业经济积累的一般性原因所致。事实上，它的兴起不是走了一条常规性商业产生和发展之路，而是走了一条基于一系列特殊政策"催发"而产生的特殊道路。其中的根本原因是特殊的地缘关系和边疆环境，也可以说是不得已的政治运作唤醒了关中人士的觉悟，并一跃而迅速发展起来。某种程度

①〔明〕王士琦：《三云筹俎考》卷二《封贡考》，见中国西北文献丛书编辑委员会编：《中国西北文献丛书·西北史地文献》第 27 卷，兰州古籍书店，1990 年，第 78 页。

②〔明〕张瀚：《松窗梦语》卷四《商贾纪》，盛冬铃点校，中华书局，1985 年，第 83—84 页。

③〔明〕叶梦珠：《阅世编》卷七，来新夏点校，中华书局，2007 年，第 179 页。

上说，这是一种因政策需求和商人呼吁形成的营商大潮中被裹挟或卷入的地方选择与崇尚。不过，它一经产生，就一发不可收拾，不但迅速成为影响巨大的陕西商帮群体，而且因为西北地区持续敞开的商贸环境，影响明清社会四五百年。这种结构性商贸关系，直到清朝晚期东南沿海大门打开，才发生了实质性的方向性改变。此后，以港口—腹地为特征，中国社会经济贸易的大格局才由西北转向东南。不管怎么说，明代关中商业贸易的兴盛和陕西商帮的发展，奠定了商业经济及其文化发展的风气，并最终促成关中文化观念的局部变革。

（2）关中地区营商观念和风习的改变。表现在三个方面：① 不再视经商为一种"下贱"的职业，而是把其当作一种正当的谋求致富的行业。上述三原、泾阳等县诸多大商人在职业选择上丝毫没有为生计所迫的痕迹，在记述人的笔下，他们或者为富裕家族，或者为利益所驱使而自觉选择这一职业，以谋取商业利润和家族发展。在这里，商业经营并不是时人所认为的"下贱"行业，而是有财力、有胆识的人所从事的易于获取巨大利润的行业。大部分从业者选择该行业不是因为生计所迫，而是对于商业自身的热爱和"自觉"选择的结果。固然，也有少数从业者一开始家境贫困，但他们的营商选择也不是因为它"下贱"，而是这一行业蕴藏着巨大的产出效益和利润。② 关中营商风气很盛，一些州县商业家族或人数占到七八成之多。时人称："西北之利莫大于绒褐毡裘，而关中为最。有张姓者，世以畜牧为业，以万羊称，其畜牧为西北饶，富甲于秦。"① 郭正域云："秦俗以商贩为业，即士类不讳持筹。"② 温纯言三原"吾里俗十七服贾"③，

---

① 〔明〕张瀚：《松窗梦语》卷四《商贾纪》，盛冬铃点校，中华书局，1985 年，第 85 页。
② 〔明〕郭正域：《大司马总督陕西三边魏确庵学曾墓志铭》，见〔明〕焦竑编：《献征录》卷五十七，上海书店，1987 年，第 2404 页。
③ 〔明〕温纯：《温恭毅公文集》卷十一《明寿官峨东王君墓志铭》，清文渊阁四库全书本。

"吾邑大小贾甚多，然少有辄盛宫室裘马，以明得意"①。明人张瀚说：
"至今西北贾多秦人。然皆聚于汧、雍以东，至河、华沃野千里间，
而三原为最。……关中之地，当九州三分之一，而人众不过什一，量
其富厚，什居其二。闾阎贫窭，甚于他省，而生理殷繁，则贾人所
聚也。"②康海说："泾阳为西安壮县，政繁而道冲，俗美而习敝，民逐
末于外者八九。"③蒲城县，所谓"吾郭居民盖千余家，业农而务本者
一二，业行而逐末者八九。是故有行菽粟、有行布绵者，有行猪、行
羊者，行酒、行脯者，凡百诸行，吾郭民备矣"④。朝邑县，"秦民皆力
农，朝邑颇事贾，婚姻论财"⑤。韩城县，"南敦稼穑，北尚服贾"⑥。明
朝末年，韩城知县左懋第说："韩民好商贾，弃本务农业。余由汧雒
来韩，途所至，华衣裳而迎道左者，皆韩人也。"⑦同官县陈炉镇，瓷
业兴盛，居民8000家，以制陶为业。"其山自麓至颠，皆为窑场，土
人燃火炼器，弥夜皆明。值春夜，远眺之，荧荧然一鳌山也。"⑧华州
柳子镇，"有千家铁匠，作刀剑剪斧之用，天下士大夫所共索，以为
转相赠予者，悉取于州官。州官问之该吏，该吏派之总里，逐人派
数索以为纳官之物。及官价给散之时，该吏总家私需大半，而民乃
逃去三边买卖，遗有孤婆，日典卖田土，以给宫敛，时当夜半，每

---

① 〔明〕温纯：《温恭毅公文集》卷十一《明员伯子墓志铭》，清文渊阁四库全书本。

② 〔明〕张瀚：《松窗梦语》卷四《商贾纪》，盛冬铃点校，中华书局，1985年，第82页。

③ 《陕西通志》卷四十五《风俗》，见中国西北文献丛书编辑委员会编：《中国西北文献丛书·西北稀见方志文献》第3卷，兰州古籍书店，1990年，第132页。

④ 〔明〕孙承基：《邑侯王小筠遗爱碑》，见周爱诹辑：《蒲城文献征录》卷上，民国四年刻本。

⑤ 〔明〕王道修，韩邦靖纂：《正德朝邑县志》卷二《风俗》，见凤凰出版社编选：《中国地方志集成·陕西府县志辑》(21)，凤凰出版社，2007年，第6页。

⑥ 〔明〕张士佩、苏进编纂：《韩城县志》卷一《风俗》，万历三十五年刻本。

⑦ 〔明〕左懋第：《萝石山房文钞》卷二《常平仓议》，清乾隆四十六年刻本。

⑧ 〔明〕刘泽远修，寇慎纂，孔尚标增修：《同官县志》卷八《古迹志》，明万历四十六年刻本。

哭声振野云"①。大庆关,"关故称风物佳美,在嘉靖初,犹及见之居
民至三千七百余家,大都殷富,商贾辐辏"②。嘉靖初年,关城居民有
3700 余家,至少约 20000 人。韩邦奇于赵西河墓表云,赵西河是大
庆关人,其"乡万余家,皆习商贾"③。由此可见,关中商业风气的兴
盛。当然,这样的商业风气在关中地区各州县不是等同的,其间颇不
平衡。一般来说,三原、泾阳等关中中部、东部地区从商风气最为盛
行,而关中西部及远离传统商路的相当一部分州县,营商风气并没有
上述州县那样浓盛,故上引地志有所谓"秦民皆力农,朝邑颇事贾"
及韩城县"南敦稼穑,北尚服贾"的记述。③ 商业风气的兴盛和从商
人员的众多,带来一些新的观念和社会风尚的出现。一是关中商人思
想的解放,不再乐土重迁,而是纷纷迁往淮扬盐场一带的扬州、浙江
等地居住。故明代人称:"山陕富民,多为中盐,徙居淮、浙,边塞空
虚。"④ 又据《扬州府志》记载:"扬(扬州),水国也。……聚四方之
民,新都徽商最,关以西(陕西)、山右(山西)次之。"⑤ 又云:"明
中盐法行,山陕之商麇至,三原之梁,山西之阎、李,科第历二百
年。……泾阳之张、郭,西安之申,临潼之张,兼籍故土,实皆居扬
(扬州)。"⑥ 这样的情形,在其他行业也不同程度地存在。二是造成一
些县份的社会风气发生转变,即轻视土地,唯商是尚。如三原县,富
裕之家不愿买地,甚至以地为"累"。地志云:"商贾之习,原民极当。

---

① 〔明〕李可久修,张光孝纂:《隆庆华州志》卷九《物产述》,见凤凰出版社编选:《中
国地方志集成·陕西府县志辑》(23),凤凰出版社,2007 年,第 43 页。

② 〔明〕郭实修,王学谟纂:《万历续朝邑县志》卷一《地形志》,见凤凰出版社编选:
《中国地方志集成·陕西府县志辑》(21),凤凰出版社,2007 年,第 29 页。

③ 〔明〕韩邦奇:《苑洛集》卷七《国子生西河赵子墓表》,景印文渊阁四库全书本,第
1269 册,台湾商务印书馆,1986 年,第 447 页。

④ 〔明〕胡世宁:《备边十事疏》,见〔明〕陈子龙等选辑:《明经世文编》第 2 册,中华书
局,1962 年,第 1353 页。

⑤ 〔明〕杨洵修,徐銮纂:《扬州府志》"序",万历三十三年刊本。

⑥ 〔清〕王逢源修,李保泰纂:《江都县续志》卷十二《杂记》,清嘉庆二十四年刻本。

大则经理盐茶，细亦挟资负贩，数年不归。饶裕之家，劝令买地，多以为累。万金之子，身无寸土。思欲转移务本轻末，其道良难。"①三是一些县份奢靡之风严重。这一方面与商人家庭富裕有关，更重要的是浸染上了淮扬、浙江一带的奢靡风气。明人讲，三原一带有称"焦"的地方，"亩瘠民贫，惟二三商贾点缀其中。多染淮扬习尚，奢靡相尚，而中实索然也。地方去省会不百里，而一切供应倍于他县"②。就是说三原县地多染淮扬、浙江一带奢靡习尚，消费能力很强，以至于崇尚奢靡，风气为之一变。这种情况在商业活跃的县份是较为普遍的现象，只是程度各有不同罢了。

（3）清代继明代之风习，关中营商风气依然很盛，甚至和明代相较有过之而无不及。大概由于历史因素，营商风气较盛的州县依然是明代商业发展比较突出的州县，如三原、泾阳、大荔、渭南等关中中部、东部地区。故有地志称："秦中富商大贾贸易境外，标生意场中之特色者，多半泾（阳）、（三）原、同（州）、朝（邑）、蒲（城）、渭（南）各属。"③

清代，泾阳、三原依然是关中商业经济极为兴盛的两个县。泾阳县城是清代行销西北茶业的中转中心和检做、焙制中心。道光年间，卢坤撰《秦疆治略》，其中谈到泾阳县"官茶进关，运至茶店，另行检做，转运西行，检茶之人亦万有余人。各行店背厢负货，闲人亦多至数千，其中良莠不齐，时生事端"④。据李刚研究，清代泾阳茶店、茶号最多时有80多家，每年过境"砖茶数量在200万公斤"⑤。清朝

①〔清〕刘绍攽纂：《三原县志》卷一《风俗》，乾隆癸卯年木刻本。
②〔明〕温自知：《海印楼文集》卷二《送方州李候膺简召序》，清康熙二十六年刻本。
③《蓝田县乡土志》下册，见陕西省图书馆编：《陕西省图书馆藏稀见方志丛刊》第4册，北京图书馆出版社，2006年，第501页。
④〔清〕卢坤：《秦疆治略》，成文出版社有限公司，1970年，第30页。
⑤李刚：《陕西商帮史》，西北大学出版社，1997年，第314页。

末年，县域商业情况，"盖自道咸以来，豪商大贾群聚骈臻，珍错云屯。习尚风靡，慕懋迁之美富，忘稼穑之艰难。县西北殷实小康诸户又多以商起家。其乡之姻戚子弟从而之蜀之陇之湘之鄂者，什居其六七。或老大无成，或少壮失业，家不一人，村不一家，推而计之数，不知其凡几"。"咸丰之季，民物殷阜，商贾辐辏"，"金帛山积，仓庾空虚"。①泾阳县城又是西北皮货重要的总汇之地。故卢坤《秦疆治略》云："地系平原，无木厢窑厂，亦乏深山老林，且附近省垣，人非山野愚顽可比，惟系商贾云集之区，四乡民情各别。其东乡一带皮毛工匠甚多。……县城内百货云集，商贾络绎。借泾水以熟皮张，故皮行甲于他邑。每于二三月起至八九月止，皮工齐聚其间者不下万人。"②与此相类，但规模远不如泾阳县的皮货中心城镇，尚有陕西大荔县城、大荔县羌白镇、醴泉县北屯镇以及关中西部重镇凤翔府。大荔县羌白镇，"为荔邑镇堡之首，县丞公署在焉。皮货作房会萃于斯，繁富亚于县城"③。醴泉县北屯镇，在泾阳县与醴泉县交界处的泾河西岸，"出口货，甘产牛羊皮毛多集于此，京、津、沪、汉及河北、河南等处皮商多来贩买。清末，市肆颇为繁富"④。凤翔府在清朝末年"开埠通商"以后，是西北甘肃、宁夏乃至于新疆地区皮货销往东南地区的中转站，这里曾汇聚皮庄有 40 余家⑤，为关中西部皮毛、皮货汇聚中心。凡此，都吸引了关中地区众多的坐商和长途

---

① 〔清〕刘懋官修，宋伯鲁、周斯亿纂：《宣统重修泾阳县志》卷八《实业志》，见凤凰出版社编选：《中国地方志集成·陕西府县志辑》（7），凤凰出版社，2007 年，第 478 页。

② 〔清〕卢坤：《秦疆治略》，成文出版社有限公司，1970 年，第 29—30 页。

③ 陈少岩、聂雨润修，张树枟、李泰纂：《民国续修大荔县旧志存稿》卷四《土地志》，见凤凰出版社编选：《中国地方志集成·陕西府县志辑》（20），凤凰出版社，2007 年，第 421 页。

④ 张道芷、胡铭荃修，曹骥观纂：《民国续修醴泉县志稿》卷四《建置》，见凤凰出版社编选：《中国地方志集成·陕西府县志辑》（10），凤凰出版社，2007 年，第 230—231 页。

⑤ 陕西省凤翔县志编纂委员会：《凤翔县志》，陕西人民出版社，1991 年，第 497 页。

贩运商，沟通南北、东西的商业转运贸易非常发达，商业风气异常浓盛。三原是清代关中土布集散中心，故有研究说："三原是清代秦陇土布集散中心。……清代陕甘布商多在三原设总号，当时叫'驻房子'。因此三原的盐店街、山西街布商云集，布店连衡。陕西帮的著名布店有自立永、自立忠、自立和、颜发明、同心协、敬义太、万顺贵、万顺德、敬信义、福德、福德愚、德和生、同顺合，以及三原的福顺布店和聚盛东绸布店。最盛时有四五十家，称为大布帮。当然还有山西人、兰州人在三原开的字号。由于棉布字号多设三原，故三原是'棉布运到，堆积一市'。这些来自楚豫的土布首先要在三原整染改捆，销甘省各布在三原染色者几有半数，……由骡驮车装，分销陕西和甘陇各地以至新疆、东（中）亚。"① 而咸阳系水陆码头，是当时关中木材集散和外运的交易中心。所谓"城内系水陆马头，商贾云集，气象颇形富庶。其实各铺皆系浮居客商，货物皆从各县驮载至此，由水路运往晋豫。至粮食、木板亦由西路车运而来，用舟载至下路，到此纳税给票，方准放行"②。正是由于关中地区商业的巨大发展，关中社会风气实现转变，这些转变不能说是普遍的现象，但在促成一般社会的思想、观念解放上无疑起了巨大的作用。可以肯定地说，明清时期关中中部、东部地区社会商业活跃，使得绝大部分人不再视经商为一种"下贱"的职业，反而崇尚这一行业，并通过这样的实践不断地改变着人们的观念。这种情况一直持续到清代，似都没有什么实质性变化。于是便形成两种矛盾或对立的意识和观念：地方官员以重农抑末为名尚，在社会治理和教化上，不断传播鄙商意识和思想，不断表彰和高扬民俗纯朴、乐土重迁、重农抑末的

---

① 李刚：《陕西商帮史》，西北大学出版社，1997年，第334—335页。
② 〔清〕卢坤：《秦疆治略》，成文出版社有限公司，1970年，第14页。

社会理想，试看明清诸地方志"风俗篇"，无不以此为治政之实绩而书之简端；在社会日常生活层面，民众对于工商业的崇尚、对于富贵的追求，以及对于奢靡生活的向往，从来就没有过停止。于是就出现1000多年前人们所看到的"今法律贱商人，商人已富贵矣；尊农夫，农夫已贫贱矣"的背反现象。这样的情形至清代以降愈演愈烈，不仅关中如此，全国大致也是如此。官方治理和民间求富实际上走的是两条道路，而不是目标一致的一条道路。这正是中国古代封建专制集权制度的悲哀。

四、周秦汉唐崇拜与阿 Q 精神的轻音

"秦中自古帝王州"[①]，这是唐代诗人杜甫描述的关中意象。自唐代以来，关中政治地理及文化的优越地位，在无形中形成一般社会心理。就是说，自那时以来，当地的人们就多多少少表现出对以往周秦西汉辉煌历史的崇敬和崇拜。随着唐王朝政治、经济和文化的日益发展，强盛的国力、活跃的东西文化交流、前所未有的经济繁荣和富庶，更是把这一优越感和崇拜推向高峰。后来的安史之乱和唐末战乱虽然将其繁荣和富庶摧毁殆尽，但夕阳的余晖依然不时地唤起人们的记忆和向往。这样的心理，往往承载着历史的荣光，对关中人产生巨大的影响，使他们哀伤，让他们悲叹，催他们奋进，就是在扑朔迷离的梦呓里，也时常泛起甜蜜的梦想。元人骆天骧的《类编长安志》，虽然是元人关于长安的志书类编，但其主要内容却是周秦汉唐都城遗迹的类纂，而关于元代长安的历史显得寂寂寥寥，一鳞半爪。至于为

---

① 〔唐〕杜甫：《秋兴八首》，见〔清〕彭定求等编：《全唐诗》卷二百三十《杜甫十五》，中华书局，1960年，第 2510 页。

世人称道的碑刻著录，数量达 140 多种，其中多不乏骆氏本人"不惮涉远披荆莽而追访"的成绩。当然，这些碑刻也绝大多数都是唐代以前的古碑遗存，虽然其中不乏元代的一些刻石。故作者在《石刻》"自序"中说："长安自周、秦、汉、晋、西魏、后周，并为帝都，其古迹法书石刻甲天下。遭巢寇之乱，五季、宋、金，革火踵继。其帝王陵庙、功臣将相冢墓，及古之事迹、名贤法书石刻焚毁十亡八九。惜乎神物扫地。仆自幼酷嗜古人法书石刻，仅有存者，不惮涉远披荆莽而追访，抄录书撰人名暨所在，垂六十年，集成编帙，附《长安志》后，……与好古君子共览焉。"① 就辑录石刻而言，这固然与其"自幼酷嗜古人法书石刻"的兴趣有关，但遍览全书，无不浸透着他对古代长安古迹的情怀，特别是对周秦汉唐长安文明及历史的崇拜。60 年，对于一个人而言是多么漫长，几乎就是其一生，而这样的追求不能不说就是一种精神、一种情怀、一种执着、一种膜拜。

14 世纪 40 年代，文学家李好文来陕用事，撰《长安志图》一书，其"自序"云："及来陕右，由潼关而西至长安，所过山川城邑，或遇古迹，必加询访。尝因暇日，出至近甸，望南山，观曲江，北至故汉城，临渭水而归。数十里中，举目萧然，瓦砾蔽野，荒基坏堞，莫可得究。"②《长安志图》一书，又何尝不是周秦汉唐古迹的图绘！及至明代，世事因革，往事越千年，关中的政治地位依然牵动着无数人的心，就是国家政治中心的选择和确立问题，依然长久地牵动着统治者意欲实现其"国运长久"的心。洪武三年（1370）五月，监察御史胡子祺上书朝廷，力主建都关中。他说："天下形势之地可都者四。河东地势高厚，控制西北，尧尝都之，然其地苦寒，江淮士卒不堪。汴梁

---

① 〔元〕骆天骧：《类编长安志》卷之十《石刻》，黄永年点校，中华书局，1990 年，第 301 页。

② 李修生主编：《全元文》卷一千四百五十九，凤凰出版社，2004 年，第 426 页。

襟带河、淮，宋尝都之，然其地平旷，无险可守。洛阳周公尝卜之，周、汉尝迁之，然嵩、邙诸山，非有殽函、终南之固，瀍、涧、伊、洛非有泾、渭、灞、沪之雄。故据百二山河之胜，可以耸诸侯之望，可以绵宗社之久，举天下莫关中若也。"① 洪武二十四年（1391），朱元璋派太子朱标巡抚陕西，为迁都关中做前期的准备。朱元璋在其《祭光禄寺灶神》一文中所说的"本欲迁都，今朕年老，精力已倦"②，不也体现了他对关中的意愿与无奈？后来的大学者邱浚、王士性、谢肇淛、顾祖禹等，都不同程度地论及关中，想念关中。尤其是谢肇淛和顾祖禹，都认为关中是历史上主要王朝建都的不二选择。谢肇淛说："古今建都形胜之地，无有踰关中者，盖其表里山河百二重关，进可以攻，退可以守，治可以控制中外，乱可以闭关自守，无论汴京，即洛阳不及也。"③ 顾祖禹认为，"陕西据天下之上游，制天下之命者也"，"陕西之在天下也，犹人之有头项然，患在头项，其势必至于死，而或不死者，则必所患之非真患也"。故而提出建都"法成周而绍汉、唐"，"其必在关中"的思想。④ 总之，"终明一代，长安情结都在不同程度地伴随着心系国家安危的一些明人士大夫，尽管由于目标和用意不同，这其中有心意、有想往、有否定、有困惑、有批评、有痛惜，并且明朝的都城最终也没有迁移至长安，但古都的影响、古都之声却时时回荡在 260 余年的历史的天空"⑤。

到了明清时期，关中人似乎已经没有了迁都或者定都的奢望，尽

---

① 《明太祖实录》卷一〇六，洪武九年五月，"中央研究院"历史语言研究所，1962 年，第 1769—1770 页。

② 〔清〕顾炎武：《天下郡国利病书》卷一十三《江南一》，四部丛刊三编，商务印书馆，1936 年。

③ 〔明〕谢肇淛：《五杂组》，郭熙途校点，辽宁教育出版社，2001 年，第 42 页。

④ 〔清〕顾祖禹：《读史方舆纪要》，中华书局，2005 年，第 2449、405 页。

⑤ 刘景纯：《古都声闻：明人定都关中的思想与情结》，载《三门峡职业技术学院学报》2011 年第 3 期，第 56 页。

管明朝末年李自成在西安建立了"大顺"政权，但那只是历史进程中
的昙花一现，没有产生足以改变地方命运的变迁。而生活在这里的人
们，上至为官于此的官僚大员，下至通过多种途径而获得各种历史碎
片，或者民间传说的普通百姓，周秦汉唐的文明与历史（不论是正史
还是传说），又多多少少都成为他们引以为豪的资本。试到关中的乡
间走一走，无论是在小镇饭馆、田间地头，抑或是在村头消夏乘凉的
人们，几乎没有不谈关中的历史，尤其是周秦汉唐的"历史故事"的，
特别是对与关中相关的历史，更是津津乐道。而在这些谈论中，有多
少捕风捉影的演义，各种奇奇怪怪的添油加醋、无中生有，甚至荒唐
可笑的历史碎片！这不重要，重要的是，在这些谈论里，无不浸润着
对古代的那个时代、那样的人物、那样的故事的无限夸张和奇传，贯
穿着随意的塑造、崇拜与自豪。这一点却又是相当普遍的历史事实和
文化现象。嘉靖十五年（1536），巡按陕西文林郎山东道监察御史周
南到陕西，记述其经行的情况说：

> 嘉靖丙申，余被命行役至陕。始而由潼华，履长安，登汉唐
> 故墟，曰是可以观政也已矣。迅之于士，盖十不能举一焉。既而
> 历丰镐，渡河渭，览宗周遗迹，曰是可以观化也已矣。征之于
> 民，盖百不能举一焉。已乃探龙庭，窥瀚海，访古名将余烈，曰
> 安内攘外，舍是吾不欲观之矣。求之于野，盖万不能举一焉。乃
> 进诸掌故者，夷考其志，漫漶阙略，无所取征，犹之夫士与民野
> 焉尔。叹曰："嗟乎！陕固天下之名藩也，而忍使其事埋没弗传，
> 一至是乎！"[1]

---

[1] 〔明〕周南：《陕西通志序》，见〔明〕赵廷瑞修，马理、吕柟纂，董健桥总校点：《陕
西通志》，三秦出版社，2006年，第3页。

正如周南所看到的那样，对关中地区的许多历史故迹（特别是周秦汉唐诸王朝），明朝时的关中士人、民人多已经是"十不能举一""百不能举一"的情况，这一点甚至令周南难以置信。这种情况说明：当时的关中文化教育是比较落后的，绝大多数的士人、民众是不大关注这些历史遗迹，更不能够获取这方面的准确知识，事实上，也很难获取这样的知识。即便如此，却不能据此认为关中民人的精神世界几乎是空白的，应该说，对这些历史遗迹的精确知识的无知，并不影响其捕风捉影地塑造或者编造早期历史碎片的大胆和热情，更不足以影响其对周秦汉唐时期关中"历史精神传扬"的信心和热情，并以之作为其精神的慰藉。这种情况，历经明清时期，似乎从无间断。就是在军阀混战、饿殍遍野的民国时代，在激情燃烧的 20 世纪 50 年代，以及在艰难探索中发展的人民公社时期，也多都是如此。尽管物质生活极其贫乏，而在生民的精神生活中，又充满着因对历史的无知而肆意演义故事的荒唐，但却掩饰不住人们普遍地对于周秦汉唐祖先辉煌和伟大的张扬，以及在张扬过程中所得到的自慰与甜蜜。这大概就是关中乡间文化的一种精神。对于这样的精神，笔者无以名之，谨称之为"阿 Q 精神的轻音"。

至于地方官员和知识阶层，又何尝没有这种精神的烙印呢？上述宋元志书中的古迹崇尚，自不必说，就是明清以来的地方史志也无不尽其可能地搜寻周秦汉唐的历史遗迹，借以提升各自州县的历史文化地位，进而传扬和体现自己的辉煌和伟大。其主要表现有二：一是关中优越论的观念；二是于志书文化发展中自觉或者不自觉地重古迹和故事，而轻志书主题所要求的当代内容。所谓关中优越论，是指关中知识阶层中，有一种因关中文化历史悠久、周秦汉唐诸王朝历史辉煌而持有的关中中心观念。这一观念在一定程度上，潜意识地支配着关中人关于关中社会历史和文化的认识。冯从吾编著《关学编》云：

> 我关中自古称理学之邦，文、武、周公不可尚已，有宋横渠张先生崛起鄠邑，倡明斯学，皋比勇撤，圣道中天。先生之言曰："为天地立心，为生民立命，为往圣继绝学，为万世开太平。"可谓自道矣。当时执经满座，多所兴起，如蓝田、武功、三水，名为尤著。至于胜国，是乾坤何等时也，而奉元诸儒犹力为撑持，埙吹篪和，济济雝雝，横渠遗风将绝复续。天之未丧斯文也，岂偶然也哉？ ①

理学本是宋代兴起的一门学问，北宋张载固然是关中理学的创始人，但将关中自古称作"理学之邦"，与文、武、周公相联系，并将宋元诸儒的继承和发展解释为"岂偶然也哉"，显然是在强调关中历史文化的优越地位，其中蕴含的关中文化优越论观念是不言而喻的。清乾隆三四十年间，毕沅巡抚陕西6年，受关中历史及地理形胜的影响，专门撰著《关中胜迹图志》一书，以"志"和"图"的形式，较为翔实地记述和反映了他对于周秦汉唐为主体的关中历史古迹的观念和认识，特别是其中的"山水图绘"，意象优美，超然世外，写实中充满着浓烈的写意与情感，甚至于时空构建中，尽可能地突破地形的限制，使得苍凉的黄土川原和秦岭山地显得空灵、庄严而又神秘；字里行间处处充满着对于关中古代历史的不尽情怀和古遗迹的意象性美化，如华山图、南五台图、鸿门坂图和终南山图等，莫不如是。至于历代都城旧迹，毕沅历尽艰辛，进行大量的实地考察和考证工作。其撰著的动机，固然在于歌颂清王朝的"治定功成，百废修明"，但关中文化优越论的潜意识还是深深地影响了他。所以他说：关中"沃

---

① 〔明〕冯从吾：《关学编》（附续编），陈俊民、徐兴海点校，中华书局，1987 年，"自序"第 1 页。

野千里，古称四塞之区奥。自成周而后，以迄秦汉隋唐，代建国都，是以胜躅名踪甲于他省"①。20世纪30年代中期，一方面国民政府在抗战背景下，积极推进西北开发的工作；另一方面组织西京筹备委员会，积极筹备西京的建设事宜。当时邵力子主政陕西，欲在此背景下"振兴文化"，遂于1934年至1936年，由陕西省通志馆编印《关中丛书》。《关中丛书》八集96册，收入关中乡贤遗著50种，试图以此为起点，集中选择、整理和研究关中文化为主体的文化工作，作为实现关中文化"文艺复兴"的开端，为即将"实现"的"西京文化中心"地位的确立和发展做前期的准备。这些著述涉及汉唐宋明以及清代学人的重要著述，虽然不都是关于关中的著述，但大部分都与关中有关。正像丛书"例言"所言："关中为从古人文渊薮，著作如林，是

① 〔清〕毕沅：《奏进关中胜迹图志原疏》，见中国西北文献丛书编辑委员会编：《中国西北文献丛书·西北稀见丛书文献》第12卷，兰州古籍书店，1990年，第2页。

编择其上自汉唐，下迄近代，凡乡贤遗制，足助身心学问及有裨实用者，悉采付印。"①现在看来，《关中丛书》所选择的著述，虽然在性质上较为杂乱，但在内容上兼顾了礼俗、地理、文化、经济等诸多方面，反映了编者于经济社会和文化复兴上的良苦用心。而就其中所收录的《三辅决录》《西京杂记》《三辅黄图》《考工记》《雍录》《白虎通义》等著述，依然还是反映了难以割舍的周秦汉唐文明和融于国人血脉中的关中文化优越论精神。

事实上，不论是民间的传奇与夸张，抑或是知识阶层的偏好、仰慕及其撰著精神的无意识张扬，周秦汉唐王朝文明的影子，似乎从来没有离开废都时代的关中人的"作品"。作为一种潜意识的观念或者精神，它们若明若暗，若即若离，时时地影响着这里的人们，有时催他们奋进，有时让他们叹息，有时使他们怅惘，使得他们即使在极端饥饿困顿的时候，也不乏于悲凉的生存挣扎中，呐喊几声祖先的荣光，借以获取精神上的胜利而鼓舞其继续前行。这正是关中文化传统的伟力和价值所在。

---

① 中国西北文献丛书编辑委员会编：《中国西北文献丛书·西北稀见丛书文献》第 6 卷《关中丛书例言》，兰州古籍书店，1990 年，第 1 页。

第九章　秦腔戏剧的渊薮：关中中心与文化本位

俗语云："八百里秦川尘土飞扬，三千万儿女怒吼秦腔。"这句话虽然是现代关中人对秦腔戏剧在关中盛行的戏语，却着实地反映了秦腔戏剧在关中人日常生活中的地位，以及其传播的普遍程度。应该说，元明清以降，关中地区已经成为西北地区秦腔戏剧文化的中心，晚清至民国时期，秦腔文化在这里发展到历史时期以来的高峰，影响关中民众生活至深、至远。所以谈关中文化，不能不谈关中的秦腔戏剧。在历史上，秦人曾经经营关中 560 余年，关中长期以来是秦文化的核心区域。秦汉、魏晋、北朝、隋唐时代，以及后都城时代的宋元明清时期，这里始终是西北地区乃至全国政治、经济和文化发展的中心地区。随着古典民族文化的不断融合，关中文化的渊源虽然是多元的，但其基本精神最终凝聚为统一的内核，一直继承并延续下来。正因为如此，秦腔戏剧文化形成以后，关中始终是秦腔戏剧文化的渊源和中心，并且在随后的历史进程中，自觉或不自觉地形成不可取代的本位地位。

一、秦腔戏剧的产生与关中戏剧中心地位的形成

关于秦腔戏剧的起源，学术界可谓众说纷纭。按照焦文彬等的认识，秦腔的起源有四种说法：一是源于秦汉说，二是形成于唐代说，

三是形成于金元说，四是形成于明代说。①这四种说法，因着眼点不同，如秦音的渊源、器乐的渊源、曲子的起源，或者舞台形式的渊源等，自然各自有其一定的道理。但作为成熟的戏曲表演形式，应该说它以元杂剧为标志，形成于元代。王国维说："论真正之戏曲，不能不从元杂剧始也。"②贺昌群说："到元曲产生的时代，中国的戏曲方才正式成立。"③今山西省尚保留有不少元代演剧的戏台、戏楼和碑刻遗存④，在很大程度上也印证了这一点。作为地方戏的剧种之一，秦腔杂剧应当是在这一背景下产生的。故焦文彬等言："元代，是我国戏曲的成熟时期，北曲正宗的秦声长期以来作为国乐、秦方言作为国音，这时保留着自己特色的秦声杂剧，也走向成熟。"⑤成熟的戏曲及其演出的常态化，才能形成影响地方社会的重要力量。成熟的地方戏曲故事，或具有元杂剧的一般性特点，但其语言、声腔必须来源于地方语言及其声腔，就是基本的曲调和音乐也必然要与地方文化相融合，否则便很难为地方社会所接受，也谈不上因此而发扬光大。从这一意义上讲，可以认为元代是我国地方戏曲普遍形成的时期。

作为一种新的娱乐形式，元杂剧固然具有普遍性，但在各地的具体演出当中，必然与地方文化相结合，由此逐渐形成一系列地方剧种，秦腔就是其中之一。京兆府作为当时西北地区最为重要的城市、陕西行省的首府和历史上著名的古都，这里人口集中，影响广大，自然发展为秦腔戏剧的一个中心。在13世纪初年，这里诞生了秦声杂剧名家红字李二。此人在京兆府"勾栏"演绿林杂剧出名，人称红字

---

① 焦文彬、张登第、赵洪等：《秦腔史稿》，陕西人民出版社，1987年，第3—8页。
② 王国维：《宋元戏曲史》，中华书局，2010年，第74页。
③ 贺昌群：《元曲概论》，中国书籍出版社，2006年，第61页。
④ 冯俊杰等编著：《山西戏曲碑刻辑考》，中华书局，2002年。
⑤ 焦文彬、张登第、赵洪等：《秦腔史稿》，陕西人民出版社，1987年，第35页。

李二。他和当时著名元杂剧作家马致远关系密切，马致远因此到过陕西关中，并与他合作，创作杂剧《任风子》和《开坛阐教黄粱梦》。他本人也创作有秦腔杂剧《病杨雄》《板踏儿黑旋风》《折担儿武松打虎》数种。[①] 根据这些事实，我们推知，元代京兆府的秦腔杂剧演出是有一定规模的，当时的戏班子大概不止一家。又据焦文彬等提供的资料，在今山西省洪洞县广胜寺的明应王殿东墙壁上，留有元代京兆府几家戏班子演出后的题名。足以说明元代的京兆府不仅具有颇具影响力的秦腔杂剧艺人，而且有数个著名的戏班子。这些戏班子的声望已经逸出关中，影响及于晋南地区，其中心地位可以想见。

明清时期关中的秦腔文化传播，在前代基础上沿着三个方向发展：一是继续以"勾栏"演剧的形式在城乡市场发展；二是围绕酬神报赛的庙会，各府州县相关庙宇普遍建立起戏台（戏楼），并形成定期演戏的习俗；三是城乡社会婚丧嫁娶时，往往有戏班子演戏助兴。其传播范围，除关中地区以外，在今宁夏、甘肃、青海、新疆四省区也日渐流行。另外，由于陕西商帮广泛分布，在今四川北部、山西南部和长江中下游诸城镇和京师北京，经常有秦腔班演出秦腔戏剧。[②]相比于这些地区，关中地区因为本身是秦腔滋生的沃土，有广泛的听众和市场，不但是秦腔戏剧发展和传播的中心，而且是秦腔文化传播的核心地区。

就三种方式的传播途径而言，各地城乡酬神报赛式的庙会演出，是关中地区最为普遍、影响力最大的传播形式。因为明清时期的关中地区，民间信仰普遍盛行，信仰内容十分繁杂，不论是历史时期以来传承和不断发展的自然神崇拜、祖先崇拜，还是其他形形色色的神秘

---

① 焦文彬、张登第、赵洪等：《秦腔史稿》，陕西人民出版社，1987 年，第 47—48 页。
② 参见焦文彬、张登第、赵洪等著《秦腔史稿》相关部分。

文化现象，都纳入民间信仰，成为他们意识形态的组成部分。除此以外，伴随着佛教和道教的世俗化发展，民间信仰与世俗化的佛教、道教信仰相混同，形成广泛分布于城乡社会的多种祠、寺、庙宇。这种现象在当时的众多府州县志中多有记载，其数量往往多得惊人。以醴泉县为例，明代崇祯年间有134所寺观和民间祠祀坛庙，就是这一盛况的明证。按照明清时期的关中习俗，其中的一些庙宇，每年定期举行庙会。庙会本身或为酬神，或为纪念，往往有戏班子演剧，所以喜剧的庙会市场颇为活跃。关于这一时期秦腔剧演出的具体情况，前人有较为充分的研究，此处不再赘述。这里仅据前人研究的相关数据，用以说明关中作为秦腔文化中心地区的问题。

（1）关中地区庙会戏楼的分布最为集中和普遍。焦文彬等整理地方志资料，列举28个县，共94座戏楼。这28个县分别是兴平、澄城、蒲城、大荔、蓝田、同官、鄠县、泾阳、高陵、三原、醴泉、扶风、淳化、凤翔、岐山、麟游、洛南、华县、韩城、鳌屋、韩城、皋兰、天水、宜川、洛川、郿县、肃州、洮州。①其中除7个州县不在今关中范围以内外，其余21个县都在关中地区。

（2）西安是秦腔戏剧活动的中心，有大批著名艺人和数量可观的班社。据研究，西安在康熙、乾隆时期有秦腔班社40多个，其中著名的戏班有36个。在当时的风气下，西安城的一些官僚士绅家庭，甚至也成立有自己的私人戏班子。乾隆时期的毕沅、钱玷、曹仁虎、孙西林等家庭就是如此。②由此可见，以西安为中心，以关中各府州县为基础，关中成为中国秦腔戏剧文化的中心地区。西安以其城市人口集中，秦腔班社众多，戏剧演出密集，成为关中地区秦腔戏剧文化的传播中心。

---

① 据焦文彬、张登第、赵洪等著《秦腔史稿》第335—342页表格整理。

② 焦文彬、张登第、赵洪等：《秦腔史稿》，陕西人民出版社，1987年，第343—344页。

二、秦腔戏剧内容的历史意象

在秦腔盛行的明清时期，大量的历史故事以戏剧创作的形式被搬上舞台，从创作主体到接受群体，共同演绎了一个时代的娱乐文化盛况。秦腔剧演出及其知识传播、情感互渗和社会价值认同，在一定程度上强化了关中社会的地区认同意识，培育了关中社会的大众文化心理和价值取向。当时关中社会，如果就乡村而言，基本的民众文化知识来源有三种途径：一是家庭生活因为地缘、血缘、亲缘关系所产生的口耳相传和话语交流。家庭、宗族圈是基本的交流细胞，村落圈交流是村落成员基本的社会交往形式，实际上也是对村落成员影响最大、最为稳定的日常知识来源。在这个圈子里，个体或者集体日常的生产、生活知识（社会知识），从直接经验到间接经验，多以口耳相传的形式而传播，并形成朴素的文化知识。二是少数官宦、士绅乃至大商人之家，往往因为读书人而获得间接（书本）的文化知识。但这种情况，在当时的关中乡村，一般占不到10%。三是通过戏剧的传播获得一定的间接知识。可以说，在广大的关中乡村社会，以这种形式获取间接知识，除读书人以外，几乎是其他人唯一的间接知识来源途径。因此，对于一般社会而言，观赏秦腔戏剧演出就是普通民众获取间接社会知识的重要途径。戏剧故事及其所蕴含的思想观念、爱恨情感与伦理规范，往往在潜移默化中培养了普通民众的知识、观念和价值取向。秦腔剧目的创作、演出和被传播、被接受，从主体和客体两个方面，反映了关中人的精神意向、社会崇尚和价值观念。

作为秦腔文化传播和流行的中心地区，关中明清时期上演的秦腔剧目很多，据研究，有1000多个，兹根据陕西省艺术研究所编《秦腔剧目初考》一书整理相关数据，列表9-1如下。

表 9-1　明清时期关中秦腔剧目故事的时代分布

故事时代	剧目数量（个）	故事主要来源
上古时期	3	传说
殷商	30	《封神演义》
西周	19	《封神演义》
春秋战国	89	《东周列国志》
秦	7	《史记》《宋元话本》、元杂剧等
两汉	69	《后汉书》、民间传说、元杂剧
三国	86	《三国演义》
两晋南北朝	24	《宋书》等相关正史、民间传说
隋唐	184	《隋唐演义》《说唐》《唐传奇》等
五代	34	《五代史评话》、传奇、杂剧
两宋	220	《五代史演义》《杨家府演义》《三侠五义》《水浒传》《说岳全传》《包公奇案》等
金元	36	《明史》《明英烈》及明代小说、传奇、弹词
明	183	《古今奇观》、《三言二拍》、宋元杂剧等
清	89	多为民间生活故事
朝代不明	121	多为民间生活故事
合计	1194	

资料来源：陕西省艺术研究所编：《秦腔剧目初考》，陕西人民出版社，1984 年。

　　通过表 9-1 中戏剧剧目的故事时代性征，大致可以推知以下几点。

　　（1）明清时期关中人关于秦腔戏剧知识的基本结构是：两宋戏剧剧目最多，占总戏剧数的 18.4%。其他各王朝所占比重的分布依次是：隋唐 15.4%，明朝 15.3%，春秋战国和清朝各 7.5%，三国 7.2%，两汉 5.8%，至于内容涉及金元、五代、殷商、两晋南北朝、秦、上古时期历史故事的剧目，所占比重很小，且愈来愈少。也就是说，关中人对于历史演义和相关故事的关注度，以两宋、隋唐、明朝、春秋战国、三国和两汉时期为主。特别是这些历史时期的历史故事，通过宋元"话本""杂剧"和明清时期"小说"的传播，形成创作者和社会需求之间的共同关注趋向。这样一种总体结构，还可以通过其他剧目汇编得以反映。表 9-2 是根据顾善忠主编的《明清秦腔传统曲目抄本汇编》一书而整理的秦腔剧目信息分布，也是北宋剧目故事最多，其他像明朝排第二，隋唐排第三。这种分布情况与表 9-1 的分布情况大致是一致的。

表 9-2　明清时期秦腔传统抄本曲目故事的时代分布

故事时代	剧目数量（个）	备注
先秦	4	
两汉、三国	11	西汉 5，东汉 4，三国 2
南朝	1	
隋唐	17	隋 2，唐 15
北宋	52	杨家将故事 36，并有 1 个与杨家将后人有关，其余 15
南宋	1	
五代	3	
元	3	
明	33	
清	3	
无朝代	6	
合计	134	

资料来源：顾善忠主编：《明清秦腔传统曲目抄本汇编》（全 17 卷），敦煌文艺出版社，2016 年。

（2）两宋时期戏剧剧目最多，主要是指北宋故事最多，有几个原因和特点：

一是杨家将故事广泛传播，并深入人心。自北宋末年到南宋时期，杨家将历史演义故事就在民间传播，元杂剧也有相关剧目，到了明代中后期，出现了一部长篇历史小说《杨家府演义》[①]，直接推动了杨家将故事的广泛传播，而其中内容正如这部小说的全名《新编全像杨家府世代忠勇演义志传》所示，宣扬的是"将门忠烈"和权奸斗争，以及英雄抗辽和西夏的故事，在社会上具有广泛的影响。在此背景下，后来围绕杨家将故事就产生了许多戏剧。表 9-2 反映北宋故事的曲目总共 52 个，其中杨家将故事就有 36 个，另有 1 个剧目与杨家将后人有关。也就是说，杨家将故事占到北宋戏剧故事的 70% 之多。当时在关中地区上演的著名戏剧，如《金沙滩》，讲宋太宗在五台山还愿后，前往幽州游玩，被辽天庆王兵围困在幽州城中，杨继业父子救驾解围，以至于杨大郎替身宋王而死，杨二郎战死，三郎被马踏致死，四郎、八郎被俘，五郎出家。这是一个充满悲壮情怀的英雄主义和爱国主义故事。其他，如《五郎出家》《七郎打擂》《太君征北》《杨六郎招亲》《两狼山》《陈家谷》《天波府》《箭头会》《五台会兄》《撰御状》《告御状》《清官册》《破雄州》《状元媒》《四郎探母》《金枪会》《董家岭》《洪羊峪》《醉焦赞》《三岔口》《背靴子》《夺三关》《蝉牌关》《穆柯寨》《辕门斩子》《女探母》《天门阵》《破洪州》《铁角坟》《孟良盗马》《杨八姐闹馆》《老辕门》《三曹归天》《杨家将征辽》《二天门》《牧虎关》《杨唐钻布袋》《夜明珠》《杨文广征西》《阴阳图》《十二寡妇征西》，都出自《杨家府演义》或《北宋杨家将演义》等小说。在此以外，出于其他话本、杂剧等形式的相关故事也有不少。[②] 从这些剧目可知，在不大可能有《宋史》阅读的关中民间社会，尤其是就一般社会阶层而言，多通过这些剧目的传播而获得演义性质的故事性历史

---

① 〔明〕无名氏：《杨家府演义》，上海古籍出版社，1980 年。
② 陕西省艺术研究所编：《秦腔剧目初考》，陕西人民出版社，1984 年。

知识，即民俗意义上的宋史知识。或者说，关中民间的两宋"历史知识"，多是通过这一途径而获得的。

二是《水浒传》故事的广泛影响。《水浒传》小说虽然在明末清初出现，但其中大部分的人物故事却流行很早。据研究，南宋时期宋江等水浒人物故事，就广泛地流传于街谈巷语中。记述梁山泊三十六人故事的"《宣和遗事》，就是南宋时期民间通行的小说"。元朝时"水浒故事非常发达"，仅《元曲》里演述梁山泊故事的曲目至少有 19种。① 这种传统的民间基础，就使得秦腔剧在这方面的创作非常丰富。如《九纹龙起义》《醉打山门》《林冲夜奔》《杨志卖刀》《乌龙院》《宋江杀楼》《武松打虎》《狮子楼》《武二郎起解》《快活林》《鸳鸯楼》《蜈蚣岭》《孙家庄》《宋江投朋》《李逵得斧》《翠屏山》《李逵背母》《祝家庄》《女三战》《雷横滚枷》《高唐州》《李逵大闹二仙山》《夹马河》《三打大名府》《收关胜》《大破东平府》《破二府》《神州擂》《忠义堂》《花钱袋》《打洞房》等，直接来源于《水浒传》故事。也有在此基础上的演义性剧目，如《董家庙》《蔡家庄》《李逵闯帐》《公孙胜辞山》《男三战》等。② 这些剧目的内容总体上都是一些具有浪漫主义色彩的英雄故事，所以深得民间喜闻乐道。

三是岳家军故事与《说岳全传》的传播。岳飞是南宋著名的抗金将领，其英雄事迹在南宋时期的民间就已经广为流传。元明以降，其流传更为广泛，遂成为说话艺人、元曲创作家和小说创作的题材，所以在当时社会上就有平话、杂剧和传奇等形式的传播。此基础上，故事演义愈来愈丰富。明代演述岳飞故事的书日渐增多，如《大宋中兴通俗演义》（8 卷），此书亦名《大宋中兴岳王传》《武穆精忠传》。后

① 胡适:《水浒传考证》，见胡适:《中国旧小说考证》，商务印书馆，2014 年，第 25—29 页。

② 陕西省艺术研究所编:《秦腔剧目初考》，陕西人民出版社，1984 年。

来又有《说岳全传》、《重订按鉴通俗演义精忠传》(亦名《精忠报国传》)和《精忠全传》。大约到了清代康熙年间，有个叫钱彩的人对此加以整理，形成《说岳全传》。① 虽然著名史学家邓广铭认为，"书的内容并不好：既与历史事实相去太远，还夹杂大量封建糟粕；文笔既不见长，虚构的情节和场面也太多，且都不见精彩"②。但恰恰是这样，它在民间社会广为流传，并且成为秦腔戏剧重要的题材来源。这也是民间故事传播的特点，即其通俗性、随意性和民俗性。在这一广泛的民间社会知识系统的基础上，以岳飞抗金故事和岳家军相关人物故事为主题的秦腔戏剧大量出现。如《水冲岳家庄》《求贤鉴》《潞安州》《河间府》《金兀术夺汴梁》《精忠报国》《岳母刺字》《泥马渡康王》《打兀术》《九龙山》《水战杨幺》《朱仙镇》《斩侯英》《金铃计》《汤怀自刎》《王佐断臂》《风波亭》《冷泉亭》《胡迪骂阎》《周三畏骂四贼》《牛骑龙背》等。③ 其中固然有基本的历史线索背景和基础，但大量的故事情节和内容都是虚构的或者演义的。

除此之外，宋代以来，随着社会的开放性发展，市民社会的生活日渐进入元杂剧、评话等形式的演剧中，除历史题材的故事外，民众日常生活中的各种故事，或假托历史人物和事件，也往往被搬上戏剧舞台。像《包公案》(又名《龙图公案》，全名为《京本通俗演义包龙图百家公案全传》，又称《龙图神断公案》)，就是明代人根据相关历史和民间传说整理成的公案小说，主要讲述包公破案的故事，但实际上主要是清官与民间社会治理的故事，深得民间喜爱，也广泛地寄托了民间社会对于正义、公平和普遍价值信念的不懈追求。所以，以此为题材的戏剧也有一些。在此社会文化背景下，以两宋时期的历史演

---

① 刘大杰：《中国文学发展史》下册，上海古籍出版社，1982年，第1032—1033页。
② 邓广铭：《岳飞传》，生活·读书·新知三联书店，2007年，"自序"第3页。
③ 陕西省艺术研究所编：《秦腔剧目初考》，陕西人民出版社，1984年。

义故事为基础的秦腔剧目最多。

（3）就秦腔剧目总的情况看，历史故事、历史演义和小说占据了戏剧创作题材的大部分，尤其是历史上的著名君王，或者开国君主，如殷纣王、周文王、周武王等《封神演义》故事，秦始皇、汉武帝故事，隋炀帝、唐太宗等《隋唐演义》故事，宋太祖、杨家将、岳家军等打江山或抗击辽国、金国袭扰的故事，春秋战国一系列以《东周列国志》为题材的王侯将相的故事，等等，占据了秦腔历史剧的绝大部分。在大历史文化的背景下，国家分裂时期的春秋战国历史故事、三国历史故事，占有一定的题材优势，而以爱国主义和英雄主义为题材的戏剧，主要集中在北宋的杨家将故事、南宋的岳飞及岳家军抗击金国故事和以宋江为首的梁山泊反抗强暴的演义故事或小说创作上。应该说，涉及宋元以前历史内容的戏剧，以历史及其演义故事为主；宋元以降，历史演义故事虽然也还占据着主要的份额，但社会日常生活题材的戏剧逐渐增长，其中王侯将相、达官贵人相关故事更多一些。从这个意义上讲，可以说，关中民间社会的历史文化知识，主要是以戏剧传播的形式来传授和接受的。这些所谓的历史故事，大多来自历史演义或者小说创作，所以其历史知识多不是严肃的历史文化知识。这样的情况直到现在依然没有实质性的改变，这正是戏剧文化的本质使然。

（4）秦腔戏剧中，以明清为时代背景和内容的戏剧，总体上摆脱了过去以帝王将相历史故事为主导的戏剧内容，戏剧开始转向以世俗生活为主体的创作，戏剧内容愈来愈接近一般社会日常生活。尽管在比较多的戏剧中，依然还不同程度地围绕帝王将相和官僚贵族的生活和故事展开，但关于明清社会生活的故事逐渐占据了戏剧舞台的主流。这种风气与明清时期市民文化和一般社会生活愈来愈受到民众的关注密切相关，实际上也是戏剧文化发展的必然路径。

三、秦腔戏剧与关中社会的伦理道德和价值取向

在论述这一问题之前，有两个基本问题需要首先说明，因为它们是我们认识秦腔戏剧所反映的关中社会道德和价值观念的基础或前提。一是无论秦腔多么盛行，甚至往往使人疯狂，但在大部分情况下，戏不是给人演的，而是给神（包括佛教、道教和民间信仰诸神）演的。就是说，在当时社会上，以各种形式崇拜的诸种神灵在社会上的地位要远远高于人的地位。神灵是社会主宰的观念一直主宰着社会，其中人是很卑微的。一般而言，各种经过人的努力而获得的劳动成绩，都要归之于神灵保佑的结果。所以在关中社会，以"酬神报赛"为特征的戏剧演出，占据了民间社会戏剧演出的主体地位。从这一意义上看，关中社会依然处在中古社会的精神框架中，几乎没有丝毫的动摇。不仅没有动摇，而且通过戏剧形式，进一步巩固和强化了神灵的统治地位。二是社会文化中的人文主义精神有所进展。元朝时，社会上出现了奇怪的职业等级分异：一方面各地儒学相继恢复运行，科举制度也定期举行人才选拔；另一方面读书人的地位异常低下。宋末元初，福建籍学者郑所南写了一本著作叫《心史》，其中谈到元代初年的社会观念和制度是："一官、二吏、三僧、四道、五医、六工、七猎、八民、九儒、十丐。"① 就是说，读书人在社会上的地位是低于一般民人百姓的，按其位次仅排在乞丐的前面，位居社会底层的倒数第二等席位。就功利主义立场看，这种对事物的认识习惯，大致是符合元代初年统治的特点的。不过，在实际生活层面，很多读书人的生活并不像这一排列所显示的那样低下。事实上，宋元以降，虽然总体的

---

① 〔宋〕郑所南：《心史》，广智书局，1942 年，第 160 页。

社会精神控制，并没有也不可能"走出中世纪"，但人文主义的发展一直不同程度地有所进展。科举考试、诗词学发展等自上而下的普遍崇尚自不必说，就是民间世俗层面的"勾栏""瓦舍"，其中上演的"评话""杂剧"，也日渐形成为世俗社会追捧的热点。所以元杂剧在这一时期发展很快，并迅速地推动了秦腔舞台戏剧的诞生和发展。上文提到，元代奉元路的"勾栏"中，元杂剧的演出很活跃。奉元路的不少秦腔演剧戏班子，已经成为社会追捧的对象，他们除在当地演出外，还被山西洪洞县广胜寺佛会请去演出。这不能不说是一个巨大的荣誉，是西安秦腔戏剧的荣誉。昔日那些名不见经传的"乐户"，甚至在上述元代制度里都没有资格出现的一个职业，竟然得到社会世俗阶层的追捧，这不能不说是一种新的社会力量及其相互体认的成长，这是人文主义精神的新进展。

明清时期，大量的戏班子在各地兴起，仅西安就有40多个，其中著名的有36个。至于民间皮影戏、自乐班等形式的戏班子，更是难以数计。就是一些官僚大员或者绅商，也往往有自己的家庭戏班子，前文提到清朝乾隆年间的毕沅、钱玷、曹仁虎、孙西林各有自己的家庭戏班子，就是这方面的代表。戏班子的兴起，特别是当时一些重要的官僚、士人阶层的参与和重视，充分彰显了秦腔戏剧本身在基层民众中的地位。在这一过程中，一个个戏班子赢得了自己的荣誉，一个个名角获得了他们响亮的名号，他们为人们所记录和研究，并因此而名垂青史，永耀史册。清代著名学者、经学家、朴学大师，江苏甘泉人焦循（1763—1820），对于新兴戏剧表现出极大的关注，并做了大量研究，不但著有《曲考》《剧说》等专著，而且撰有一部评论戏剧的专著《花部农谭》，专门评论戏剧10部。这在前人已有研究，不必细述。值得指出的是，他关于著名秦腔艺人魏长生的哀辞，更典型地反映了学者层面对秦腔艺人关注和崇尚的新动向。其哀辞云：

花开人共看，花落人共惜。

未有花开不花落，落花莫要成狼藉！

可怜如舜颜，瞬息霜生鬓；

可怜火烈光，瞬息成灰尽。

长安市上少年多，自夸十五能娇歌；

娇歌一曲令人醉，纵有金钱不轻至。

金钱有尽时，休使囊无资；

红颜有老时，休令颜色衰。

君不见魏三儿当年照耀长安道，

此日风吹墓头草！①

可以看出，焦循对秦腔艺人魏长生的去世极为悲痛，并因此而发出不尽的人生感慨。换句话说，以正统经学研究、史学研究为代表的学术大师，对王朝国家所长期抑制的大众戏剧及其演员的关注，代表了世俗文化的勃兴，以及学术层面对秦腔戏剧文化意义的发现和认同，这是一种进步力量的综合反映。关中秦腔戏剧文化的迅速发展及广泛传播和影响，应该说是这一整体历史趋势转向的重要组成部分，也是走在时代前列的新生力量的总体展示，极大地推动了关中社会文化中人文主义大众化发展的新趋向。

就戏班子而言，西安 36 个著名的戏班子自是各有千秋。其中建立最早的戏班子是"宝符班"，乾隆四十年（1775）以前，它是西安久负盛名的戏班子，有著名台柱子名角"宋子文（艺名太平儿）"，影响一时；"江东班"有一批技艺超群的秦腔演员，如小惠、琐儿、宝儿、

---

①〔清〕焦循:《里堂诗集》卷六，转引自焦文彬、张登第、赵洪等:《秦腔史稿》，陕西人民出版社，1987 年，第 373—374 页。

善儿，小惠是"声绝，绝唱"，琐儿是"以姿首绝，绝色"，宝儿是与小惠相当，当时号称"三绝"。随后又有"双赛班"（又叫"双才班"），自称超迈前两个班子，技艺超群的演员众多。① 类似这样的戏班子、著名演员还很多，这里不再一一赘述。再就秦腔戏剧作家而言，据研究，元代以来，关中秦腔戏剧作家人数日渐增多，元代的红字李二自不必说，元末明初关中渭南李十三，明代中后期武功康海，鄠县王九思，朝邑韩邦奇、韩邦靖兄弟，郃阳王昪、王元寿兄弟，蒲城魏秉，长安董旭兆，凤翔程云翼，韩城卫先范，郃阳范垣，清初郃阳李灌，乾隆时期渭南李芳桂，长安王筠（女），三原周元鼎，蒲城崔问余，清后期宜川张梓，都不同程度地参与秦腔剧创作。② 他们的参与，对于秦腔在关中地区的发展起到了重要的推动作用。影响及于民国以来，蒲城李桐轩，创作戏剧 20 多种；乾县范紫东，创作戏剧 60 余种；富平高培支，创作秦腔剧 50 余种；西安封至模，创作并改编戏剧多种；大荔薛寿山，创作并改编戏剧 100 余种。③ 可见，以秦腔戏曲创作、戏剧演出为引领，关中民间社会（以西安为中心）在戏剧创作、戏班子崇奉和名角崇拜中，极大地推动了关中人文主义精神的成长。反过来说，这些著名的秦腔班社、著名作家、著名演员，在这一过程中，不但从旧的制度下解放了自己，也在很大程度上解放了这个职业，解放了作为一种艺术形式的戏剧本身。虽然这些解放都还是有限的，但是他们赢得了民众，赢得了广大社会各阶层的普遍尊重，他们自身也在民间获得了巨大的荣誉。所有这些，汇集成一种社会力量，对于推动秦腔戏曲及其社会环境的新发展都具有重要的意义。

---

① 焦文彬、张登第、赵洪等：《秦腔史稿》，陕西人民出版社，1987年，第344—345页。
② 焦文彬、张登第、赵洪等：《秦腔史稿》，陕西人民出版社，1987年，第433—468页。
③ 据陕西省艺术研究所编《秦腔剧目初考》整理。

　　大概因为秦腔戏剧积极的综合性影响，统治者感到对自己的统治极为不利，甚至可能造成威胁，所以自乾隆时期起，秦腔就长期处于严格监管，甚至是禁止演出和销毁剧本的状况。据研究，清代初年的陕西，对明代留下来的"乐户"一概除籍，将他们卖身为奴，并规定他们的子孙三代不得参加科举考试。乾隆三十九年至四十七年（1774—1782）8 年之间，共焚毁书 24 次，538 种，13862 部，其中大多数是民间戏曲剧本。① 直到嘉庆时期，这样的禁止活动仍然非常严格。嘉庆三年（1798）苏州老郎庙的一通碑刻中讲道："乃近日偶有乱弹、梆子、弦索、秦腔等戏……于风俗人心殊有关系，此等腔调，虽起自秦、皖，而各处辗转流传，竞相仿效。"因此规定，除了"昆、弋"两腔以外，"乱弹、梆子、弦索、秦腔等戏，概不准再行演唱"。这种禁止风气一直延续，直到清代末年，各地依然屡有禁止。② 尽管如此，明清时期发展并兴盛起来的关中秦腔戏剧，始终以其强大的社会需求，在这种文化环境中艰难而快速地成长。其影响力愈来愈突出，以至于形成一股强大的、由地方力量推动的人文主义思潮和新的社会价值认同。这正是关中地方文明和文化进步的重要表现。

　　在明清时期的秦腔戏剧中，历史故事虽然在整个戏剧份额中仍然占据相当大的比重，但反映不同时期，特别是明清时期，民间社会生活内容的戏剧日益增多。我们假定，当时流传于陕西中路、陕西西路和陕西东路的秦腔剧目，是较为普遍地在关中大地上演出的基本剧目，那么，透过其中人物关系、价值观念和道德信念，可以窥见贯穿于关中地方社会日常生活中人们所秉持的文化信念和价值状况。

　　（1）关中秦腔戏剧中的绝大多数，在内容上都贯穿着中国传统文

---

① 焦文彬、张登第、赵洪等：《秦腔史稿》，陕西人民出版社，1987 年，第 386 页。

② 焦文彬、张登第、赵洪等：《秦腔史稿》，陕西人民出版社，1987 年，第 369、388 页。

化的核心价值与观念，即忠、孝、节、义的思想观念与精神。故焦循说："花部（指梆子腔、秦腔）原本于元剧。其事多忠、孝、节、义，足以动人；其词直质，虽妇孺亦能解；其音慷慨，血气为之动荡。"①就是说，秦腔剧故事多贯穿的是忠、孝、节、义的思想。他虽然是就秦腔戏剧的一般情况而言的，但在秦腔文化盛行的关中地区，秦腔戏剧的基本内容自然在这一范围之内。关中地区上演的秦腔戏剧中，自宋明以来日益强固的以儒家文化为中心的封建等级观念，始终占据着意识形态的主导地位。关中人恪守祖宗流传下来的观念，坚持君君、臣臣、父父、子子的教条，坚持君为臣纲，父为子纲，夫为妻纲，以及仁、义、礼、智、信的三纲五常观念和思想。与之相对的是，社会上依然存在着不忠、不孝、非节、不义，以及不仁、非礼、不信等反主流观念，或者违背主流意识形态观念的集团和个人。不论是个人与家庭、个人与社会还是家庭与国家，包括皇室贵族与一般官僚，人们之间的社会关系无不被纳入由这样的文化所编织成的网络中。人们的日常生产、生活和社会交往的行为，无论是有意识还是无意识的，都要在这一文化的法庭前接受审判。绝大多数秦腔戏剧故事正是在这一文化精神的支配下产生的。上至帝王将相，下至文武百官、黎民百姓，因为各种因缘巧合而产生的或者由剧作家创作的多样的、离奇的、精彩纷呈的故事，多在这些主题思想的支配下展开，并在秦腔创作者的制造下，形成一个个由忠臣与权奸、正义与邪恶、欺压与反抗、忠贞与背叛、沉冤与平反等多重矛盾编织的戏剧故事。对关中地区绝大多数没有受过学校教育，在很大程度上依然是以"自然人"状态存在的广大民众来说，这些故事及其在大众之间的

---

① 〔清〕焦循：《花部农谭》，见中国戏曲研究院编：《中国古典戏曲论著集成》（八），中国戏剧出版社，1959 年，第 225 页。

传播与交流，就成为他们接受教育的重要来源之一，甚至可以说，除家庭和村落里世代间的口耳相传或言传身教以外，这恐怕就是唯一的来源了。因此，秦腔戏剧的观念在很大程度上就是民间大众的观念，其中反映的慷慨悲壮、凄凄哀诉、义愤填膺、悲喜交加等多重情感，实际上就是民众自身的代言。这就是秦腔戏剧使人"癫狂"的原因。

（2）历史剧是明清时期秦腔戏剧创作和演出的重要组成部分。上文结合表 9-1 统计得出，两宋戏剧剧目最多，占总戏剧数的 18.4%。其他各王朝的占比分布依次是：隋唐 15.4%，明朝 15.3%，春秋战国和清朝各 7.5%，三国 7.2%，两汉 5.8%。其他诸王朝或时代，如金元、五代、殷商、两晋南北朝、秦、上古时期历史故事的剧目，所占比重较少。如果除去明清两朝，那么明清两代以前的历史剧占了 50% 左右。历史剧主要反映的是古代帝王将相和文武朝臣相关的演义故事，除故事自身的世态人情外，更多的还是宣扬王朝更迭的天命论、历代开国帝王的文治武功，以及与此相关的英雄主义、正统论思想，特别是抗击外族袭扰、忠奸斗争和爱国英雄的事迹等。像民国时人所讲一部二十四史就是一部帝王将相的历史一样，秦腔历史剧的主要内容也是以帝王将相及其相关事件为主，人民作为历史的创造者，实际上在其中所占的份额很少。这是中国文化的传统使然，以秦腔戏剧为代表的关中文化传播，自然难以游离于这一主题之外。所以，天命思想、气数未尽或者已尽思想、好皇帝和坏皇帝观念、王朝正统观念、忠君观念、爱国观念、臣民思想，以及同情弱者、鞭挞黑恶势力等思想和观念等，实际上就是关中民众基本的意识和观念。

在历史剧中，皇室和权贵天生是具有特权的，这不只是戏剧的造作，实际上是民间普遍存在的观念。它的根源自然是 2000 多年封建专制社会的历史实践造成的。对于社会大众而言，欲取得这一特权，基本的出路只有两条：一是通过科举考试，求得功名和官禄；二是为国效力，征战沙场，立功授官。如《忠孝图》这出戏，又称《刮肉奉母》《秦瑞麟不认前妻》《女忠孝》《孝莲卷》，讲的是明永乐皇帝时期，四川籍人秦瑞麟，应科举考试，考中状元，被召为驸马。自此，秦瑞麟抛弃老家老母和妻子，过上了权贵的生活。其妻薛孝莲，只身奉侍婆母，甚至"刮股肉"以奉养生病的婆母。婆母先是不知道这些情况，不但嫌弃她奉侍得不好，而且诬陷她偷吃东西，罚她跪于大厅前。婆母知道实情后，自惭并忧郁而死。埋葬婆母以后，薛孝莲背负婆母图像，上京寻找丈夫。不料，在京的驸马爷秦瑞麟并不相认，并将她赶出宫殿。薛孝莲夜宿关帝庙，周仓显灵，传授她兵法武艺，并嘱咐她前去投军。薛孝莲遂投军薛参军旗下，并在平定木昌王叛乱中，以神箭杀死木昌王。她因此被朝廷封为平西侯，镇守三关。适逢秦瑞麟奉旨到三关饷军，薛孝莲乃高悬婆母图像，当堂审讯秦瑞麟，并对其痛打一顿。事后，夫妻二人言归于好。永乐皇帝得知此事后，敕封薛孝莲为"孝莲王"，并赏赐《忠孝图》一帧。① 在这出戏中，秦瑞麟通过科举考试改变了自身的命运，并因被召为驸马再次改变命运。薛孝莲家遭不幸，却在神灵保佑下，投军立功，改变命运，最终获得了审判秦瑞麟的机会，从而实现了夫妻之间和解和团圆。不论是戏剧还是民众心理，基本的逻辑是：只要得到官职，就一定能够得到富贵，所谓"朝为田舍郎，暮登天子堂"；能够取得官职，就能够获得特权，进而就能取得富贵。这就是关中民众普遍的思维，实际上也是社会运行的现实情况。不论是清官还是贪官，只要是官，就有一定的社会地位和政治力量；只要是官，就会享受国家俸禄，自然也就不会受穷。有了政治地位和经济来源的保障，一般情况下，他们不会受到来自社会邪恶势力的欺凌和压迫，尽管在其个人生活中也不乏受到奸人迫害的事

① 陕西省艺术研究所编：《秦腔剧目初考》，陕西人民出版社，1984 年，第 432 页。

实，但毕竟是少数的。每一个个体或其家庭存在时期，盼望遇到一个好皇帝，盼望遇到一个清官作为父母官，这永远是当地民众最真切最朴素的愿望。在诸多的历史戏剧中，以科考为背景从而改变命运的角色不少，以征战为背景而改变命运的故事也比比皆是。可见，具有官方背景，或者偶然遇上一个清官大人，某些个人或家庭遭遇厄运的不幸才可能得以改变，所以迷信"当官"是关中民众普遍的社会心理。

（3）明清故事的秦腔戏中，虽然也不乏帝王将相的故事，但社会生活内容的戏剧故事日渐增多。以明代故事戏而言，表9-1所统计的183出戏剧中，直接演义皇室及其大臣关系故事的，只有20余出戏：《斩李文忠》《游王庙》《贬十王》，明太祖相关故事；《燕王破南京》《皂雕旗》，明成祖相关故事；《三元征北》，明仁宗相关故事；《金莲灯》《烈海驹》，明英宗相关故事；《红莲梦》，明景帝相关故事；《无影剑》《三子贵》，明宪宗相关故事；《七星剑》《解带封官》，明武宗相关故事；《降双相》，不明具体皇帝；《地风剑》《鸡鸣山》《斩杨继盛》，明世宗相关故事；《黑叮本》，明穆宗相关故事；《崇祯观本》《铁冠图》《山海关》，崇祯皇帝、李自成相关故事。除此之外，其余均为一般社会生活戏。以一般社会日常生活为内容的戏剧，绝大多数都是以各级官员家庭、富裕家庭和科举考试为背景或线索而展开，反映了人文主义者的社会关注，依然主要是有钱者阶层。虽然其中的故事千差万别，故事的内容也因此而丰富多样，但引发故事的社会因素大同小异，如权奸作恶、家庭财产纠纷、谋财害命、科考人员忘恩负义、偷盗事件频频发生、部分官员昏庸腐朽、权势欺压良善、婆媳矛盾、妯娌矛盾、抢婚事件、兄弟阋墙等等。就是说，这一系列问题是引发家庭矛盾以及社会关系矛盾的基本问题。从历史上看，这些问题实际上是进入国家社会以来，一般家庭和社会普遍存在的问题，也是人的本性及社会性在家庭和社会运行中表现出的问题，同时也是国家社会产生以来古代社会永恒的问题。只是在明清以来的社会生活中，伴随着物质文明的发展和城乡商品经济活跃度的增强，表现得愈来愈突出，甚至可以说这些问题已经成为日常社会常见的问题。

由家庭和社会问题引发的丰富多样的日常故事，大致可以归纳出支配关中人生活基本的伦理信念和价值取向：（1）个人或者家庭顺从并服务于国家事业，是改变个人和家庭命运的唯一出路。（2）忠、孝、节、义是基本的伦理信条，也是关中社会普遍的行为准则，一切个人、家庭和社会群体的行为，都要在这一信念的法庭前接受审判。（3）婚姻关系中，信奉门当户对、父母之命、媒妁之言、男女授受不亲等。违背这一点，则被认为是背离社会伦常的不道德行为。（4）嫌贫爱富、攀附高门是世俗社会普遍的大众心理和价值趋向。（5）天命思想、鬼神观念和宿命论是关中社会普遍存在的观念，反映了来自自然和封建专制社会两方面力量的巨大影响，以及生存于其中的民众生存的普遍无奈。所以在一些戏剧中，面对无可奈何的现实问题，只有寄托或幻想于神灵的保佑和帮助。（6）迷信官员，向往被保护；崇拜英雄，向往被解救。（7）妇女地位低下，买卖婚姻虽然不是普遍现象，但却是社会认可的行为。

四、秦腔文化本位论

秦腔在关中地区发展得很早，元代以降，不论是什么性质的秦腔，实际上在以关中为中心的很多地方都有传播和发展。据前人研究，这些地方包括元明清时期中国境内的很多地方，如京城、甘肃、宁夏、青海、新疆、山西、河北、四川、浙江、苏州、扬州、湖南、湖北，甚至是两广地区。但以西安为中心的关中地区始终是其发展的核心地区，这里不但秦腔戏班子多，著名秦腔演员多，而且影响巨大。伴随着秦腔在各地演出及其适应地方的变化，特别是关中中心五六百年的稳定发展，关中秦腔文化本位的现实和观念日渐形成。关于其形成过程还有待于专业人士细致研究，但文化本位的特性是毋庸置疑的。就语言本身来讲，以西安为中心的中路和关中东路秦腔可谓字正腔圆。所谓字正，主要是说其唱词用的是地地道道的关中方言的发音。明清以来相当数量的关中剧作家创作的秦腔剧，都是以这一发音为基础的。特别是民国以降，如上所述，秦腔剧作家多是关中籍人，并且主要是在西安易俗社等秦腔剧社活跃的创作者，加之大批著名的秦腔艺人①、广泛的社会大众基础，以及自秦腔剧诞生以来长期而稳定的发展和持续繁荣，都足以使这里成为秦腔文化的"标准"。而与此相对照的是，随着时间的推移，晚近以来秦腔剧在西北地区以外诸多地方的日渐衰落，就更加凸显了关中地区秦腔文化强固的生命力和本位地位。"八百里秦川尘土飞扬，三千万儿女怒吼秦腔。"这虽然是一句民间戏语，但却在很大程度上反映的是真真切切的历史事实。试问在历史上，哪里具有如此的秦腔戏剧境界和大众痴迷呢？应该说，唯有关中地区才具有。

---

① 高益荣:《20 世纪秦腔史》第二章，陕西师范大学出版总社有限公司，2014 年。另外，参见陕西省艺术研究所编《秦腔剧目初考》相关剧目下的著名演员，如《玉堂春》（连台本戏，共两本），著名演员有陕西同顺儿、水娃子、曾鉴堂、晋福长、争气娃、随鞑子、王明华、田玉堂、刘桂荣、郭育中、何震中、苏蕊娥、全巧民、水铃儿、华美丽、肖玉玲、李爱云。（第 482 页）相比于其他各省，则仅有一二数人而已，可谓差别巨大。

第十章　人、神共舞与野性合奏：《白鹿原》
　　　　　　与关中乡土文化

　　《白鹿原》是现代著名作家陈忠实创作的一部长篇小说。它以位于关中中心地段的西安市东郊的白鹿原为背景，以白鹿原上的白鹿村为对象，描写了清代末年至1949年白、鹿两家为主要线索的白鹿原乡村社会生活变迁的历史。小说的首页引用著名法国作家巴尔扎克的一句话："小说被认为是一个民族的秘史。"就是说，小说《白鹿原》所反映的乡村社会生活变迁史，就是关中乡村社会生活变迁的历史的缩影。作者尝言："我是关中人，也素以关中生活为写作题材，我更关注关中这块土地的兴衰史。"①正是从这一意义上说的。文化是人类历史的灵魂，没有文化的历史和没有历史的文化实际上都是不存在的。小说《白鹿原》是关中文化的产物，其中的乡村社会生活就是关中乡土文化养育下的民众生活。

　　《白鹿原》反映的历史时代是一个过渡时代。一方面，旧的封建专制帝国走向没落并在随后被政治革命所推翻，新的中华民国国家制度得以确立；另一方面，中华民国虽然确立，却还没有进行较为广泛的实质性的社会改造和基层社会变革。不论是北洋政府统治时期，还是国民政府时期，政治动荡，军阀割据，战乱不息，民不聊生。自20世纪20年代起，新诞生的中国共产党领导新的社会力量，在全国范围内积极开展新民主主义革命。这一系列政治事件及其运行，就使得

---

　　① 陈忠实：《关于〈白鹿原〉与李星的对话》，见陈忠实编著：《陈忠实文集》第5卷，太白文艺出版社，1996年。

当时的社会处于多种政治力量交织的复杂的社会过渡和变革中。各种政治力量对关中地区乡村社会日常生活的触动虽然各不相同，但对乡村社会秩序的总体影响实际上并不是很大。乡村社会的主体运行还是沿袭传统社会的模式，人们主要从事农业生产，过着日出而作、日落而息的简单生活。支配乡民生活的文化，依然还是明清以来的乡土文化，不论是生产方式、生活方式和文化形态，均没有实质性的改变。当然，在这一历史发展的过程中，民国时期所倡导的一些新思想和新观念，新民主主义革命的一些新思想和新观念，也曾不同程度有所渗入和影响，但绝大多数的老百姓都是敬而远之的。这就是当时关中乡村社会的现实状况。小说《白鹿原》反映的关中乡土文化就是这一社会文化背景下的产物。

一、儒家伦理道德始终是支配和组织社会的基本准则

一切有悖于儒家伦理道德准则的个人或者社会行为，都被认为是大逆不道的，是不被社会接纳和认可，甚至要经受来自各个层面的批判的。儒家伦理道德随着宋明时代以来理学的新发展，已经深入社会生活和社会关系的基本层面。表现在《白鹿原》中，最典型的就是《乡约》和族规的时时警惕和落实。《乡约》本是北宋时期白鹿原一带蓝田县籍人吕大均撰著的一篇理学著述。吕大均和他的兄弟吕大忠、吕大临、吕大防都是关中理学大师张载的门人，后又师承河洛二程（程颢、程颐），是北宋理学的重要传人。如前文所述，关学对关中地区的影响深远，北宋以来，代有传人，明代理学家冯从吾编著《关学编》对此有较为详细的记述①。在关学传人的教化下，不同王朝时期的

---

① 〔明〕冯从吾:《关学编》（附续编），陈俊民、徐兴海点校，中华书局，1987年，第7—12页。

政治统治和文化发展，于关中地区虽然也各有特色，但乡土社会的日常生活和行为规范没有显著的变化。持续到民国时期，这样的情况在总体上依然没有实质性的变化。不但如此，伴随着以关学为代表的理学的发展，旧时代以来形成并在晚清和民国时期依然存在的父权、夫权、族权观念，继续得到不断的强化。在实践层面，小说所重点描述的《乡约》和祠堂族规就是其文化形态的典型表现。

《乡约》的基本内容包括：(1)德业相劝。(2)过失相规。(3)礼俗相交。(4)患难相恤。(5)罚式。(6)聚会。(7)主事。各自都有具体的内容条款，如"德业相劝"条讲："德，谓见善必行，闻过必改。能治其身，能治其家；能事父兄，能教子弟；……业，谓居家则事父兄，教子弟，待妻妾；在外则事长上，接朋友，教后生，御僮仆。至于读书治田，营家济物，好礼乐射御书数之类，皆可为之。非此之类，皆为无益。"①这些约定和规条，实际上就是孔孟之道基本精神的具体化和条理化，是一般社会实践层面的新体现。它详细地规定了生民在家庭、社会中的地位和职责，以及他们做人和处事的基本规范。符合这些条款的，就是有益的、正确的行为；违背这些条款的，就是有悖于社会伦理道德的行为，不论在宗族还是社会，实际上都是要受到处罚或谴责的。《乡约》虽然不是国家的法律条文，在现实生活中，个人或者家庭乃至不同宗族所实行的程度也有所不同，但在一般情况下，它的基本信条，无论以何种形式出现，都还是关中乡土社会普遍追慕的理性准则。至于祠堂，虽然比较普遍，但也不是每个宗族都有。它是族权的重要象征，在一定意义上行使着管理机器的权力和职能。作为权力和维持秩序的表征，它是传统道德、伦理规范的传播机器和审判所。

---

① 参见陈俊民辑校：《蓝田吕氏遗著辑校》，中华书局，1993年，第563—567页。

二、婚姻嫁娶观念及其变化

《白鹿原》描写的婚姻故事，反映了关中婚姻观念两个层面的存在和变化。

第一个层面，是传统的婚姻嫁娶形式和观念，这是关中婚姻文化的主流：

（1）男权主义为主导，妇女在家庭的地位一般很低。女人是男人的附庸，是传宗接代的生产工具。更有甚者，在当时人的理念里，"女人不过是糊窗子的纸，破了烂了揭掉了再糊一层新的"[1]。白嘉轩一生娶过七房女人，前六房女人，都因为各种原因遽然而死。[2] 他一而再，再而三，三而四地续娶，最终目的就是维系男性的传宗接代。原因，正像他父亲所说："你绝了后才是大逆不孝！"[3] 就是说，在当时人的观念里，"绝后"是最大的不孝。在我国传统文化里，"不孝有三，无后为大"的观念和信条由来已久，并且是祖上传下来的不变定律。一般情况下，很少有人能够超然于该定律以外。如果是这样，无意间就会遭到自身或者来自社会的"社会隔离"。这样的情况，无论对自身还是家庭而言都是很大的不幸，甚至可以说是一种耻辱。在这种情况下，人的生产，尤其是子嗣的生产，就成为已婚男女之间的大事，甚至是头等大事。以此，其他同样是一些传统的观念和习俗，就要让位于它，在这一过程中得以淡化，甚至消除。如"三年服孝"，本来也是关中乡土社会普遍的信条，甚至是日常社会要遵循的一项习俗。但与生产子嗣的"大孝"发生矛盾的时候，它就只能让位了。具体表

---

[1] 陈忠实：《白鹿原》，人民文学出版社，1993 年，第 14 页。
[2] 陈忠实：《白鹿原》第一章、第二章，人民文学出版社，1993 年。
[3] 陈忠实：《白鹿原》，人民文学出版社，1993 年，第 10 页。

现在白嘉轩的婚姻上，白嘉轩的父亲在世的时候，"三年服孝满了以后"才能娶亲被认为是"礼仪"。① 大概因为他说服孝三年以后再娶的话，父亲训斥了他，在他父亲去世后，他就推说，"起码得过了头周年"再娶，他母亲却说"不要等了，等也是白等"。他再退求其次，说"百日"过后再娶，但他母亲说："百日也不要等了，'七七'过了就办。""实际的情况是过了两月"，他就娶回了第五房女人。② 由此可见，围绕"孝"的一些传统规范，在现实需求和"无后为大"的大原则面前，被"自觉"地粉碎了。无论就过程还是结果看，这或许都是一种历史的进步，而造成这一进步的力量，不是别的，却是旧的传统观念，以及这一观念教化下的世俗力量。这种隐蔽的力量，既是维系旧传统、旧道德的巨大力量源泉，同样也是改变旧传统、旧道德的力量源泉。这恐怕就是民俗历史的辩证法。

围绕"无后为大"的定律，衍生出至少三个方面的习俗：一是过继习俗。所谓"过继"，是指同门兄弟中，如果有人没有继嗣（男孩子），就把别的兄弟所生的男孩子过继给自己一个作为继嗣。在关中地区，这是一种较为普遍的观念。二是迷信。关中社会普遍对已婚男女不生育的事情缺乏科学的认识，认为不孕不育与神灵有关，所以烧香拜佛、乞求各种神灵赐子成为普遍的意识和观念。白嘉轩的三儿子白孝义和三媳妇没有子嗣，"白赵氏领着孙媳妇求遍了原上各个寺庙的神灵乞求生子"，正是这一观念的典型反映。在这种迷信中，往往会衍生出各种与生殖相关的崇拜或活动。如小说描写道："白赵氏起初领着孙媳妇到原西的仙人洞祈祷舍子娘娘，烧一对红色漆蜡再插一撮紫香，然后跪下磕头。孙媳妇照样做完这一切拜谒礼仪之后，就羞

---

① 陈忠实：《白鹿原》，人民文学出版社，1993年，第9—10页。
② 陈忠实：《白鹿原》，人民文学出版社，1993年，第11页。

怯怯地伸手到舍子娘娘屁股下的泥墩里头去摸，泥捏的梳小辫的女孩
或留着马鬃头发的男孩都摸到过，每天晚上睡觉时夹到阴部。"就连
治病的药引子，也"尽是刚会叫鸣的红公鸡和刚刚阉割下来的猪蛋牛
蛋之类活物"。[1] 把生孩子的事情寄托于送子娘娘，或者佛教、道教
各种偶像和神灵，把不孕不育病的治疗与"刚会叫鸣的红公鸡和刚刚
阉割下来的猪蛋牛蛋之类活物"的服用相联系，都不同程度地带有原
始思维的特征。这是人类早期懵懂状况下的思维形态和思维习惯的反
映。就《白鹿原》所描写的关中文化及其时代而言，这些显然都是极
其落后的生命观念和迷信。三是"棒槌会"。这实际上就是男性生殖
器崇拜，是原始时代生殖崇拜习俗在当代的遗留和反映。《白鹿原》
里描写的"棒槌会"就是一个求子的庙会。神庙建在白鹿原东南方向
的秦岭山地的一处孤峰下，庙里塑造有一尊"怪神"，神的脑袋一半
是男人，一半是女人，一条手臂托着"一只微微启开的河蚌"，另一
条手臂高擎着"一把铁铸的棒槌"。[2] 这是典型的男女生殖器崇拜的偶
像，这就是所谓的"棒槌神"。就逻辑起点言，这里的神是后人造的，
神的原型乃是"孤峰"，即男性生殖器崇拜。神庙在此基础上演化为
男女生殖崇拜的"棒槌神"。在《白鹿原》中，每年六月三日到六日
为"棒槌会"，会的时间在夜晚，赶会的人都是些不孕不育的年轻媳
妇，借此会与野男人在此"野合"，以实现求得子嗣的愿望。[3] 可以看
出，《白鹿原》所描述的这一文化现象，乃是原始人早期生命繁殖及
其意识的遗留和延续，它没有被中国传统文明的发展所荡尽，就是在
中华民国时代，依然还以"迷信"的方式，并与理学文化的相关理念

---

① 陈忠实:《白鹿原》，人民文学出版社，1993 年，第 612 页。
② 陈忠实:《白鹿原》，人民文学出版社，1993 年，第 612—613 页。
③ 陈忠实:《白鹿原》，人民文学出版社，1993 年，第 613 页。

结合起来，在世俗层面依然深深地产生着影响。在 20 世纪初的文化背景下，在民国时代的知识层面，这当然会被认为是愚昧无知，也分明是一种自欺欺人的求子方式，甚至是违背一般社会伦理道德的丑恶事件，但却冠冕堂皇地被冠以"会"的名义，借以实现无子男女对于子嗣的需求。也是希望通过这一方式，完成已婚男女个体或者家庭摆脱"无后为大"的世俗性打击，以对世俗社会一个荒唐的交代。白嘉轩是传统社会伦理道德的代表，他虽然没有让儿媳妇去"棒槌会"，却利用长工鹿三的二儿子兔娃，来完成了同样意义的事情，并由此使得他的儿子摆脱了最大不孝的耻辱。不过，这件事毕竟是在难以启齿的世俗面向下完成的，虽然社会层面大致可以掩饰过去，而自己却是清清楚楚的。这样的尴尬，反映了世俗社会文化自身的矛盾和无奈。既然难以改变和克服，就只能顺应既有的文化观念，被迫选择这种荒唐的求子方式了。核实而论，"棒槌会"习俗，应该不是关中社会普遍存在的一种习俗，虽然可能只在极少地方存在，但毕竟是关中文化的一个组成部分。它所反映的文化样态，一方面具有非常落后甚至是愚昧的原始性征，另一方面也在一定程度上体现了其文化精神的伪善性。这种伪善性的集中体现，就是阳奉阴违、自欺欺人。我们虽然可以认为，它是乡土文化的内在矛盾不可调和下的无奈选择，但这并不能改变其伪善性的客观事实。

　　不论是婚姻关系还是家庭关系中，女人都是男人的附庸，是侍候男人的工具。当时的社会普遍流行一种观念：女性年龄大于男性年龄。关中民谚有一个说法，叫"女大三，抱金砖"，就是对这一观念的刻意阐释。其实从根本上讲，一般认为，女人年龄大一些，更有利于照顾男性。所以，一般殷实家庭给男孩子选择女性配偶时，尤其是第一房女人的选择，其年龄普遍要长于男性。这种现象后来发展成为一种社会习尚，在关中社会比较普遍。《白鹿原》小说中，白嘉轩的第一房女人比他年长两岁，其大儿子白孝文媳妇，比白孝文大三岁，就都说明这一特点。当然，这些都只是就常态而言的，事实上，在以后的续娶中，这些观念就多已不存在了。因此，在关中传统乡土社会，虽然文化观念和信条众多，这些观念和信条甚至具有十分强大的影响力，但世俗社会现实需求的力量，往往在很大程度上，是自下而上变革旧的社会观念的力量源泉之一。

（2）大概因为缺乏文化教育，包括宋明理学流播以来，关中社会普遍禁忌谈论性的观念，青年男女的两性知识非常贫乏，几乎是一无所知。在《白鹿原》中有不少性行为的男女双方，多表现出本能的自然状态或者无知状态。如白嘉轩的第二房女人，"完全不知道嫁人是怎么回事"。第四房女人，"似乎对他的所有作为毫无反应。他要来她绝不推拒，他不时她从不粘他。她从早到晚只是做她应该做的事而几乎不说一句话"。第五房女人，在新婚之夜不但恐惧异常，甚至跪地求饶，最后在恐惧中发疯了，以至于毙命。对性的无知和盲目，同样反映在黑娃和田小娥的初次性接触中，所以田小娥说："兄弟你是个瓜瓜娃！不会。"[1]白嘉轩的大儿子白孝文也是这样。故小说中描写说："孝文结婚之前几乎没有接触过妈妈和奶奶以外的任何女人，结婚之后自然对女人一无所知"。直到第四天夜里，媳妇和他之间的对话，反映出他连女人生孩子与男人有关系的常识都一无所知。白孝文甚至说："娃娃咋能是我给你的？我能给你还不如我自己要。"就是在媳妇的引导下，二人发生了性关系，才"大为震惊"，第一次感知到"男人和女人之间原来是这么一回事！"[2]再如白嘉轩的三儿媳妇与兔娃之间的性关系，兔娃什么都不知道，在性关系的进行中，一点性意识都

---

① 陈忠实：《白鹿原》，人民文学出版社，1993年，第3、4、11、137页。
② 陈忠实：《白鹿原》，人民文学出版社，1993年，第151—153页。

没有，只是在女人的拨弄下，最后才激起了本能的性冲动。① 所有这些情况，只能说明当时关中社会普遍存在着性无知的现象。关于性，人们几乎还处在蒙昧期，毫无间接知识可言。

（3）缔结婚姻重门当户对，重财礼（聘礼），女子在婚嫁过程中几乎没有任何自主选择的权利。如果说有，那也多是悲剧下场。在男性二婚、三婚等续娶婚中，门当户对的观念逐渐淡化，而财礼却日渐增加。白嘉轩的第一个老婆家是"大户"，第二房女人是"殷实人家"，第三房女人是"殷实人家"，第四房女人家庭情况不明，第五房女人"是一个穷苦人家里的三姑娘"，门不当户不对，第六房女人是"小康人家"的女子。第七房女人是个山里女人。当时关中社会的观念是"山外人礼仪多家法严，一般大家户不娶山里女人"。② 续娶婚姻对于女方家庭的选择要求，如女方家庭的社会地位和家境愈趋愈下，包括山里人最后也在考虑之中。在门户关系上，大约头婚，男女选择比较普遍地执行的是门当户对，以后的男性续娶中，门当户对观念日渐淡漠，有的甚至根本不受这种观念束缚了。在财礼关系上，则与此相反，续娶婚姻，愈往后，续娶财礼愈高。在白嘉轩的婚姻中，为了娶第五房女人，他父亲又卖了一匹骡驹，换句话说，一个女人大约就是一个骡驹的价钱。但到了第六房女人时，财礼多达"二十石麦子二十捆棉花"，"聘礼之高足使正常人咋舌呆脑"。③ 在寻找第七房女人时，白嘉轩说："现在要在白鹿原上下找一个女人是很困难了，而且无法接受高出十倍十几倍的要价。"④ 就是说，男性续娶的次数愈多，其自身的价值愈低，女方的财礼钱物愈加丰厚。

---

① 陈忠实：《白鹿原》，人民文学出版社，1993 年，第 615 页。

② 陈忠实：《白鹿原》，人民文学出版社，1993 年，第 3—4、5、42 页。

③ 陈忠实：《白鹿原》，人民文学出版社，1993 年，第 14 页。

④ 陈忠实：《白鹿原》，人民文学出版社，1993 年，第 40 页。

　　第二个层面的婚娶观念，大约发生在新一代人身上：一是受过新式学堂教育和国民教育的鹿兆鹏、鹿兆海和白灵（女）；一是上过一点新式学堂教育的白孝文、白孝武和黑娃。鹿兆鹏和白孝文大约是同时订婚的，也无例外都是父母包办的。这是当时男女缔结婚约的主流形式，即父母之命，媒妁之言。但这种情况，在接受过新式教育的这一代人身上，开始出现一个新的变化，即向传统的婚姻缔结形式挑战，他们主张婚姻自主，男女平等。其中有两种情况：一是在自觉意义上的婚姻觉醒。代表人物是鹿兆鹏、鹿兆海、白灵。他们的共同特点是，都在城里读书，接受过良好的新式教育，具有新的恋爱观和婚姻观。虽然鹿兆鹏的初婚尚无力摆脱世俗的压力和来自父母的胁迫，并且也因此而不得不完成父母意愿下的婚姻过程，包括完成了结婚仪式和祠堂拜祖宗仪式，但最后还是义无反顾地回到城里，逃离了这桩荒唐的婚姻。百灵后来也到城里读书，先是与鹿兆武自由恋爱，后来参加共产党组织，又与鹿兆鹏建立了新的感情关系。就是说，在这一时期，新式的自由恋爱观念在接受了新式教育的部分人之间已经形成，并开始挣脱旧的婚姻观念和世俗力量的束缚。二是虽然缺乏自觉意识，但在客观上实际发生了自主选择的过程。这就是黑娃和田小娥的结合，以及芒娃和小翠的恋爱。黑娃虽然念过几天小学堂，但几乎没有什么文化。出于一种自发的爱慕，他先是与郭举人的小妾私通，后来干脆寻找被郭家下了休书遣回家的田小娥，二人生活在了一起。这种情况是当时的世俗社会所不容许的。但黑娃并没有放弃，二人依然生活在了一起。其结果是被世俗社会所隔离，在一定程度上也是一种"自觉"的自我隔离。其表现形式就是，二人被迫移居村外的窑洞。车木匠家学徒芒娃和木匠女儿小翠，在长期的生活中建立了感情，但因为旧式婚姻，小翠被迫嫁给别人，最终酿成悲剧。这两对情人之间的情爱或私生活关系，最终都以悲剧的结果而结束。两个女人一个被杀，一个自杀；两个青年男子，最后也都被迫当了土匪。由此可见世俗力量的强大。虽然如此，这些存在本身就是对世俗社会及其观念的一种挑战。当然，同样是这一代年轻人，白孝文和白孝武的婚姻，依然是在族长父亲的坚持下，按照世俗社会既定的形式，走了一条传统的老路。大概除了这既定的形式和老路，其他几种形式，都是被当作败类、伤风败俗的另类，统统被排斥在世俗哲学的大门之外。这正是当时婚姻文化观念的现实情况。

　　总体来看，这一时期是关中社会婚姻观念从传统走向现代的过渡时期：一方面，传统婚姻观念依然非常强固，并且在相当长的时间里一直是社会的主流观念；另一方面，新式观念及其婚姻实践，以多种形式开始冲击旧的婚姻观念，但在社会上很少被人接受。作为一种乡土文化现象，传统婚姻处在艰难的转型过程之中，而进步的婚姻力量以惨痛的悲剧为代价，顽强地冲击着旧式婚姻的过程和形式。客观地说，"顺从"亦多悲剧，挑战亦多悲剧，婚姻观念在这一过程中，特别是在政治革命和社会变革的时代潮流冲击中，缓慢地迈向变革的新方向。

三、精灵传说、鬼神信仰等神秘文化和迷信普遍存在

　　中国古代盛行神秘文化崇拜，一棵树、一条蛇、一次流星等等，都在历史上留下神奇的传说，引得无数人信仰和崇拜。这样的意识和观念2000多年来一直存在，并且深刻地影响着人们的生活。关中是我国神秘文化较早流行的地区，早在秦汉时期，秦国都城雍城（今陕西宝鸡市凤翔区南）一带，就是历史时期以来形成的宗教圣地。2000多年来，关中地区神秘文化现象从未间断，各种神秘崇拜较为盛行。

《白鹿原》小说所描写的时代，这种文化崇拜依然比较流行，并深刻地影响着人们的生活。其中，白鹿精灵的传说影响深远，关于其神秘性和传奇性，《白鹿原》描述说：

> 很古很古的时候（传说似乎都不注重年代的准确性），这原上出现过一只白色的鹿，白毛白腿白蹄，那鹿角更是莹亮剔透的白。白鹿跳跳蹦蹦像跑着又像飘着从东原向西原跑去，倏忽之间就消失了。庄稼汉们猛然发现白鹿飘过以后麦苗忽地蹿高了，黄不拉几的弱苗子变成绿油油的绿苗子，整个原上和河川里全是一色绿的麦苗。白鹿跑过以后，有人在田坎间发现了僵死的狼，奄奄一息的狐狸，阴沟湿地里死成一堆癞蛤蟆，一切毒虫害兽全都悄然毙命了。更使人惊奇不已的是，有人突然发现瘫痪在炕的老娘正潇洒地捉着擀杖在案上擀面片，半世瞎眼的老汉睁着光亮亮的眼睛端着筛子拣取麦子里混杂的沙粒，秃子老二的瘌痢头上长出了黑乌乌的头发，歪嘴斜眼的丑女儿变得鲜若桃花……①

白鹿精灵的传说，在今人的研究里，往往上溯到西周最后一位国君周平王的东迁。说周平王东迁时，路过白鹿原，见到一只白鹿。这确是见诸历史记载的事实，但历史文献并没有说这是一只神鹿，只是说白鹿原的得名与白鹿有关。后来，此事就被神化，至《白鹿原》故事时代，白鹿已经完全演变为造福于人类的神灵了。它可以使"一切毒虫害兽全都悄然毙命"，可以使盲人见到光明，使瘫痪之人潇洒干活，使秃头老人长出乌黑的头发，使丑女人变得美若天仙，这是何等的伟力。自然令无数人心生向往。当然，白鹿的传说只是众多传说和

---

① 陈忠实：《白鹿原》，人民文学出版社，1993年，第28—29页。

信仰中的一种，在关中乡土文化里，类似这样的传说是比较多的，诸如狐狸、猫儿、狗儿、蛇等成为精灵之类，只是没有白鹿精灵的影响那么大而已。核实而论，白鹿精灵的传说，应该是传统文化里祥瑞文化观念的产物，至于其神性的内容乃是后来人逐渐附加上去的。在这里，探讨它的历史演变也许并不重要，但作为一种较为普遍的社会心理，特别发展成为支配社会成员日常行为的无形力量，这才是最重要的。白、鹿两家费尽心机地把一姓分为两姓，白嘉轩机关算尽，演绎了一场卖水田换旱田的戏，把六房女人死亡的厄运归因于神秘力量的影响，以及迁移父亲的坟墓于白鹿精灵所在的风水宝地，都是在神秘力量支配下所引发的现实事件，可见，世俗社会神秘文化崇拜的巨大影响力。

鬼神信仰是中国社会几千年来一直存在的神秘信仰。《白鹿原》里的鬼神信仰广泛存在。人们相信人死后有魂魄，特别是年轻人（尤其是女人）死后，因为不甘心死亡，会将魂魄附着于其他一些人身上。白嘉轩四个女人相继死亡的时候，"他都不能亲自目睹她们咽下最后一口气，他被母亲拖到鹿三的牲畜棚里，身上披一条红布，防止鬼魂附体"[1]。第六个女人本来很正常，但在进门第四天也发生"有鬼"事件，人们认为她是鬼魂附体了。因为她没有见过以前死去的前五房女人，但"她说出的那五个死者的相貌特征一个一个都与真人相吻合"。小说中防止鬼魂附体和驱鬼的方式至少有五种：一是用豌豆"一把连着一把摔打起来，从顶棚打到墙角，从炕上打到地下，一把把豌豆密如雨下，刷刷刷的响声令人毛骨悚然"[2]。据白嘉轩记忆，这是民间一种古老的驱鬼方式，他小的时候就听人说用这种方式驱鬼，可见它在

---

① 陈忠实：《白鹿原》，人民文学出版社，1993年，第9页。
② 陈忠实：《白鹿原》，人民文学出版社，1993年，第16页。

关中地区的源远流长了。二是用桃木棒辟邪、驱鬼。桃木棒有三种用途：第一种是戴在身上，防止鬼魂或其他妖魔鬼怪附身。第二种是在鬼魂附体时，用桃木棒驱打，赶走或者打死鬼魂之类的东西。第三种是用桃木扦子钉死死者的棺材板。大拇指（芒娃）以前做木匠学徒时，木匠的女儿小翠上吊而死，据说就是被四支桃木扦子钉死了①。白嘉轩第七房女人仙草，来到白家时，腰身的前后各有三个小桃木棒，辟邪和驱鬼用的，就是防止前六个女人的鬼魂附体。② 三是身披红布。白嘉轩的四个女人相继死亡时，母亲将他"拖到鹿三的牲畜棚里，身上披一条红布，防止鬼魂附体"③。四是请法官捉鬼。白嘉轩第六房女人"鬼魂附体"时，就是请的法官：法官刚到门口，"就把一只罗网抛到门楼上，乃天罗地网。……法官最后从二门的拐角抓住了鬼，把一个用红布蒙口扎紧了脖颈的瓷罐呈到灯下，那蒙口的红布不断弹动，像是有老鼠往外冲撞"。随后将其"煮死再焙干"。田小娥死后，鹿三被田小娥鬼魂附体，白嘉轩先是叫几个小伙子把鹿三强扭到马号里，"把一只簸箕扣到头上，用桃树条子抽击，发出嘭嘭嘭的响声"④。但田小娥的鬼魂却再三地在鹿三身上附体，最后只得又叫法官捉鬼。由于田小娥"恶鬼"名声影响很大，以至于她死后被埋葬的窑洞门前，烧香祭拜的人愈来愈多，甚至村里还有不少人提出要为她"修庙塑身"。这种做法，在很大程度上反映了关中文化的一种精神：生民为本，只要是对活人无害或者有利的事，不分善恶美丑，都可以不加分辨地叩拜和祭祀。这样做的目的是要"消除"崇拜对象对人的威胁或者伤害，其动机具有鲜明的功利主义特征。就其思想渊源而言，它应当还是古

---

① 陈忠实：《白鹿原》，人民文学出版社，1993 年，第 375 页。
② 陈忠实：《白鹿原》，人民文学出版社，1993 年，第 42 页。
③ 陈忠实：《白鹿原》，人民文学出版社，1993 年，第 9 页。
④ 陈忠实：《白鹿原》，人民文学出版社，1993 年，第 17、464 页。

老的原始思维精神的遗留和在当代的体现。五是修建镇妖塔，彻底将其魂灵压在塔底下。为了消除田小娥鬼魂对活人的伤害，人们将其尸骨挖出来用火烧了，死灰被埋在窑洞里，并在它的上面建造一座六棱塔。其目的是"叫她永远不得出世"。[①] 这种做法，在当时人的观念中，自是被认为做了一件好事，但这种方式依然是地地道道的迷信方式。以一种迷信来制止另一种迷信，结果自然还是逃不出迷信的迷圈。

《白鹿原》里的鬼魂意识和闹鬼事件固然不少，类似的其他神秘文化观念也比比皆是。像那场罕见的瘟疫，就被认为是"一股邪气，是一场劫数"。在这种观念指引下，从事中医治疗的冷先生，就只好用"桃""艾"，以"辟邪"为目标来"治疗"了。至于村里家家户户门上都"扎了桃木橛子"[②]，只能说是这样的观念是无处不在了。客观地说，小说所描写的这场"瘟疫"的背景，应该是1929年至1932年间，关中地区发生的"大饥馑"以及随后产生的"霍乱"。后者，关中人称"虎烈拉"，是一种高传染性疾病，就是后来人所说的"瘟疫"。从小说的描述看，人们对此几乎一无所知，加上当时基层社会的医疗条件太差，既没有良好的西医治疗，也缺乏应有的防护意识，最后只能归诸"邪气"，即神秘文化在作祟。

祥瑞和灾异文化观念和意识在我国有着悠久的历史，汉代以来，这种观念就一直没有离开过文书记载。就是到了明清时期，正史中的《五行志》或《灾异志》依然是不可或缺的内容，而各府州县志记载的灾异现象更是多种多样，其中尤以"灾"的事件为多，它们是各种自然力量所造成的灾难、灾害；而"异"则多是些神秘的反常现象，不少属于神秘文化的范畴。如《民国续修醴泉县志稿》记载：

---

① 陈忠实：《白鹿原》，人民文学出版社，1993年，第463—473页。
② 陈忠实：《白鹿原》，人民文学出版社，1993年，第455—456页。

1. ［县］北乡水平村潦池岸，旧有古树一株，其干似槐，其叶似柳，高丈余，大可两抱，人称柳槐。不常发花，发花必遭凶岁。至今犹存。

2. 北乡东牌村沟中，旧有水潭，大约半亩，深不可测。中有异蛇二，大可合抱，五色斑斓，不可逼视。虽冬季潭水坚冰，犹留穴隙，以为二蛇出入之路。村人刍荛者，咸相戒，不敢至其地。民国二十二年（1933）六月，天大雷雨，晦冥中霹雳一震，二蛇竟死，谭上后亦无他异。

3. 东北乡赵村镇附近有尧都村，村有药王庙甚著灵验。每值会期，远近进香者，络绎于途。旧传咸阳萧何庙村人在北山割麦，见某地发光，掘之得神像，负至尧都村小憩，像忽重不能举，即发愿酿金，就地立庙。故至今，萧何庙村人犹于旧历二月二日神之会期，来此膜拜焉。

4. 邑城西门外里许有赵子坟者，（闻父老尝传，此坟因有王气□□，京师恐惑人心，命掘之，则蚁集成人马形，人将上马而未竟也。亦太不经矣。）赴乾官道所必经也。坟有碑，称明时官侍郎。然邑人无知者，可异者，官道似掘坟地经过者。旧传其风水甚佳，为百官点头穴，以坟势据高阜，两面皆低下，往来过者皆伛偻而前也。邑令某恐涉怪异，禀当道即坟开掘官道，以斩其脉。[1]

对于这些奇异现象，在当时人们并没有科学的认识，一般都把其视为神秘的现象而加以信奉，在长期的神秘化中形成日益强固的神秘

---

[1] 张道芷、胡铭荃修，曹骥观纂：《民国续修醴泉县志稿》卷十四《杂记志·祥异》，见凤凰出版社编选：《中国地方志集成·陕西府县志辑》（10），凤凰出版社，2007年，第406—407页。

文化观念，并由此形成较为普遍的神秘文化心理。在《白鹿原》里，白、鹿两家本为一宗，为了"占尽白鹿的全部吉祥"，分一家为两家，分一姓为两姓[①]，实际上就是广义的神秘文化信仰的结果。除此之外，风水观念非常盛行，尤其在阴宅的修筑中。白嘉轩为了一块风水宝地，不惜卖掉祖上留下来的二亩水田，并以无所不用其极的手段和个人表演，从鹿子霖手里买下坡上那块被他发现有着白鹿精灵痕迹的旱地。然后又自导自演地上演一出"迁坟"的举动，目的就是要把父亲的"仙骨"迁葬在那块风水宝地上。为此，他请来阴阳先生，"走遍了白家分布在原上的七八块旱地，选择新的墓地。令人惊佩的是，他没有向阴阳先生作任何暗示，阴阳先生的罗盘却惊奇地定在了那块用二亩水地换来的鹿家的慢坡地上，而且坟墓的具体方位正与他发现白鹿精灵的地点相吻合。阴阳先生说：'头枕南山，足登北岭；四面环坡，皆缓坡慢道，呈优柔舒展之气；坡势走向所指，津脉尽会于此地矣！'"[②]就这样，他把父亲的坟迁移到了这块风水宝地上。结果是：白嘉轩第七房女人仙草被娶进家门，从此改变了旧日的"厄运"。小说这一情节的构建，在反映关中地区普遍崇信风水这一风气上是真实的。但如小说所说，"白嘉轩把人财两旺的这种局面完全归结于迁坟"[③]，却是地地道道的封建迷信。它在很大程度上宣扬了风水迷信的重要性，是典型的宿命论思想和观念。

　　风水观念在我国历史上产生得很早，明清以来在关中地区非常盛行。它的核心命题是：活人的命运是祖先神灵主宰的，祖先被安置在风水好的地方，就会给后人带来好的命运；相反，就会致使后人屡遭不幸。上引《民国续修醴泉县志稿》"赵子坟"，上可以惊动朝廷，下

---

　　① 陈忠实：《白鹿原》，人民文学出版社，1993年，第 62 页。
　　② 陈忠实：《白鹿原》，人民文学出版社，1993年，第 39 页。
　　③ 陈忠实：《白鹿原》，人民文学出版社，1993年，第 55 页。

使得"邑令"心有余悸，并最终通过开掘官道，以斩断其风脉，从而完成阻止奇异事件可能的发生，这又何尝不是风水观念的支配和影响？用现在科学的观点来看，这些无疑都是一种迷信，祖先墓地的选择与现世活人生活的好坏之间其实没有任何联系。但在那个时代，关中社会普遍盛行风水观念，它在很多情况下支配了一般社会心理，并直接影响生民的社会生活。直到现在，这种观念还是或多或少地存留在人们的思想里，成为我们难以割舍的生存文化的组成部分。

祈雨是白鹿原常见的一种民俗文化形式，关中其他地区也多不例外。关中地区虽然自古说是"沃壤千里"，但地形并不平坦。在历史上，除郑国渠灌区发展较早，以及秦岭诸峪口有一定的水浇地外，其余大部分地区因为河流下切较深，都是没有灌溉的旱地。所以旱灾是关中地区农业稳定发展的最大问题，明清时期各府州县志中的"灾异"或"祥异"著录，绝大部分内容都是关于旱灾的记述。在此背景下，很早时期以来，人们就把希望寄托在祈求自然神灵的恩赐上，而山川神很早以来就是人们崇拜的神灵。《史记》卷一《五帝本纪》张守节《正义》云："鬼之灵者曰神也。鬼神谓山川之神也。能兴云致雨，润养万物也。"[1]《礼记·祭法》说："山林、川谷、丘陵，能出云，为风雨，见怪物，皆曰神。"[2]在这样的知识和观念支配下，关中地区高大的秦岭山脉，自然由于云雾因地形抬升而下雨较多，很早就成为人们祭神祈雨的圣山了。[3]以此为中心，后来形成广泛分布于关中东部的西岳华山信仰。唐代以来，太白山因为常年积雪，也成为人们意愿中

---

① 〔汉〕司马迁：《史记》卷一《五帝本纪》，中华书局，1982年，2版，第12页。

② 崔高维校点：《礼记·祭法》，辽宁教育出版社，1997年，第134页。

③ 参见延熹八年《汉西岳华山庙碑》，见《乾隆华阴县志》卷十六《金石》，见凤凰出版社编选：《中国地方志集成·陕西府县志辑》（24），凤凰出版社，2007年。

的雨源，并因此形成影响范围很大的太白山信仰。[①]这些山神信仰的内涵固然不一，但祈雨则成为明清以降关中地区民众生活最为重要的内容。《白鹿原》中描述的一场规模盛大的祈雨取水活动，正是这一民俗文化的反映。当时祈雨的仪式是在本村关帝庙举行的："白鹿村西头有一座关帝庙俗称老爷庙，敬奉着关公关老爷。关羽升天后主动请求司管人间风雨为民赐福，村村寨寨无论大小都修建着一座关帝庙；原上自古顺应西风雨，因之关帝庙一律坐落在村子的西首。"祈雨的仪式是很神圣的，同时也是很神秘的："白嘉轩跪在槐树下，眼前是常年支在槐树下废弃的青石碾盘，蜡架上插着拳头粗的大红蜡烛蹿起半尺高的火苗儿，香炉里的紫香稠如谷苗，专司烧纸的人把一张张金黄的黄表纸连连不断扔进瓦盆里，香蜡纸表燃烧的呛人的气味弥漫在燥热的庙场上；他的身后，跪倒着白鹿村十二岁往上的全部男人，有的头戴柳条雨帽身披蓑衣，有的赤裸着膀子，木雕泥塑似的跪伏在大太阳下一动不动。"随后的仪式更加神奇，是伐马角，锣鼓家伙震天响，跪伏在庙场的男人们一齐舞扭起来，疯癫般反复吼诵着："关老爷，菩萨心；黑乌梢，现真身，清风细雨救黎民……"随后又一队人浩浩荡荡朝西南部秦岭峪口的黑龙潭取水去了。在那里又有一套仪式，直到第二天取水的人才回到白鹿村。[②]大概是因为西风雨的关系，这里的"黑乌梢"可能是西北"乌鞘岭"乌云的意思。但取水地点却是秦岭某峪口的"黑龙潭"。这样的一系列联系，显然带有强烈的原始思维性征，但却在那个时期的关中地区颇为盛行。关中地区各地取水的地点或有不同，但基本的观念都是一致的。可以看出，神灵与愚昧还在很大程度上主宰着这里，让人难以摆脱。

---

① 张晓虹：《太白山信仰与关中气候》，见张晓虹：《文化区域的分异与整合：陕西历史文化地理研究》，上海书店出版社，2004年，第377—395页。

② 陈忠实：《白鹿原》，人民文学出版社，1993年，第306—309页。

因此，在 20 世纪前期的关中地区，有众多的原始观念、原始思维、封建迷信思想，以及各种建立在愚昧无知基础上的信条，都还不同程度地充斥或者蕴含于关中乡土文化的"底色"中，自觉或者不自觉地制约着当时的人们，现实地引导着他们在与大自然的斗争中前行。当舞动的男人们"疯癫般反复吼诵着：'关老爷，菩萨心；黑乌梢，现真身，清风细雨救黎民'"的时候，当人们把神秘的祈雨仪式与自然降雨因果联系在一起的时候，如此多种多样的仪式、场景和人们诡异而神秘的期待，与原始时代的先民思维和活动有多少区别呢？这样的文化与那个时期在知识层面所提倡的"民主"与"科学"，可以说是相去甚远，简直不在一个时代。因此，关中乡土文化蕴含着旧时代遗留下来的诸多弊端因子，不经过旧民主主义革命和新民主主义革命的深刻洗礼，是很难步入一个科学和文明的新时代的。好在，代表科学和民主的新民主主义思想的星光已经在关中大地上熠熠闪烁，这是关中乡土文化命运的希望所在。

四、土地神话与相关观念

中国农业的起源与黄土有着密不可分的关系，这是学术界的主流观点。关中作为黄土高原地区重要的组成部分，在新石器时代就以其优越的自然环境，诞生了我国最初的原始农业。在随后的历史进程中，又以其独特的地理环境，在相当长的历史时期，占据着中国中古社会重要王朝的首善之区的地位。这是关中人一直引为自豪的光荣。而支撑这一光荣且辉煌历史存在和发展的基础，不是城市工商业的成就，而是农业持续稳定的发展。汉代以来这里被称为"天府之国""沃壤千里"，它对中国古代历史的影响可谓至大、至远。虽然在几千年的中国古代历史上，作为政治中心的王朝国家迭有变更，一次次恢复和发展起来的繁荣的关中农业经济，又一次次地在政治战乱中屡遭毁灭，但都能够在新王朝建立后很快地恢复和发展起来。农业文明的稳定发展，使得关中人对土地具有强烈的依赖，并因此而形成广泛而虔诚的崇拜。就是城镇化高速发展的今天，老人们仍然不时地念叨：土地是庄稼人的命根子。《白鹿原》关于土地的记述不少，而涉及土地买卖的事情主要有两件：一是白嘉轩无意间发现了白鹿精灵的风水宝地，并亲自导演了一出与鹿子霖卖地和换地的真实故事。按照小说的描述，卖地对庄稼人而言实在是一件耻辱的事情："那些被厄运击倒的人宁可拉枣棍子出门讨饭也不卖地，偶尔有忍痛割爱卖地的大都是出卖原坡旱地，实在有拉不开栓的人咬牙卖掉水地，也不过是三分八厘，意思不大。"因为买卖土地事关重大，相关人员一般是不愿意牵扯到其中的。白嘉轩卖地所找的中间人冷先生，原本是不愿意参与其中的，因为促成卖地，在他的观念里是不义之事。买方鹿子霖的父亲鹿泰恒虽然暗自高兴，但在表面也还是表现出对此事的虔敬。当冷先生找他谈及此事时，他说："地是千万不敢卖。""嘉轩侄子即当真卖地，我也不能买。咋哩？让人说我乘人危难拾掇茬便宜哩！"至于白嘉轩，更是说自己是"踢卖先人业产，愧无脸面见人"。[1]虽说其中有演戏的成分，但这样的言语、场景以及牵扯的方方面面，真真假假，无不反映着土地在庄稼人心目中的地位，卖地是羞辱祖先、羞辱自己的观念，普遍流行于关中大地。二是白嘉轩的儿子白孝文卖地。白孝文与父亲白嘉轩分家后，"分得的三亩半水地和五亩旱地，前后分三次转卖到鹿子霖名下"[2]。这种卖地，一是因为白孝文抽大烟，二是因为

---

[1] 陈忠实：《白鹿原》，人民文学出版社，1993年，第32—33页。

[2] 陈忠实：《白鹿原》，人民文学出版社，1993年，第317页。

"年馑"的发生。总体上看，关中人视土地为命根子。一般情况下是不卖土地的，所以土地相对而言比较稳定，高度集中的现象很少，自耕农实际上占据了关中地区农业生产者的绝大部分。由于土地买卖现象比较少，土地高度集中的现象极为少见。这种现象，秦晖称为"关中无地主"[①]，这是有道理的。

与土地神话相关的是"赛神会"，这是我国古代以来普遍实行的"崇德报功"观念在实际生活层面的文化反映。明清以降，以汉文化为主的各农业区，乃至士农工商各行业，普遍盛行行业神崇拜。作为传统农业文化区，关中乡土社会普遍盛行酬谢报答神灵的盛事，"赛神会"分布广泛，影响最大。《白鹿原》记叙的"忙罢会"，就是这一文化现象的典型表现。小说描述说：

　　麦子收罢新粮归仓以后，原上各个村庄的"忙罢会"便接踵而至，每个村子都有自己过会的日子。……今年的"忙罢会"过得尤其隆重尤其红火，稍微大点的村庄都搭台子演大戏，小村小寨再不行也要演灯影耍木偶。形成这种盛况空前的热闹景象的原因不言而喻，除了传统的庆贺丰收的原意，便是平息了黑娃的农协搅起的动乱，各个村庄的大户绅士们借机张扬一番欢庆升平的心绪。

　　贺家坊的"忙罢会"日，贺耀祖主持请来了南原上久负盛名的麻子红戏班子连演三天三夜。……

　　白孝文也是个戏迷。白鹿原上百分之九十以上的男人无论贫富贵贱都是秦腔戏的崇拜者爱好者。[②]

---

　　① 秦晖、金雁：《田园诗与狂想曲：关中模式与前近代社会的再认识》，语文出版社，2010年，第48页。
　　② 陈忠实：《白鹿原》，人民文学出版社，1993年，第265—266页。

这种"忙罢会","每个村子都有自己过会的日子",大村子唱大戏,请秦腔剧团演秦腔戏,小村子唱小戏,包括灯影戏(也叫皮影戏)、木偶戏等,不论是大戏还是小戏,实际上都是秦腔戏,只是表现形式有所不同罢了。小说在这里所说每村皆有过会的日子,自然是有些夸张的,但关中不少具有寺庙、庙会的村落都有自己的庙会,却是事实。庙会过会的日子是基本固定的,其中以农忙时节结束以后的农闲时节为多,像"秋赛庙会"就比较多。届时,一个庙会接着一个庙会,一家戏接着一家戏。过会也好,演戏也罢,表面上是给活人看的,名义上都是用来酬神的,神对人的支配虽然还是难以摆脱的精神魔咒,却在世俗层面达到人神合一。所以大致可以认为,其总体精神是一半是人,一半是神。人依附于神,神是人事的最高主宰。

五、关中方言及其世俗文化碎片

《白鹿原》叙事的社会和文化背景,是晚清至1949年新中国成立以前的关中社会。作者在谈及革命者原型塑造时说,当时的社会状况是:"上世纪20年代贫穷落后以及文盲充斥着的白鹿原。从两千多年的封建帝制下解脱出来的原上乡村,经历了你上我下的军阀混战,到20年代中期,国民政府才开始实施从县到乡镇一级政府的建制,而各个大村小寨仍然传承着宗族族长的权威;各个姓氏宗族都有自家的法规,原上社会最底层的基础部分,还是按照封建宗法的机制在按部就班地运行。"[1] 就是说,白鹿原是当时社会"最底层的基础部分",所以

---

[1] 陈忠实:《寻找属于自己的句子——〈白鹿原〉写作手记》,载《小说评论》2009年第1期,第84—85页。

小说中大量使用了普通百姓的生活语言，特别是大量方言与乡土语言的运用，深刻地浸透着关中文化的乡土精神。因此这部小说，关中人读，关中人在关中方言语境下读，完全是不同于普通话阅读的体会和味道，并必然地对其中故事的历史、文化和情感具有更加深刻的理解和认识。直到 20 世纪 80 年代，小说中的大量方言还在关中地区普遍使用，90 年代以后，随着城市化步伐的日益加快，村落中青年人大规模城市化，相当一部分方言已经淡出了人们的日常话语，很可能在不久的将来即将消失。

（1）关中话语中的独特语词。关中方言中，对一天或三天以内时间的称谓是独特的：一天中前半天称为"晌午"，后半天称为"后晌"（音：hong shang）或"后儿"（音：黄儿，连读）；把昨天叫"夜个"，如"夜个黑间"（第 379 页）；今天叫"今日个"（第 392 页），今天晚上叫"今黑"（第 445 页）；后天叫"后日"（音：喝儿，连读），如"我明日或是后日死了"（第 138 页）。给锅里或者水杯里加水，叫"添水"（第 8 页）。将绝症病叫"瞎瞎病"（第 9 页，音：ha ha bing）。将浪费粮食叫"糟践粮食"（第 144 页），其中"糟践"有的地方读"zuo jian"。"糟践"的另一种含义有戏弄的意思，如白嘉轩和杨排长之间的一段对话。白嘉轩说："老总你凭啥把我糟践这一程子？"杨排长也没好气地说："怎么糟践你了？叫你写几个字也算糟践你？"（第 178 页）把吃羊肉泡或吃饭叫"咥"。这个"咥"字实际上不是随便用的，一般情况下是长辈对小辈的说法，其中有亲昵、喜悦的含义。有时同辈特别是同辈年轻人之间略带戏称，或者相熟的年轻同辈之间相互亲昵，也可以这样用，但使用的频次并不高，只是偶然使用。在常态情况下都用"吃"字。小辈对长辈不能说"咥"字，这是规矩，如果出现这样的说法，那就被认为是骂人或者是带有轻蔑、侮辱的含义的。如果小孩说大人是"咥饭"，那会挨捧或遭谴责的。现在媒体把这个字普通化了，这是对此字的误解和误导性传播，是不符合其传统用法的。把吃晚饭叫"喝汤"。《白鹿原》中类似这样独特的语词还有许多，兹列《白鹿原》中使用频率较高的词语，列表 10-1，并加以简要解释。

表 10-1 《白鹿原》主要关中方言词语及解释简表

方言	简释	方言	简释
打墓	挖掘并修建坟墓	报丧	人死后，给相关亲属告知死亡及相关丧葬议程
三下五除二	指迅速、快速的意思；也指技术好、能力强，办事干练	弹嫌	嫌弃
味气	简称"味死"，一般用于否定语，如"没味气死列"；肯定语气中多为反语	日头硬	太阳光强。有时也说"日头强得很"
泼实	指人性格沉稳、认真	二苲（ca）子；烂货；敞口子货	有的地方也称指女人结婚时不是处女
不悦意	不情愿，不高兴，不愿意	蒲篮	女人做针线活端的篮子，或盛东西的敞口篮子
连门都没有	不可能的意思	浑全不浑全	完好无损的意思
受活	舒服的意思	撞我的嗓子	指没有针对我
险忽儿	差点儿的意思	二货；二毬货	很傻，很笨
知道辣子辣了	意思是知道厉害了	倒灶	指事情或气运坏了
喝汤	吃晚饭	试火	尝试的意思
谢承	感谢的意思	失急慌忙	慌慌张张，急急匆匆
烧骚	羞辱的意思	骚情	指人献媚或讨好他人
灵醒	聪明或脑子清楚的意思	拾掇	指把脏乱差的东西收拾整齐；拾掇人，指教训、打击或者杀人的意思

方言	简释	方言	简释
没彩	没能耐，没有胆量，没有出息	活泛	指人不死板的样子
悄着	安静，别说话的意思	细活人	细致，不大手大脚的意思
脸烧	指人做了亏心事或坏事	式子	说人的行为、品行等，带有贬低或谴责的意思
两头放花	指上吐下泻	大	音 da，二声。对父亲的称呼
脏腑	指人性格刚硬	二杆子	指人做事不着调
瞀乱	音 mu luan，不畅快，心烦意乱或烦躁的意思	没一点麻达	没问题的意思
哪达	哪里，什么地方	撒凉腔	说些风凉话，严重一点也含有指桑骂槐的意思
僻远	滚，或者走得远远的	日屄	指男女之间的性行为
搁到	将事放到、拿到某处说，或将物放到某处的意思	掌住稀稠	把握住分寸的意思
隔三错五	经常	瞎的没眉眼	非常坏的意思

说明：方言的发音都是关中音，表中多没有标出。表中不少词语是音写，到底是什么字尚不能完全确定。表中的字词是《白鹿原》中的写法。

　　表 10-1 所列的关中方言词语，只是众多方言词语中较为常见的一部分，如果要做一个详细的调查，那应该还有很多。它们乃是关中乡土语言文化的符号，是关中乡土文化重要的标志。关中方言与其他方言具有显著的不同，特别是个别语词，或许在其他地方语言中可以见到，但其发音却与关中不完全相同。

　　（2）关中土语中不少话很粗俗，只是个别人在很少的场域中说的，不是一般日常生活里常说的。因为一般情况下，关中人说话还是很讲究含蓄和文明的，小说中的不少粗话在实际生活中是不直接说出的，如果表达相应的意思，往往会用其他模糊的词语代替表示，不像小说中说的那样直白。如果读者将它们视为关中社会生活语言的一般性表达，那是不符合关中社会的历史实际的，并且在很大程度上是不符合关中乡土文化的基本精神的。

下面列举小说中的一些话语，就小说层面言，或许通过这些语言的使用，意在反映关中社会生活中野蛮和蒙昧的部分存在；但从乡土文化的实际情况来看，这些话语绝不是关中文化的底色和积淀的"成绩"，充其量只可以看作关中文明进程中，或延续或滋生的现实社会中话语存在的污浊的碎片。其中所反映的原生性和精神愚昧，是基层社会基础文化教育长期缺失的结果，即便如此，社会教化的深厚基础和现实，使得我们只能将其视为小说的"内容"。在现实社会中，不能说绝对没有，即便有，也是在这种表象下偶然显现的碎片。这些话语尤其表现在性关系或行为的描写中，如：

①李相公的话："男人的牛，女人揉。女人的奶，男人揣。"（第137页）

②田小娥对黑娃说："兄弟呀，姐真想把你那个牛儿割下来揣到怀里，啥时间想亲了就亲。"（第139页）

③白孝文对媳妇说："给我娶媳妇就是叫我日嘛！不叫日就不要娶！我想怎么日就怎么日，想啥时候日就啥时候日！"（第155页）

④白赵氏呵斥孙子白孝文媳妇："嗬呀，说一千道一万全成我孙子的不是咧？你个碎屄就没有一点错咧？你看你那俩奶！胀的像个猪尿脬！你看你那尻蛋子，肥的像酵面发喽！看你这样子就知道是爱挨毬的身胚子！""你要是再管不住，我就拿针把你的碎屄给缝了！"（第156—157页）

⑤狗蛋在田小娥窑外唱诵："小娥的头发黑油油。小娥的脸蛋赛

白绸。小娥的舌头腊汁肉。小娥的脸，我想舔。小娥的奶，我想揣。小娥的屄，我想日。我把小娥瞅一眼，三天不吃不喝不端碗；宁吃小娥屙下的，不吃地里打下的；宁喝小娥尿下的，不喝壶里倒下的……"（第259页）

⑥ 魏老太太对白灵说："在你们前头这房里住过俩活宝，白天唱唱喝喝，晚上整夜闹腾，那女人弄到好处就嗷嗷嗷叫唤，跟狗一个式子！""那个男人是个军官，八辈子没沾过女人一样，黑间弄了一夜还不过瘾，二天早起临走前还要弄一回……""我十六岁嫁人，到二十五岁跟现今这老头子成婚，九年嫁了七个男人，六个都是浮不住我成了阴司的鬼。那六个男人有吃粮的粮子，有经商的，有手艺人，还有一个是水利技师，啥样儿的男人我都经过。那个粮子瞎得很，前门走顺了，生着六指儿走后门，弄得我连路都走不成。那个商人是个软蛋，没本事可用舌头舔。水利技师在野外一走一月四十，回到屋来顾不得洗手洗脸先抹裤子。男人嘛，就比女人多那一泡屎尿，把那一泡屎尿腾了就安宁了"。白灵问："房事是啥事？"魏老太太撇一下嘴："你倒装得像个黄花闺女！房事嘛就是日。你俩一夜日几回？"（第447—448页）

不必再列举了。说这些话的人，主要是那些没有受过教育的最下层人，甚至在最下层人中，还有不少都是一些被一般社会所边缘化的群氓，田小娥如此，狗蛋如此，李相公如此。白赵氏和魏老太太，虽然不知道其家庭背景如何，但没有受过文化教育则是毫无疑问的，因为对于这个年龄段的女人来说，那时是没有学可上的。魏老太太虽说是辛亥革命中西安反正的领袖人物魏绍旭的遗孀，但却没有因此而改变她的文化修养。至于黑娃和白孝文，虽然上过几天学堂，却都没有超脱或者说难以摆脱粗俗文化"染缸"的熏染。这些故事固然具有一定的事实依据，但毕竟仅是一般文化中的冰山一角，甚至不是入流的普通民众的话语。小说如此刻画人物，固然揭示了乡土文化最为粗劣的一面，但作为一种文化现象，还是要加以分析和说明的。相比于同样是这一时期地方性文化的相关话语，鲁迅的《阿Q正传》中，阿Q仅仅对吴妈说道"我和你困觉"，就已经使得吴妈感到莫大的羞辱，进而引起一场轩然大波。江浙一带地方文化的含蓄和文明在此得到鲜明的体现。而关中地区如此多的粗劣话语，甚至被描述为关中乡土生活中的"日常"，地方文明间的差异竟然如此巨大。退而言之，就是反映明末清初城市商业社会生活侧面的《金瓶梅》，作者虽然意在反映市民社会性意识的觉醒，但其中大量的性行为故事描写，似乎也少有这样粗野和低俗的话语。因此，《白鹿原》关于关中乡土文化中性意识和文化粗劣的一面，就一般社会层面而言，显然是放大了很多。作为小说，为了凸显它的原生性征和乏文明性的一面，固然可以理解，但作为一种文化现象，这样的话语"日常"在很大程度上是不符合关中社会性语言表述的事实的，实际上也是不符合关中乡土文化基本精神的。

　　除此而外，小说中还有一些粗俗不堪的话语，如鹿子霖给冷先生讲神禾村一个脏婆娘的故事："狗娃妈，娃屙下，找不着裤子拿勺刮。刮不净，手巾擦。裤子撂哪达咧？咋着寻也寻不见。揭开锅盖舀饭时，一舀就捞起一串子烂裤子。你说脏不脏？"①作为个例，这样的故事不能说没有，但如果将这一系列故事串连起来，编织为关中文化的一连串"事实"，恐怕就值得我们慎重地看待和分辨了。我们不禁要问，真实的情况是这样的吗？回答显然不是。因为历史时期以来关中农耕文明的积淀很深，远的不说，宋元明清时期以来，在关学为主体的理学文化的深刻影响下，在以《乡约》为代表的传统文化教化下，

---

　　① 陈忠实：《白鹿原》，人民文学出版社，1993年，第158页。

再加上一般社会甚为普遍的佛教、道教世俗化信仰，这种似乎是"日常"的话语，不大可能如此肆无忌惮地传播。无论是受过教育还是没有受过教育的普通民众，这样的话语对他们绝大多数而言都是难以启齿的，更不用说那样自然、随意了。事实上，关中社会是普遍鄙视和唾弃这些脏话和不文明话语的。当然，在事实层面也不能说这样的话语一点都没有，包括个别滑稽可笑的肮脏故事，但那只是社会阴暗角落里极少的一部分，是乡土文化的一纸碎片罢了。还有，鹿家和白家虽说姓氏不同，但祖上是一家，是祖上兄弟二人为了占尽白鹿精灵的吉瑞和灵性，人为地改一姓为两姓。在这一前提下，两姓人的后裔都是一个祖先，这是常识，他们进出一个祠堂，敬奉一个祖宗。如此，白灵不论是先与鹿兆海谈恋爱，还是后来与鹿兆鹏同居，实际上都是一种不该发生的"族内婚"怪相。这种现象在关中地区是不可能发生的，也不大可能被当时社会所认同。《白鹿原》设计这样的故事情节，除反映知识阶层（他们都是读书人）的无知以外，似乎更是对于风土醇厚的乡土文化的讽刺。因此，上述相关内容与话语，不能够反映关中乡土语言文化的一般情形。严格地说，它们是与关中乡土文化的基本精神相背离的。它不是关中乡土文化的基本面，不符合关中乡土文化的基本精神。

（3）经验主义与自然主义：乡土哲学的原生起源。关中乡土社会的文化资源大约有四个方面：一是祠堂的《乡约》与族规，二是小学学堂教育，三是秦腔戏剧文化传播，四是老人的生活经验。前三种都是作为一种外在力量影响于社会文化与文明的：祠堂，凝结并传播的是一套传统礼教，并通过族规来强制性地加以教化和规范人的行为；学堂传播的是儒家伦理，核心是教人做人和做事；秦腔戏剧，如前章所说，传播历史和现实故事，宣扬忠、信、节、义等传统思想。只有第四种老人的生活经验，乃是原生的乡土文化生长的逻辑起点。作为乡土文化的承载者和实践者，在大多数人缺乏文化教育的乡村社会，老人的生活经验就成为世代相传的重要的文化来源之一。小说描述白嘉轩晚年，在经历了年馑、瘟疫、农协等一系列事件后，"进入一种对生活和人的规律性的思考"：

> 死去的人不管因为怎样的灾祸死去，其实都如同跌入坑洼颠断了的车轴；活着的人不能总是惋惜那根断轴的好处，因为再好也没用了，必须换上新的车轴，让牛车爬上坑洼继续上路。……无论父亲母亲儿子女儿和丈夫，在任何人来说都不能保证绝对的完美，不可能一家人永远在一起；因为再好的父亲母亲儿子女儿和丈夫，一旦遭到死劫就不会重新聚合了，即使你不吃不喝想死想活哭断肝肠也不顶啥喀！一根断折的车轴！再好再结实的车轴总有磨细和颠断的时候，所以死人并不应该表现特别的悲哀。……白嘉轩在思索人生奥秘的时候，总是想起自古流传着的一句咒语：白鹿村的人口总是冒不过一千，啥时候冒过了肯定就要发生灾难，人口一下子又得缩回到千人以下。他在自己的有生之年里，第一次经历了这个人口大回缩的过程而得以验证那句咒语，便从怀疑到认定：白鹿村上空的冥冥苍穹之中，有一双监视着的眼睛，掌握着白鹿村乃至整个白鹿原上各个村庄人口的繁衍和稀稠……①
>
> 人行事不在旁人知道不知道，而在自家知道不知道；自家做下好事刻在自家心里，做下瞎事也刻在自家心里，都抹

---

① 陈忠实：《白鹿原》，人民文学出版社，1993年，第489—490页。

不掉；其实天知道地也知道，记在天上刻在地上，也是抹不
掉的。①

白嘉轩只是关中地区千万个经历人生、思考人生的老人之一，他
的"车轴"理论、做事理论，都是基于自己人生经历的经验主义总结；
他对古老咒语的人生验证，也是一种普遍流传的朴素的自然主义人口
观。在无奈之下，最终还是将它们归于"自然神灵"，或者归诸人格
神灵。这些朴素的经验总结，是一代代关中人文化知识的来源之一，
甚至一代代关中人，在无数人的感知、体会和总结中，似乎总是没有
超越神灵的归宿。它在关中乡土文化信念中普遍存在。这大概就是关
中传统农业社会难以超越的宿命。联系到前面所说的多种多样的原始
崇拜和宗教的世俗化信仰，似乎也只能如此而已。

---

① 陈忠实:《白鹿原》，人民文学出版社，1993 年，第 574 页。

参 考 文 献

[1] 司马迁. 史记 [M]. 2版. 北京：中华书局，1982.

[2] 班固. 汉书 [M]. 颜师古，注. 北京：中华书局，1962.

[3] 范晔. 后汉书 [M]. 李贤，等注. 北京：中华书局，1965.

[4] 房玄龄，等. 晋书 [M]. 北京：中华书局，1974.

[5] 令狐德棻，等. 周书 [M]. 北京：中华书局，1971.

[6] 魏收. 魏书 [M]. 北京：中华书局，1997.

[7] 魏徵，令狐德棻. 隋书 [M]. 北京：中华书局，1973.

[8] 刘昫，等. 旧唐书 [M]. 北京：中华书局，1975.

[9] 欧阳修，宋祁. 新唐书 [M]. 北京：中华书局，1975.

[10] 脱脱，等. 宋史 [M]. 北京：中华书局，1985.

[11] 宋濂，等. 元史 [M]. 北京：中华书局，1976.

[12] 司马光. 资治通鉴 [M]. 北京：中华书局，1956.

[13] 明实录 [M]. 台北："中央研究院" 历史语言研究所，1962.

[14] 雒江生. 尚书校诂 [M]. 北京：中华书局，2018.

[15] 屈万里. 尚书今注今译 [M]. 上海：上海辞书出版社，2015.

[16] 周振甫. 诗经译注：修订本 [M]. 2版. 北京：中华书局，2010.

[17] 杨伯峻. 论语译注 [M]. 北京：中华书局，1980.

[18] 徐元诰. 国语集解：修订本 [M]. 王树民，沈长云，点校. 北京：中华书局，2002.

[19] 崔高维. 礼记 [M]. 沈阳：辽宁教育出版社，1997.

[20] 诸祖耿. 战国策集注汇考 [M]. 南京：江苏古籍出版社，1985.

[21] 杨宽. 战国史料编年辑证 [M]. 上海：上海人民出版社，2001.

[22] 陈奇猷. 吕氏春秋校释 [M]. 上海：学林出版社，1984.

[23] 陈奇猷. 韩非子集释：下 [M]. 上海：上海人民出版社，1974.

[24] 蒋礼鸿. 商君书锥指 [M]. 北京：中华书局，1986.

[25] 杨伯峻. 孟子译注：上 [M]. 北京：中华书局，1960.

[26] 张觉. 荀子译注 [M]. 上海：上海古籍出版社，2012.

[27] 睡虎地秦墓竹简整理小组. 睡虎地秦墓竹简 [M]. 北京：文物出版社，1978.

[28] 王利器. 新语校注 [M]. 北京：中华书局，1986.

[29] 张震泽. 张衡诗文集校注 [M]. 上海：上海古籍出版社，2009.

[30] 许慎. 注音版说文解字 [M]. 徐铉，校定. 愚若，注音. 北京：中华书局，2015.

[31] 赵岐. 三辅决录 [M]. 张澍，辑. 陈晓捷，注. 西安：三秦出版社，2006.

[32] 何清谷. 三辅黄图校释 [M]. 北京：中华书局，2005.

[33] 刘庆柱. 关中记辑注 [M]. 西安：三秦出版社，2006.

[34] 陈晓捷. 关中佚志辑注 [M]. 西安：三秦出版社，2006.

[35] 释慧皎. 高僧传 [M]. 汤用彤，校注. 汤一玄，整埋. 北京：中华书局，1992.

[36] 李吉甫. 元和郡县图志 [M]. 贺次君，点校. 北京：中华书局，1983.

[37] 佚名. 三辅旧事 [M]. 张澍, 辑. 陈晓捷, 注. 西安: 三秦
    出版社, 2006.

[38] 刘纬毅. 汉唐方志辑佚 [M]. 北京: 北京图书馆出版社,
    1997.

[39] 刘知几. 史通 [M]. 浦起龙, 通释. 吕思勉, 评. 李永圻,
    张耕华, 整理. 上海: 上海古籍出版社, 2008.

[40] 杜佑. 通典 [M]. 颜品忠, 等校点. 长沙: 岳麓书社, 1995.

[41] 彭定求, 等. 全唐诗 [M]. 北京: 中华书局, 1960.

[42] 喻守真. 唐诗三百首详析 [M]. 北京: 中华书局, 1957.

[43] 周振甫. 唐诗宋词元曲全集: 全唐诗 [M]. 合肥: 黄山书
    社, 1999.

[44] 中国社会科学院文学研究所. 唐诗选: 上 [M]. 北京: 人
    民文学出版社, 1978.

[45] 周绍良. 全唐文新编: 第 3 部第 4 册 [M]. 长春: 吉林文
    史出版社, 2000.

[46] 王定保. 唐摭言 [M]. 上海: 上海古籍出版社, 1978.

[47] 慧立, 彦悰. 大慈恩寺三藏法师传 [M]. 孙毓棠, 谢方,
    点校. 北京: 中华书局, 2000.

[48] 李肇. 唐国史补 [M]. 上海: 上海古籍出版社, 1979.

[49] 圆仁. 入唐求法巡礼行记 [M]. 桂林: 广西师范大学出版
    社, 2007.

[50] 乐史. 太平寰宇记: 二 [M]. 王文楚, 点校. 北京: 中华书
    局, 2007.

[51] 王存, 等. 元丰九域志: 上 [M]. 王文楚, 魏嵩山, 点校.
    中华书局, 1984.

[52] 赵彦卫. 云麓漫钞 [M]. 傅根清, 点校. 北京: 中华书局,

1996.

[53] 宋敏求. 长安志 [M]. 辛德勇，郎洁，点校. 西安：三秦出版社，2013.

[54] 程大昌. 雍录 [M]. 黄永年，点校. 北京：中华书局，2002.

[55] 史念海，曹尔琴. 游城南记校注 [M]. 西安：三秦出版社，2003.

[56] 骆天骧. 类编长安志 [M]. 黄永年，点校. 北京：中华书局，1990.

[57] 陈亮. 陈亮集 [M]. 邓广铭，点校. 石家庄：河北教育出版社，2003.

[58] 李焘. 续资治通鉴长编：5[M]. 北京：中华书局，2004.

[59] 张载. 张载集 [M]. 章锡琛，点校. 北京：中华书局，1978.

[60] 高丽杨. 全真史传五种集校 [M]. 北京：中华书局，2020.

[61] 李修生. 全元文 [M]. 南京：凤凰出版社，2004.

[62] 郑所南. 心史 [M]. 上海：广智书局，1942.

[63] 申时行. 明会典 [M]. 北京：中华书局，1989.

[64] 陈子龙，等. 明经世文编 [M]. 北京：中华书局，1962.

[65] 王士琦. 三云筹俎考 [M]// 中国西北文献丛书编辑委员会. 中国西北文献丛书：西北史地文献 [M]. 兰州：兰州古籍书店，1990.

[66] 焦竑. 献征录 [M]. 上海：上海书店，1986.

[67] 康海. 明状元康对山先生全集 [M]. 清康熙古邠贻榖堂重梓本.

[68] 李维桢. 关中温氏献征集 [M]. 铅印本，1936（民国二十五年）.

[69] 温纯. 温恭毅公文集 [M]. 清文渊阁四库全书本.

[70] 张瀚. 松窗梦语 [M]. 盛冬铃, 点校. 北京: 中华书局, 1985.

[71] 冯从吾. 关学编: 附续编 [M]. 陈俊民, 徐兴海, 点校. 北京: 中华书局, 1987.

[72] 王恕. 王端毅公文集 [M]. 三原乔世宁刻本, 1552 (嘉靖三十一年).

[73] 李维桢. 大泌山房集 [M]. 刻本, 1611 (万历三十九年).

[74] 来俨然. 自愉堂集: 墓志 [M]// 四库全书存目丛书编纂委员会. 四库全书存目丛书: 集部: 第 177 册. 济南: 齐鲁书社, 1997.

[75] 王九思. 渼陂集 [M]. 明崇祯刻嘉靖补修本.

[76] 韩邦奇. 苑洛集 [M]. 景印文渊阁四库全书本: 第 1269 册. 台北: 台湾商务印书馆, 1986.

[77] 温自知. 海印楼文集 [M]. 刻本, 1687 (康熙二十六年).

[78] 谢肇淛. 五杂组: 一 [M]. 郭熙途, 校点. 沈阳: 辽宁教育出版社, 2001.

[79] 叶梦珠. 阅世编 [M]. 来新夏, 点校. 北京: 中华书局, 2007.

[80] 赵廷瑞, 马理, 吕柟, 等. 陕西通志 [M]. 西安: 三秦出版社, 2006.

[81] 乾州志 [M]// 美国哈佛大学哈佛燕京图书馆. 美国哈佛大学哈佛燕京图书馆藏中文善本汇刊: 第 15 册. 北京: 商务印书馆, 2003.

[82] 张信. 嘉靖三原县志 [M]// 凤凰出版社. 中国地方志集成: 陕西府县志辑: 8. 南京: 凤凰出版社, 2007.

[83] 苟好善. 醴泉县志 [M]. 刻本, 1638 (崇祯十一年).

[84] 王道，韩邦靖. 正德朝邑县志 [M]// 凤凰出版社. 中国地方志集成：陕西府县志辑：21. 南京：凤凰出版社，2007.

[85] 张士佩，苏进. 韩城县志 [M]. 刻本，1607（万历三十五年）.

[86] 左懋第. 萝石山房文钞 [M]. 刻本，1781（乾隆四十六年）.

[87] 刘泽远，寇慎，孔尚标. 同官县志 [M]. 刻本，1618（万历四十六年）.

[88] 李可久，张光孝. 隆庆华州志 [M]// 凤凰出版社. 中国地方志集成：陕西府县志辑：23. 南京：凤凰出版社，2007.

[89] 郭实，王学谟. 万历续朝邑县志 [M]// 凤凰出版社. 中国地方志集成：陕西府县志辑：21. 南京：凤凰出版社，2007.

[90] 杨洵，徐銮. 扬州府志 [M]. 刊本，1605（万历三十三年）.

[91] 无名氏. 杨家府演义 [M]. 上海：上海古籍出版社，1980.

[92] 周爰诹. 蒲城文献征录：卷上 [M]. 刻本，1915（民国四年）.

[93] 阮元. 十三经注疏 [M]. 北京：中华书局，2009.

[94] 叶瑛. 文史通义校注 [M]. 北京：中华书局，1985.

[95] 黄宗羲. 宋元学案 [M]. 陈金生，梁运辉，点校. 北京：中华书局，1986.

[96] 顾炎武. 天下郡国利病书 [M]. 上海：商务印书馆，1936.

[97] 顾祖禹. 读史方舆纪要 [M]. 北京：中华书局，2005.

[98] 毕沅. 奏进关中胜迹图志原疏 [M]// 中国西北文献丛书编辑委员会. 中国西北文献丛书：西北稀见丛书文献：第12卷. 兰州：兰州古籍书店，1990.

[99] 永瑢，等. 四库全书总目 [M]. 北京：中华书局，1965.

[100] 李因笃. 受祺堂文集 [M]. 刊本，1827（道光七年）.

[101] 王士祯. 蜀道驿程记：上 [M]. 内务府藏本.

[102] 毛奇龄. 后鉴录 [M]. 康熙年间刻西河合集本.

[103] 谭嗣同. 仁学 [M]. 沈阳：辽宁人民出版社，1994.

[104] 陕西通志 [M]// 中国西北文献丛书编辑委员会. 中国西
北文献丛书：西北稀见方志文献：第 4 卷. 兰州：兰州古
籍书店，1990.

[105] 卢坤. 秦疆治略 [M]. 台北：成文出版社有限公司，
1970.

[106] 舒其绅，严长明，等. 西安府志 [M]. 台北：成文出版社
有限公司，1970.

[107] 达灵阿，周方炯，高登科. 乾隆凤翔府志 [M]// 凤凰出
版社. 中国地方志集成：陕西府县志辑：23. 南京：凤凰
出版社，2007.

[108] 岐山县乡土志 [M]. 台北：成文出版社有限公司，1969.

[109] 张元际. 兴平县乡土志 [M]. 台北：成文出版社有限公司，
1969.

[110] 谭绍裘. 扶风县乡土志 [M]. 台北：成文出版社有限公司，
1969.

[111] 蓝田县乡土志 [M]// 陕西省图书馆. 陕西省图书馆藏稀
见方志丛刊：第 4 册. 北京：北京图书馆出版社，2006.

[112] 武功县乡土志 [M]// 陕西省图书馆. 陕西省图书馆藏稀
见方志丛刊：第 5 册. 北京：北京图书馆出版社，2006.

[113] 富平乡土志 [M]// 陕西省图书馆. 陕西省图书馆藏稀见
方志丛刊：第 9 册. 北京：北京图书馆出版社，2006.

[114] 朝邑乡土志 [M]// 陕西省图书馆. 陕西省图书馆藏稀见
方志丛刊：第 9 册. 北京：北京图书馆出版社，2006.

[115] 郃阳县乡土志 [M]// 陕西省图书馆. 陕西省图书馆藏稀见方志丛刊：第 10 册. 北京：北京图书馆出版社，2006.

[116] 咸宁长安两县续志 [M]. 台北：成文出版社有限公司，1969.

[117] 李元度. 国朝先正事略：清代一一〇八人传记：下 [M]. 易孟醇，点校. 长沙：岳麓书社，1991.

[118] 王逢源，李保泰. 江都县续志 [M]. 刻本，1819（嘉庆二十四年）.

[119] 刘绍攽. 三原县志 [M]. 乾隆癸卯年木刻本.

[120] 刘懋官，宋伯鲁，周斯亿. 宣统重修泾阳县志 [M]// 凤凰出版社. 中国地方志集成：陕西府县志辑：7. 南京：凤凰出版社，2007.

[121] 陈少岩，聂雨润，张树枬，等. 民国续修大荔县旧志存稿 [M]// 凤凰出版社. 中国地方志集成：陕西府县志辑：20. 南京：凤凰出版社，2007.

[122] 张道芷，胡铭荃，曹骥观. 民国续修醴泉县志稿 [M]// 凤凰出版社. 中国地方志集成：陕西府县志辑：10. 南京：凤凰出版社，2007.

[123] 李泽厚. 论语今读 [M]. 北京：中华书局，2015.

[124] 郭沫若. 十批判书 [M]. 北京：科学出版社，1960.

[125] 杨宽. 西周史 [M]. 上海：上海人民出版社，2003.

[126] 徐旭生. 中国古史的传说时代：增订本 [M]. 北京：文物出版社，1985.

[127] 张天恩. 关中商代文化研究 [M]. 北京：文物出版社，2004.

[128] 金景芳. 中国奴隶社会史 [M]. 上海：上海人民出版社，1983.

[129] 马非百. 秦集史：下 [M]. 北京：中华书局，1982.

[130] 栗劲. 秦律通论 [M]. 济南：山东人民出版社，1985.

[131] 劳干. 秦汉简史 [M]. 北京：中华书局，2018.

[132] 王仲荦. 魏晋南北朝史：上下册 [M]. 上海：上海人民出版社，1979.

[133] 王仲荦. 北周地理志 [M]. 北京：中华书局，1980.

[134] 王仲荦. 北周六典：上册 [M]. 北京：中华书局，1979.

[135] 赵文润. 西魏北周与长安文明 [M]. 西安：陕西人民出版社，2010.

[136] 刘大杰. 魏晋思想论 [M]. 林东海，导读. 上海：上海古籍出版社，1998.

[137] 汤用彤. 魏晋玄学论稿：增订版 [M]. 上海：上海人民出版社，2015.

[138] 马长寿. 碑铭所见前秦至隋初的关中部族 [M]. 北京：中华书局，1985.

[139] 陈寅恪. 陈寅恪集:隋唐制度渊源略论稿 [M]. 2 版. 北京：生活·读书·新知三联书店，2009.

[140] 陈寅恪. 陈寅恪集：元白诗笺证稿 [M]. 北京：生活·读书·新知三联书店，2009.

[141] 陈寅恪. 陈寅恪集:金明馆丛稿初编 [M]. 北京:生活·读书·新知三联书店，2009.

[142] 陈寅恪. 陈寅恪集:金明馆丛稿二编 [M]. 北京:生活·读书·新知三联书店，2009.

[143] 周祖谟. 洛阳伽蓝记校释 [M]. 上海：上海书店出版社，2000.

[144] 吕思勉. 隋唐五代史：下 [M]. 上海：上海古籍出版社，

2005.

[145] 汤用彤. 隋唐佛教史稿 [M]. 南京：江苏教育出版社，
2007.

[146] 方立天. 方立天文集：第 2 卷 隋唐佛教 [M]. 北京：中
国人民大学出版社，2006.

[147] 龚国强. 隋唐长安城佛寺研究 [M]. 北京：文物出版社，
2006.

[148] 介永强. 隋唐佛教文化史论 [M]. 北京：社会科学文献出
版社，2020.

[149] 严耕望. 唐代交通图考 [M]. 上海：上海古籍出版社，
2007.

[150] 傅璇琮. 唐代科举与文学 [M]. 西安：陕西人民出版社，
1986.

[151] 李映辉. 唐代佛教地理研究 [M]. 长沙：湖南大学出版社，
2004.

[152] 张永禄. 唐代长安词典 [M]. 西安：陕西人民出版社，
1990.

[153] 李芳民. 唐五代佛寺辑考 [M]. 北京：商务印书馆，
2006.

[154] 阎琦. 古都西安：唐诗与长安 [M]. 西安：西安出版社，
2003.

[155] 陈俊民. 张载关学的历史重构 [M]. 北京：中华书局，
2020.

[156] 陈俊民. 蓝田吕氏遗著辑校 [M]. 北京：中华书局，
1993.

[157] 邓广铭. 岳飞传 [M]. 北京：生活·读书·新知三联书店，

2007.

[158] 余英时. 朱熹的历史世界: 宋代士大夫政治文化的研究 [M]. 北京: 生活·读书·新知三联书店, 2013.

[159] 柳诒徵. 中国文化史 [M]. 上海: 东方出版中心, 2007.

[160] 钱穆. 中国文化史导论: 修订本 [M]. 北京: 商务印书馆, 1994.

[161] 沈福伟. 中西文化交流史 [M]. 上海: 上海人民出版社, 1985.

[162] 张曼涛. 佛教与中国文化 [M]. 影印版. 上海: 上海书店出版社, 1987.

[163] 史念海. 河山集: 四集 [M]. 西安: 陕西师范大学出版社, 1991.

[164] 谭其骧. 长水集: 续编 [M]. 北京: 人民出版社, 2011.

[165] 史念海. 河山集: 九集 [M]. 西安: 陕西师范大学出版社, 2006.

[166] 周振鹤. 中国历史文化区域研究 [M]. 上海: 复旦大学出版社, 1997.

[167] 张晓虹. 文化区域的分异与整合: 陕西历史文化地理研究 [M]. 上海: 上海书店出版社, 2004.

[168] 刘景纯. 秦国历史与北方历史地理研究 [M]. 北京: 中国社会科学出版社, 2017.

[169] 刘景纯. 城镇景观与文化: 清代黄土高原地区城镇文化的地理学考察 [M]. 北京: 中国社会科学出版社, 2008.

[170] 周永慎. 历代真仙高道传 [M]. 北京: 中国社会科学出版社, 2003.

[171] 许地山. 道教史 [M]. 上海: 上海古籍出版社, 1999.

[172] 樊光春. 西北道教史 [M]. 北京：商务印书馆，2010.

[173] 钱穆. 朱子新学案：第 1 册 [M]. 北京：九州出版社，2011.

[174] 陈垣. 明季滇黔佛教考：外宗教史论著八种：下 [M]. 石家庄：河北教育出版社，2000.

[175] 杨立华. 宋明理学十五讲 [M]. 北京：北京大学出版社，2015.

[176] 介永强. 西北佛教历史文化地理研究 [M]. 北京：人民出版社，2008.

[177] 樊光春. 长安道教与道观 [M]. 西安：西安出版社，2002.

[178] 王雪. 基督教与陕西 [M]. 北京：中国社会科学出版社，2007.

[179] 傅衣凌. 明清时代商人及商业资本 [M]. 北京：中华书局，2007.

[180] 田培栋. 陕西商帮 [M]. 香港：中华书局（香港）有限公司，1995.

[181] 李刚. 陕西商帮史 [M]. 西安：西北大学出版社，1997.

[182] 王国维. 宋元戏曲史 [M]. 北京：中华书局，2010.

[183] 贺昌群. 元曲概论 [M]. 北京：中国书籍出版社，2006.

[184] 焦文彬，张登第，赵洪，等. 秦腔史稿 [M]. 西安：陕西人民出版社，1987.

[185] 冯俊杰，等. 山西戏曲碑刻辑考 [M]. 北京：中华书局，2002.

[186] 陕西省艺术研究所. 秦腔剧目初考 [M]. 西安：陕西人民出版社，1984.

[187] 顾善忠. 明清秦腔传统曲目抄本汇编 [M]. 兰州：敦煌文

艺出版社，2016.

[188] 中国戏曲研究院. 中国古典戏曲论著集成：八 [M]. 北京：中国戏剧出版社，1959.

[189] 高益荣. 20 世纪秦腔史 [M]. 西安：陕西师范大学出版总社有限公司，2014.

[190] 中共中央毛泽东选集出版委员会. 毛泽东选集：第 1 卷 [M]. 北京：人民出版社，1952.

[191] 侯外庐. 韧的追求 [M]. 北京：人民出版社，2015.

[192] 史念海，曹尔琴. 方志刍议 [M]. 杭州：浙江人民出版社，1986.

[193] 李令福. 西安学与中国古都学论集 [M]. 北京：中国社会科学出版社，2020.

[194] 鲁迅. 鲁迅书信集 [M]. 北京：人民文学出版社，1976.

[195] 金宁芬. 康海研究 [M]. 武汉：崇文书局，2004.

[196] 吴宓. 吴宓自编年谱 [M]. 吴学昭，整理. 北京：生活·读书·新知三联书店，1995.

[197] 西北大学历史系民族研究室. 陕西文史资料：第 26 辑 [M]. 西安：陕西人民出版社，1993.

[198] 陕西省凤翔县志编纂委员会. 凤翔县志 [M]. 西安：陕西人民出版社，1991.

[199] 胡适. 中国旧小说考证 [M]. 北京：商务印书馆，2014.

[200] 刘大杰. 中国文学发展史：下册 [M]. 上海：上海古籍出版社，1982.

[201] 陈忠实. 白鹿原 [M]. 北京：人民文学出版社，1993.

[202] 秦晖，金雁. 田园诗与狂想曲：关中模式与前近代社会的再认识 [M]. 北京：语文出版社，2010.

[203] 丁绍桓. 近代中国地理沿革志 [M]. 上海：中华书局，
　　　 1935.

[204] 陕西省编纂委员会. 中华人民共和国地名词典：陕西省
　　　 [M]. 北京：商务印书馆，1994.

[205] 马克思. 摩尔根《古代社会》一书摘要 [M]. 中国科学院
　　　 历史研究所翻译组，译. 北京：人民出版社，1965.

[206] 埃里希·弗罗姆. 健全的社会 [M]. 蒋重跃，等译. 北京：
　　　 国际文化出版公司，2003.

[207] 阿尔贝特·施韦泽. 文化哲学 [M]. 陈泽环，译. 2 版.
　　　 上海：上海人民出版社，2013.

[208] 马克斯·韦伯. 儒教与道教：最新修订版 [M]. 王容芬，
　　　 译. 桂林：广西师范大学出版社，2008.

[209] 内藤湖南. 中国史学史 [M]. 马彪，译. 上海：上海古籍
　　　 出版社，2017.

[210] 阿尔伯特·史怀哲. 中国思想史 [M]. 常暄，译. 北京：
　　　 社会科学文献出版社，2009.

[211] 傅佛果. 内藤湖南：政治与汉学：1866—1934[M]. 陶德
　　　 民，何英莺，译. 南京：江苏人民出版社，2016.

[212] 马达汉. 马达汉中国西部考察调研报告合集 [M]. 阿拉腾
　　　 奥其尔，王家骥，译. 乌鲁木齐：新疆人民出版社，2009.

[213] 王昌伟. 中国历史上的关中士人：907—1911[M]. 刘晨，
　　　 译. 杭州：浙江大学出版社，2017.

[214] 王华，王炜林，胡松梅. 仰韶时代人类狩猎梅花鹿的策
　　　 略：以铜川瓦窑沟遗址为案例 [J]. 人类学学报，2014
　　　（1）.

[215] 王华，王炜林，胡松梅，等. 渭水流域新石器时代家猪的

驯化与饲养策略 [J]. 考古, 2013 (9).

[216] 史念海. 黄河中游战国及秦时诸长城遗迹的探索 [J]. 陕西师大学报, 1978 (2).

[217] 刘景纯. 西汉集灵宫考察 [J]. 咸阳师范学院学报, 1990 (3/4).

[218] 刘景纯.《水经注》祠庙研究 [J]. 中国历史地理论丛, 2000 (4).

[219] 史继刚. 中国古代私盐的产生和发展 [J]. 盐业史研究, 2003 (4).

[220] 刘景纯. 古都声闻: 明人定都关中的思想与情结 [J]. 三门峡职业技术学院学报, 2011 (3).